法学第一课
LESSON ONE OF LAW

从本科到研究生

法科生指南

桑磊　主编

法之理在法外。

你千万不能成为法学院的猪，一定要成为一只狼，自己捕猎食物，图书馆就是你的地盘。

你首先要寻找天国，别的东西也会加上给你们。

整个法学体系就好比一串美丽的珍珠项链，各个部门法像一颗颗珍珠，法理学就是串起珍珠的线。

法律和法学能够让所有人都活得更安心。

无论世界如何改变，你最后的栖身之处，安身之处都将是你对自己专业的理解和挚爱，以及随之磨炼和养成的专业素养，专业知识和专业技能。

你像一只美丽的小海豚，在海面上中吞食着腐败的水草，而最精美的景色和食物却在海底深处，视野之外。

没有启蒙，你必将成长为一种怪胎，像带鱼那样的怪物，细目尖嘴，脑门小，善摆尾。

既要立长志，同时也要常立志。

中国政法大学出版社

2020·北京

图书在版编目（ＣＩＰ）数据

法学第一课/桑磊主编.—北京：中国政法大学出版社，2020.8（2022.7 重印）
ISBN　978-7-5620-9604-7

Ⅰ.①法…　Ⅱ.①桑…　Ⅲ.①法学教育－教学研究－高等学校－文集　Ⅳ.①D90-42

中国版本图书馆 CIP 数据核字(2020)第 150552 号

出 版 者	中国政法大学出版社
地　　址	北京市海淀区西土城路 25 号
邮寄地址	北京 100088 信箱 8034 分箱　邮编 100088
网　　址	http://www.cuplpress.com (网络实名：中国政法大学出版社)
电　　话	010-58908285(总编室) 58908433（编辑部）58908334(邮购部)
承　　印	固安华明印业有限公司
开　　本	787mm×1092mm　1/16
印　　张	14.75
字　　数	280 千字
版　　次	2020 年 8 月第 1 版
印　　次	2022 年 7 月第 4 次印刷
定　　价	35.00 元

是低到尘埃里的芸芸众生，不论和你讨论案件的是顶头上司还是助手，你都应该坚持"，张明楷教授提出"正义理念不只是法理念，也是生活理念。将正义理念、法理念贯彻在自己的日常生活中，会使自己的生活更顺畅、更美好"。

受读者厚爱，2020 年本书得以修订再版。我们对原有文章作出调整，新增 8 篇佳作。其中，既有如陈兴良教授、刘宪权教授这样的名师大家，也有劳东燕教授、朱庆育教授、金可可教授等中青年学者。他们的加入，提升了本书的价值，相信能给读者带来更大收获。

本书最初的读者定位是法学院新生，但由于各专业课程开设的时间不同，加上这些访谈和文章本身具有的深度，可适用于本科阶段和研究生阶段的所有法科生。在与各位法学家的交流中，即使我本人也常常有"听君一席话，胜读十年书"之感。值得一提的是，本书问世三年以来，读者群已扩大到从事法律实务的社会人群，如法官、检察官、律师等，影响力远超编者预期。

《法学第一课》发挥了良好的启蒙作用，但法科生还需要更加系统地学习。继本书之后，编者于 2020 年开始，倾力打造光石（网络）法学院，致力于法学院、法学家、法学生之间的交流，进而建立一个供全国数十万法学生分享的网上平台。

在光石法学院：

——有法学家的纵横捭阖。我们从不同角度介绍各专业优秀学者，邀请众多名师带来知识盛宴。

——有法科生的喜怒哀乐。我们开设了校园生活专栏，记录法学生活和学习的点点滴滴。

——有法学院的四季流转。我们定期推送法学院新闻，涉及众多法学院的教学、科研、对外交流等方方面面。

——有法律人的成长足迹。我们邀请优秀同学分享考研、公考、法考、求职等方面的经验，不定期邀请知名律师、法官、检察官与大家交流。

让我们进入光石法学院，开启精彩法学新篇章！

桑　磊

2022 年 7 月

扫码进入网上法学院

写在前面的话

从《法学第一课》到网上法学院

法律，乃公平正义之术。当一位十八九岁的年轻人，怀抱理想，走入法学院的大门，他迫切地想要知道：如何学习法律？如何度过法学院生活？如何实现自我价值？如何明辨、实现公平和正义？

但遗憾的是，现实中并没有系统的方向性指引。就像中国政法大学王涌教授在本书中所言"你像一只美丽的小海豚，在海面上中吞食着腐败的水草，而最精美的景色和食物却在海底深处，视野之外"。

为此，2017年春天，我向三十余位法学家约稿，希望身居"海底深处"的他们能向法科生们倾心谈一谈自己的体会，指出通往"最精美的景色和食物"的秘径。他们中间，有身为校领导的法学教育家，有各学科的法学大家，也有青年精英。数月间，有29位法学家在繁忙的工作之余，先后以访谈或撰文的方式，真诚而又深刻地向法科生们擎起了一盏盏关于法学、学习、生活的指路明灯。

我收到的第一篇文章是清华大学张明楷教授发来的"刑法第一课"，内容丰富又极具深度。后来，受这篇文章的启发，我将本书定名为《法学第一课》。最难忘的是对中国政法大学舒国滢教授的专访，一个上午的时间，他侃侃而谈，关于法学特别是法理学的魅力、关于校园生活、关于大学时代的遗憾等，常常令我有醍醐灌顶之感。他的一个遗憾是"在国外大学待的时间不够长。法学主要来源于欧洲，我们必须了解源头。希望至少在国外的大学能待四年"。第二天，我恰好收到了祁春轶老师的稿件"法学院苹果酒屋法则"，她曾在德国美茵河畔的法兰克福大学度过了五年时光，最终拿到了博士学位，而她在中国政法大学攻读硕士学位时曾受教于舒国滢教授。我不禁感慨，一代代法学家薪火相传，法学精魄生生不息。

在成书前夕，我收到了最后一篇约稿，是王涌教授的"写给十八岁的法学少年卡尔"。他饱含深情，以信的形式，如同与当年十八岁的自己促膝长谈，涉及思辨、阅读、写作、辩论、英语学习、自学、情绪和时间管理等方方面面。这封信光芒四射，尽显法学院学习和生活的要义。因此，我将此文作为特稿置顶，希望能够指引法学少年们由此进入《法学第一课》和真正的法学院生活，开启精彩的法学人生。

公平和正义是法律人的永恒信仰，贯穿于本书始终。在本书中，中国人民大学陈卫东教授赠言"追寻自己心目中的正义"，清华大学法学院院长周光权教授指出"不论你将来是法官还是律师，不论案子标的大还是小，不论当事人是达官显贵还

|CONTENTS|

目 录

教育的本质就是引导，在浩瀚而繁杂的知识和信息的世界里，指出一条路来。书单就是指路的基本方式，我们拥有相同的基因，我用十几年时间淘练出来的书单，就是你最合适的书单。

在不断提升自我的过程中，你为职业发展与家庭生活所作的努力与耕耘，你所收获的见识与智慧，你因此变得更为美好或更加强大，在我看来，这便是成功的人生。

最后还剩十几页的时候，正是傍晚时分，宿舍突然停电，我挪到窗户边上，就着最后一点夕照逐字读完。合上书的那一刻，我兴奋地在屋子里走来走去，仿佛刚从一座宝山满载而归。以后当然也读到很多民法好书，也不乏理论精深识见非凡的论著，但那种想要仰天长啸的感觉再也没有出现过了。

所谓读书，就是与古往今来千千万万的人对话。你不可能经历的事情，他们替你经历了；你不可能悟出的道理，他们先于你悟出了。将他们的故事与领悟汲取过来，就好比你的一头两臂上又长出了"千头万臂"，你的一辈子延伸出了千辈子万辈子。试想，世上还有比这更强大的力量吗？

谁料想，十年之后，当年从乡政府走出来的"毛毛虫"，竟然摇身一变，堂而皇之地走进了自己做梦也想不到的"北京大学"。真是应了那句老话，"没有你做不到，只有你想不到"。

对法律的信仰，不是指将法律铭刻在石柱或青铜器上，而是将法律铭刻在人们的心里。树立对法律的信仰，应让公民感受到法律是权利的保护神，让"人民群众在每一个司法案件中都感受到公平正义"。同时，应依据法律规范权力的运行，"加强对权力运行的制约和监督，把权力关进制度的笼子里。"

第二部分　名师访谈录

整个法学体系就好比一串美丽的珍珠项链，各个部门法像一颗颗珍珠，法理学就是串起珍珠的线。没有这根线，珍珠始终是零散的个体，唯有出现这根线，零散的珍珠才有可能成为美丽的珍珠项链。

在学习法学的过程中，一定要把概念还原于生活，才能培养出对法学的兴趣。这能帮助我们认识生活，辨别大千世界中形形色色的法律关系。

不论你将来是法官还是律师，不论案子标的大还是小，不论当事人是达官显贵还是低到尘埃里的芸芸众生，不论和你讨论案件的是顶头上司还是助手，你都该坚持这一点。

信奉的法理学（法哲学）。正如美国法学家德沃金所说的，法理学是判决的一般组成部分，是任何依法判决的无声开场白。

在思考、分析、解决法律问题时，还应当建立辩证、客观、全面的法学思维方式。应将规范文本与社会经验相结合，抽象理论与具体个案相结合，普遍情形与例外场景相结合，在二者的反复沟通中获得解决问题的妥当方式。

各种法律本身并不必然是公平正义的化身，形式的法律体系和法律技术操作也并不必然会导出公平正义的判决，法律适用者如果欠缺起码的正义理念和道德意识，法律就有沦为精英阶级欺凌弱势人民的工具的危险。

波兰女诗人维斯瓦娃·辛波丝卡的《一见钟情》中有一句话：他们彼此深信，是瞬间迸发的热情让他们相遇。这样的确定是美丽的，但变幻无常更为美丽。所以，你们需要学会与不确定相处，欣赏变幻无常是一种美丽，尝试接受这个世界的本来面目。

一个优秀的法律人应当具备专业法律思维、掌握系统法律知识、熟悉法律实践技能，三者缺一不可。正如习武之人，具备深厚内功基础和纯熟武功招式的武者，可以称之为武林高手；但只有能够深切领悟武术之真谛的高手，方能成为武学宗师。

应当循序渐进，在弄清刑事诉讼基本理论和整体架构的前提下，在理解法律条文规定的目的和背后的利益权衡基础上，再适当进行记忆，这可能才是学好刑事诉讼法的正途。

大学四年是塑造人生观和世界观、形成为人处世态度和规划人生的关键阶段。在这一阶段，经历本身就是一种历练，过程胜于结果，而由此所造就的眼光、视野和能力远比知识、成绩更为重要。

商法是民法的特别法，商法学习必须以民法学习为基础。因此学习商法的第一个层次应当是有扎实的民法基础。商法与民法共同组成私法。如果说民法解决主体的生存问题，商法则以营利之动机、营业之方式解决我们生存的品质。

取得好的本科成绩，但不要一心只读圣贤书；充分利用寒暑假的实习机会，了解国内职场；尽早确定未来事业的大方向，并适时调整短期目标；根据个人兴趣参加活动/比赛，提高表达和应变能力；提高英文口语和写作水平，了解外国文化；拓展大学生活的广度，行万里路，了解中国国情；养成锻炼身体的习惯，积攒体能，增强抗压能力。

以更宏阔的视角来看，从历史的纵深和维度审视国际私法乃至所有法学学科，对于法科生从更深层次上洞烛法律与认知世界亦特具深意，岂不闻美国法学家哈罗德·J. 伯尔曼（Harold J. Berman）曰：法律并非机械地发展；她有其历史，她在诉说动人的故事。

第一部分

致法学少年

写给十八岁的法学少年卡尔

中国政法大学教授　王　涌

　　夜幕已经降临，夏虫正在吟唱，天空中暗云飘动，就像我逝去的年华。看着如水的月光，她也曾经照耀着我的少年。我禁不住提笔，要给你——我十八岁的自己写一封信。

　　如果你让我在三秒钟内，说出我在大学里最被震撼的一句话是什么？我会脱口而出："就是这句！"后来，我发现这句话出自《圣经》。跟随黑格尔，我开始在思辨的天空中翱翔。

　　我喜欢传记中的故事和细节，它们像浓浓的血浆一样，输入我的血管中，在精神世界中，成为我的朋友，成为无形的参照系，影响了我的日常思维甚至人生决策。有他们的陪伴，我仿佛生活在一个广阔的时空中。

　　你的"启蒙"有两项：一是不可坐井观天，要有世界眼光，阅读西方经典是必要的路径；二是超越教条的束缚，理解中国问题的本质，要有远见卓识，站在扎实的学识上看清历史方向，把握时代精神。

　　我掩卷长泣，我终于明白为什么他们可以写出《政府论》《国富论》和流芳千古的判词，而我却不可能。我希望能够提前十八年来读这些传记，让经典从大学开始就充满你与我的心灵，而让那些迂腐猥琐的说教走开。

写作和演讲都需要阅读经典，需要功夫和训练。但是，现在的大学，只有教材讲解，很少经典阅读，只有考试，很少训练和练功。学习中的重要一环——功夫，只能依靠你自己。

我希望你的志向是成为一个大学者，即使以后，你迫于人生的压力，走向法律实务或其他职业，凭着充足的学识储备，你也可以进退自如，从容腾挪，脱颖而出。

你可以选择一些英文经典著作，如丹宁的著作或卡多佐的判词，最好附有上等的中译本，然后，每天坚持一页或半页的中英文互译。若能背诵，则更佳，遗忘也不可怕。你必将成为英语潜龙。那些仅仅抱着托福和雅思高分而沾沾自喜的人，则永远只是浮帆，而不是潜龙。

你一定要成为一只"狼"，自己捕猎食物，图书馆就是你的地盘。你还要发现具有"狼"的气质的同学，与他们结下友谊，寻找适合自己的老师。

专注是生命的一种十分珍贵的状态，我在一些佛学的著作中，领悟到，如何在碎片化的日常生活的境遇中，随时进入专注的状态。如果有大块时间的专注，那就更好，这样你就可以进入深度思考，在深度思考的状态中，积累学问和人生智慧的力量。

亲爱的卡尔：

见信如晤，虽然我们在时空中不可能相见。

我已年近五十，而你才十八岁，十分羡慕。当然，我们是同一个灵魂，你就是我，我就是你。我是五十岁的你，你是十八岁的我。

收到此信，你一定很惊讶。我先说说此信的缘由吧。

我的朋友桑磊君嘱我写一篇《法学第一课》，给秋天即将进入法学殿堂的新生，我很犹豫。

恍恍乎，我在讲台上已絮叨近二十年了，好为人师的话说了一箩筐，仅"致新生"之类的文章也有若干篇，实在不愿再作一篇味如嚼蜡的入学指南。

但有些时刻，我想象自己，如果重回十八岁，我将如何度过大学。

夜幕已经降临，夏虫正在吟唱，天空中暗云飘动，就像我逝去的年华。看着如水的月光，她也曾经照耀着我的少年。我禁不住提笔，要给你——我十八岁的自己写一封信。

我不知道称你"卡尔"是否妥当？

我十八岁时，漂亮的大学英文老师要求每人有一个英文名字，我刚读完《卡尔·马克思传》，于是，就自称为"卡尔"了。

卡尔是我在学术上的初恋情人，我后来爱上了很多人，但我的英文名字一直未变，我只是想纪念我的十八岁，无它意。后来，我发现还有很多叫卡尔的大法学家，就更加珍爱"Karl"了。

也许，你现在叫"汤米"或"威廉姆斯"，如果是的话，还是请你改成"卡尔"吧。

关于未来的遐思

亲爱的卡尔，你是我的少年。

少年时，我常凝思未来，有奇幻之感。那个哲学老头海德格尔说："人的存在的本质是'向死而生'。"我真不以为然，我以为，至少，人的少年是诗一般的存在，它的哲学本质是"面向未来的遐思"。

十二岁时，我曾有一个万年历。它是一个圆形的小塑料盘，淡蓝色。我常常拨到 20 年后的 2000 年 1 月 1 日，凝神痴想着不可知的未来。未来就是万年历上具体的数字，摸着那数字，就像摸着自己的未来。

后来，我失去了万年历。一个酷热难耐的夏天，万年历装在短裤口袋里，我忘了取出，就直接跳下河里，与呼唤我的小伙伴们戏水了。万年历沉入了翠绿的水底，再也寻它不着了。那是我少年时最懊悔的一件事。后来，在我的意念中，我未来的 2000 年 1 月 1 日就一直在那河底，幽晦得无法穿透。

不知道你是否还记得那只万年历？记得抚摸未来的感觉？当然，现在都不流行说"未来"了，而说"远方"，时间概念转换成空间概念了，仿佛"未来"已经死亡。

思辨的天空

亲爱的卡尔，你是我的少年，你爱读传记吗？

高中时，我开始读传记，在传记中，看到了人生的生动历程。第一本传记是《黑格尔小传》，因为政治老师说：他是辩证法之父，是马克思的前辈。

我被书中那些哲学思辨的词儿熏陶了，进而造就了我不苟言笑的少年面容。但让我伤心的是，高考政治的辩证法选择题，我依然错得"尸横遍野"，我刻骨铭心地感受到考试与真理之间的鸿沟。

我依然爱黑格尔，若不是黑格尔的中文谐音易被误读，我怕调皮的同桌坏小子奚落，我的英文名字应该是"黑格尔"。

阅读传记就是在心灵中播种。进入大学，我读了黑格尔的《哲学史讲演录》和《小逻辑》。我特别喜欢黑格尔讲话的调子，你听他 1816 年在海德堡大学的哲学史课程开讲辞：

"因为世界精神太忙碌于现实，所以它不能转向内心，回复到自身。现在这股潮流已经打破，日耳曼民族既然已经从最恶劣的情况下，开辟出道路，且把它自己的民族性——一切有生命的生活的本源——拯救过来了。"

我给学生讲课时，从来说不出如此有气魄的话。

你再听他在《小逻辑》序言中所说："你首先要寻找天国，别的东西也会加上给你们。"

如果你让我在三秒钟内，说出我在大学里最被震撼的一句话是什么？我会脱口而出："就是这句！"后来，我发现这句话出自《圣经》。跟随黑格尔，我开始在思辨的天空中翱翔。

你知道我后来研究法学的套路吗？是来自思辨哲学。在南京大学法学院研习民法时，我一直在寻找法学家中的黑格尔。书架上一排排法学家的著作，都未能满足我对法律关系本质形式的追问，有的我甚至嗤之以鼻。一直当我读到美国德裔法学家霍菲尔德的天才著作时，我对自己说："就是他！"其实，他也算是黑格尔的徒孙，他 1900 年在加利福尼亚大学读本科时，导师就是美国黑格尔哲学的代表人物豪威生。

屈指数来，我从 1986 年阅读黑格尔到 1996 年阅读霍菲尔德，时间跨越整十年。之后，我从容地进入了分析法学的殿堂。对概念的思辨和对本质的直观，都是我喜欢的游戏。痴迷程度，不亚于你和伙伴们玩"王者荣耀"。

你一定要读传记

亲爱的卡尔，你是我的少年，我希望你读传记。

人物传记是我的指路明灯，我先给你看一下我读的传记书单，这里仅仅是法学家部分的：

维柯（Giovanni Battista Vico）、亚当·斯密（Adam Smith）、卡多佐（Benjamin Nathan Cardozo）、洛克（John Locke）、梅特兰（Frederick William Maitland）、霍姆斯（Wendell Holmes）、哈特（Herbert L. A. Hart）、布兰代斯（Louis D. Brandeis）、庞德（Roscoe Pound）、霍菲尔德（Wesley Newcomb Hohfeld）、卢埃林（Karl

N. Llewellyn）、道格拉斯（William Orville Douglas）、丹宁勋爵（Lord Denning）、科克（Sir Edward Coke）、曼斯菲尔德（Lord Mansfield）、奥斯丁（John Austin）。

这些传记的页眉和页边，写着我的心得。这些传记大多是我和我的学生在企鹅读书会上阅读的，从 2004 年至今，持续不断。我也是在读书会的压力下，读了这么多传记。否则，肯定去忙为自己树碑立传的事了，教授哪有闲暇读别人的传记呢？

你入学后，欢迎你加入企鹅读书会。不过，那场景一定很诡异：我——五十岁的卡尔，和你——十八岁的卡尔，在教室讨论一位名叫卡尔的法学家的传记。

我喜欢传记中的故事和细节，它们像浓浓的血浆一样，输入我的血管中，在精神世界中，成为我的朋友，成为无形的参照系，影响了我的日常思维甚至人生决策。有他们的陪伴，我仿佛是生活在一个广阔的时空中。

你刚入学，正是悠闲时，正是发愤图强时。我看到自习室里的新生手捧着《大学生守则》专注研读，在笔记本上摘抄，那虔诚认真的劲儿真让人感动，就像教堂里的圣徒。我在想，那手中的书也是可以换成《亚当·斯密传》或《卡多佐传》的。

大一是心灵的险滩

亲爱的卡尔，你是我的少年，我最担心的就是你的大学一年级。

大学一年级是心灵发展的险滩期和分化期。表面上风平浪静，但是，人生的彷徨、思想的矛盾、雄心的勃发、深刻的自卑，此刻都在心灵中惊心动魄地发生着。

你对学术的理想和激情，应在此时被点燃，但大学不会呵护你的心灵。课程杂乱，一开始就向你展现学术无聊的一面，你找不到心灵上最亲近的导师。你像一只美丽的小海豚，在海面上吞食着腐败的水草，而最精美的景色和食物却在海底深处，视野之外。每念于此，我便心痛。我担心在大学一年级，你的心犀和慧根被平庸和虚伪阻塞，而无法恢复原状。

启蒙与古典教育

亲爱的卡尔，如果你问我，大学一年级时最需要什么？我会说两个字："启蒙"。

中学时代，你挣扎在应试考试中，浸泡在道德说教里，天性和才华被束缚得太多，就像旧时小老太的脚被布缠得变了形，与我当年一样。三十年了，中学教育依然如故。大学时，你需要一场启蒙，来脱胎换骨。

你知道吗？我读了《洛克传》《亚当·斯密传》《卡多佐传》后，真希望像他们那样度过中学时光。

先看看洛克的中学教育。

洛克最早提出了限制政府权力的思想，是现代三权分立的政治制度的思想先驱。罗格写的《洛克传》第12页描述了洛克的中学时的学习图景：早晨5点起床，净身沐浴，祷告；6点至8点，学习拉丁文和希腊文语法，用拉丁文写命题作文，读西塞罗、列维、荷马、色诺芬尼的著作，并高声朗诵。下午，互译练习，将韵文译成散文，将散文译成韵文，或将拉丁文译成希腊文，将希腊文译成拉丁文。放学后，老师再给一个命题，第二天完成拉丁作文，命题如：爱征服一切（Love Conquers All）之类的题目。虽然洛克后来在《教育漫话》一书中说他不喜欢命题作文，但是，他在中学得到了扎实的古典教育和写作训练，是其成为大师的基础。

再看看斯密的中学教育。

斯密虽然以《国富论》著名，但也是法学家。他的《法理学》同样著名，那是他在格拉斯哥大学授课的讲义。斯密童年时，曾有被吉普赛人拐走的惊险经历。中学时，他就读于苏格兰科卡尔迪语法学校。

他所接受的中学教育，注重语言。学校的教育理念源于苏格兰1696年的教育议案，而该议案是清教徒们改编自意大利人文主义者的修辞学教学。语法学校的教育"使得斯密热爱经典著作，善于修辞技巧的应用，还激起了他对历史的持久兴趣，激发了他想要明智而有风格地表达自己思想的欲望"。

另一位法学家卡多佐是美国最高法院的大法官。

1885年他参加哥伦比亚大学的入学考试，考试的科目是：英语、拉丁语、希腊文与拉丁文诗体、英文写作、古代地理学、近代地理学、西洋古代史、代数、几何。此外，还有古希腊罗马的经典著作：《高卢战记》五卷本、维吉尔的《牧歌》全文和史诗《埃涅阿斯记》前六卷、西塞罗六篇演讲辞、色诺芬《远征记》四卷本、荷马《伊利亚特》三卷本。

他在哥伦比亚大学大一的课程集中在古代语言的学习上，主要是拉丁语与希腊语语法、诗体和文体。据说，这是一种古典文化教育，构成了整个19世纪英美上流社会人士教育的核心内容。

这里，我就不展示我的中学学习科目了。

小时候，我读课本上的一篇名著，其中有一句特别霸气的讽刺语："言必称希腊"。于是，在我幼小的心灵，我就将古希腊与教条主义挂钩了。当我真正明白，古希腊和古罗马是现代文明的精神源头时，我的少年风华已经逝去。

亲爱的卡尔，惭愧地告诉你，我现在的知识结构都是残缺的，那是一种难以弥补的后遗症，希望你不要蹈我覆辙。

我甚至在成为教授后，对于民法的发源地古罗马的历史，所知仍然是片言只语。后来的系统认知是在旅游途中，竟然是读了盐野七生的通俗作品，才得以恶补。而斯密、洛克和卡多佐中学所受的古典教育，于我更如遥远的彼岸。这是我内心的羞愧。古希腊和古罗马的经典是现代文明的精神源头，是法律人和学者的基本素养。

但是，你以后的路就不同了，学者之间竞争残酷，如同古罗马的角斗场，不早早练就硬功夫与真学问，你将是第一批倒下的庸才。但不应是你，你应当成为一流的学者。

亲爱的卡尔，我们还是回到启蒙问题吧。

启蒙当然不仅仅是读斯密、洛克和卡多佐中学和大学读的书。你的"启蒙"有两项：一是不可坐井观天，要有世界眼光，阅读西方经典是必要的路径；二是超越教条的束缚，理解中国问题的本质，要有远见卓识，站在扎实的学识上看清历史方向，把握时代精神。没有启蒙，你必将成长为一种怪胎，像带鱼那样的怪物，细目尖嘴，脑门小，善摇尾。

语言贫乏症与写作

亲爱的卡尔，你是我的少年。

我在大学时，20 世纪 80 年代后期，经过了一次强烈的思想启蒙，终生难忘。我的父亲，应该也是你的父亲，看着从大学回来的我，仿佛换了一个人，他也痛苦，因为我的变化几乎颠覆了他对我曾经的教育。我很思念 80 年代的思想气质，感谢他重新塑造了我。

我在年轻一代身上看到一种普遍病症，就是语言幼稚贫乏症，它是启蒙缺乏的直接症状。我真心希望，80 年代的思想气质在你们身上复苏。

过去十八年，我观察一届又一届法科大学生的成长。虽然个个聪明伶俐，但恐惧于写作，甚至在电脑面前哭泣，也写不出一个字来，少有人有思想有才华写出光芒四射的文章来。即使研究生，也多是七拼八凑的八股文，有血有肉有思辨的文章非常稀缺。

语言幼稚贫乏的确是一种精神病症。这里，我向你推荐意大利法学家和哲学家维柯 1707 年 10 月 18 日的开学典礼演讲，主题很长："对人类的堕落本性的认识驱使我们把握各门高贵艺术和科学的整个王国"。

他说："人的堕落，首先是语言的幼稚贫乏。由于语言的幼稚贫乏，无数事物和意境无法呈现于心灵之中，混乱、蹩脚和粗野的语词欺骗了心灵。它导致心灵的弊病，永恒的愚蠢控制着它，事物的虚假印象戏弄着它，草率鲁莽的判断将它推向悬崖"。这段话很深刻。

最近，我读维光先生的两篇文章"当代中国无大师"和"被扭曲致残的治学及写作能力"，我很震惊的。维光先生的学问未见其深厚，但见识不俗。他代表他那一代老人，但后人都在走一样的弯路。这里，说与你听听。

他说："我们这代人之所以自己写不出好东西来，其根本原因还是在于基本技能不行，也就是阅读能力，以及写作必须要储存记忆的东西之离基本要求相差太远。推崇西方的人既没有阅读西文原始文献的能力，也没有西文的语言思维感觉，只是靠蹩脚的翻译去捕捉似是而非的议论。而谈中国文化问题也没有阅读经典文献、原始典籍的能力，只能依靠基本教科书。"

我又想到了洛克、斯密和卡多佐，他们受到以古希腊罗马经典作品为内容的古典教育，而写作一直是主要训练。我是在三十六岁时，在企鹅读书会上读到这三本传记的，我震惊于洛克、斯密和卡多佐的中学教育和大学教育。我掩卷长泣，终于明白为什么他们可以写出《政府论》《国富论》和流芳千古的判词，而我却不可能。我希望能够提前十八年来读这些传记，让经典从大学开始就充满你与我的心灵，而让那些迂腐猥琐的说教走开。

写作是极为重要的，你一定要高度重视写作。

若从最高处看写作的意义，写作事关知识分子的使命。我最近在读莫里斯的《西方将主宰多久》一书，全书中衷心赞扬中国知识分子的只有一处，那是唐朝以韩愈为代表的知识分子。他说："当时的知识分子极为优秀，最重要的是他们开始学习像古人一样写作，倡导古文运动，重新拥有了古典美德，拥有了挽救国家的能力，重现了古典写作的清新隽永和高尚道德。"当然，这也不是莫里斯的一家之言，而是史家通识。

亲爱的卡尔，如果今后，在尔辈中难以找到文思深邃、文境高远的法律人，说明这是一代胸无凌云之志的法律人，法学已经沦为谋生的手艺，而不承载知识分子的使命。但我希望你不在其中。

写作的道路在哪里呢？

亲爱的卡尔，我们再回到传记中寻找答案。阅读经典是练习写作的必经之途，但还有许多具体的训练方法，需要悉心揣摩。

斯密就有他独特的训练写作的方法。

斯密受到法国修辞学家罗林的启发。罗林在《文学教学和研究方法》一书中认为："强调翻译最优美的文章的价值，是培养品味最有把握的方法。"斯密在牛津大学自我指导进行翻译训练，将法语经典翻译成英文，再从英文翻译成为法语，"在不知不觉中体验和捕捉到经典作家的想象高度、写作艺术和思维方式"。其实，斯密在中学时，就已经接受从拉丁文经典作品到英文的互译训练了。斯密的巨著《国富论》每一章都像一篇经典散文，读来流畅清新，毫无佶屈聱牙之感，这是其之所以传播甚广、成为经典的重要原因。

在现当代的法学家中，以文采胜出的，首屈一指可推英国的丹宁勋爵。

你可以读读丹宁。2005年我带学生去牛津大学奥利尔学院参加暑期夏令营时，图特教授送给我的两本书就是丹宁的《法律的训诫》和《法律的正当程序》。他说："法律学生要学英文写作，就从丹宁开始吧！"

我也读过丹宁的传记。丹宁少年时在文法学校读书，所学的是拉丁文、法语、科学与数学，他的英文极好，并多次获奖，奖品都是文学经典，如卡莱尔的《法国大革命》。他本科学数学，之后学法学，最珍爱的却是文学，他的枕边书是英语散文集、《圣经》和莎士比亚的著作。他退休后所写的系列著作，脍炙人口。李克强总理在北大法学院求学期间，也为之陶醉，将《法律的正当程序》一书翻译成了中文。

你可以从中选一些篇章进行中英文互译，中英文写作必将稳健进步。

如果你问我，对于初学者，写作最重要的技巧是什么？我总结过许多作家的经验，那就是学会简洁。这一招，操作起来很简单，但效果很奇妙。

斯特伦克在《文体的要素》一书中告诫他的学生："省略冗词！省略冗词！省略冗词！"他的学生——《纽约客》的主编怀特说："我在写作上的最初的启蒙也是从理解简洁和省略冗词开始的。"文章简洁始有活力，句不应有冗词，段不应有赘句，让字词散发出原始的光泽。

你知道硬汉海明威的写作方法吗？他首先信马由缰地写，然后，就删除冗词，直到剩下骨头为止。

当然，如果你囊中无物，删除冗词后，所剩只能是白纸一张了。

法学家哈特也具有独特的语言风格，非常简练，是早期职业练就的。二战时他在英军担任情报员，工作就是起草电报，形成了电报体。战后，他进入牛津大学研究法理学，依然保持着电报体，精练却略显呆板。

哈特的前辈奥斯丁在律师事务所工作时，担任权益起草人（equity draughtsman），所写的是法律实务中的八股文，例如起草遗嘱。他干了多年之后，就不会写灵动的文章了。他写给萨拉的求婚信，也如律师公函一样死板，令萨拉极为伤心愤怒，差点拒绝他的求婚。

这些都是法学家的教训，好在两位都是分析法学的大师，著作主要展现的是法律的逻辑，不像斯密、孟德斯鸠和托克维尔那样，展现的是宏大的政治、社会、经济和历史的脉络，否则，哈特和奥斯丁的笔是难堪重任的。

辩论与西塞罗

亲爱的卡尔，你是我的少年，你一定喜爱演讲和辩论。

开学了，凭你的兴趣和才能，你肯定会积极参加演讲与辩论赛。这里，我给你讲讲英国曼斯菲尔德勋爵的故事。

曼斯菲尔德（Lord Mansfield）是 18 世纪的英国大法官，他以自己的学识，做出了一系列开创性的判例，将商法精神引入普通法，重新塑造了普通法。

在荷华德撰写的《曼斯菲尔德勋爵传记》的第 25 页，有这样一段描写他如何学习古罗马演讲家和法学家西塞罗，令我印象深刻：

"曼斯菲尔德酷爱演讲和辩论，在牛津大学醉心于古罗马的演说家西塞罗。他将西塞罗的全部演讲作品翻译为英文，然后，又从英文翻译回拉丁文，一篇也不缺。"

去年我在企鹅读书会和我的学生阅读西塞罗的演讲词，中译本两大册，共 807 页，如果进行拉丁文和英文互译，那是一个怎样巨大的工程？但是，曼斯菲尔德做到了，他就是要通过一种残酷的训练，拥抱经典，让自己与古代圣人在精神和修辞上融为一体。

我也酷爱演讲和辩论，也曾经夺得过全国辩论赛的冠军，我一直以为自己达到了相当高的水平呢。我读了曼斯菲尔德的传记后，我觉得自己几乎就是辩论场上的小丑。那时，我没有精读过一部古希腊罗马的经典著作，更谈不上将西塞罗的著作在两种语言之间互译。

亲爱的卡尔，辩论与演讲的训练是必需的，无论今后是律师还是政治家，这是精英必备的才艺。

西塞罗作为古罗马雄辩术的先驱，在演讲方面有过各式训练：他经常同他的朋友——杂技团的丑角革尔斯比赛，看革尔斯如何通过各种姿势表达同样的想法，相应地，他自己也使用各种变化的语言来演讲。

我在跟随江平先生攻读博士学位时，有一天他对我说："晚上回家，我要背一两篇文章。"我听后极其惊讶。之后，恍然大悟：即使演讲大师，也会暗暗使劲，滔滔口才非天生，皆功夫也。

亲爱的卡尔，我已经和你谈了写作和演讲。你已经看到，写作和演讲都需要阅读经典，需要功夫和训练。但是，现在的大学，只有教材讲解，很少经典阅读，只有考试，很少训练和练功。学习中的重要一环——功夫，只能依靠你自己。

如果你以为大学的目的就是考试，那就真不可救药了。若真如此，你可以烧了这封信，后面的内容就不必再读了。

你要成为一个法学家

亲爱的卡尔，谢谢你没有烧掉这封信，我知道你不是那样浅薄的人，我相信你是有高远志向的人。

我希望你的志向是成为一个大学者，即使以后，你迫于人生的压力，走向法律实务或其他职业，凭着充足的学识储备，你也可以进退自如，从容腾挪，脱颖而出。

关于志向，你读读庞德、霍姆斯和梅特兰的传记。

庞德在二十二岁时，阅读量和阅读面就相当惊人，几乎读了拉丁文、德文和英文的值得一读的著作，传记的原文是这样记述的："a twenty-two-year-old man who had read everything——everything worth reading——in Latin and German as well as English"。

他拼命读书背后，隐藏着一个宏伟的志向。传记又写道："Behind his rise was ambition. But not for power or wealth. He wanted to be an authority"。说句实话，我对庞德的学问并不看好，但是，他的学术野心让我敬佩。我敬佩那一代美国法学家，都有着伟大的学术雄心，为创建美国法学，人生因此变得美丽而高贵。

再说说比庞德资历更老的美国大法官霍姆斯，他的父亲是美国著名作家霍姆斯，小霍姆斯希望自己的声名超过他的父亲。大学时，霍姆斯的阅读相当吓人。爱德华写的《霍姆斯传》有 600 多页，传记第 116 页写道："His extensive reading and other scholarly activities in the 1860s and early 1870s fully justified the observations by contemporaries that he 'knows more law than anyone in Boston of our time, and work harder at it than anyone'"。高强度的阅读使得霍姆斯成为那个时代美国公认的最博学的法学家。

这里，我再与你说说英国的法律史大师梅特兰的志向是如何形成的。

他大学时读了萨维尼的《当代罗马法体系》，他说："是萨维尼向他打开了法律的真正世界，是萨维尼让他发现了认知法律的真正方法。"梅特兰对萨维尼像初恋一样痴迷。他翻译萨维尼的著作，虽然是片段，也未发表，但他内心的法学之火被熊熊点燃了。

我也希望你在大学时光，遇到让你痴迷的法学家和法学著作，就像遇到让你痴迷的女孩子一样重要。

对于未来的职业选择，许多具有极高才智的人，最终是放弃律师职业的，而选择学者生涯，或从律师职业转型为公共知识分子。前者如梅特兰、道格拉斯、哈特，后者如布兰代斯。

梅特兰对于律师职业的成功并不看重。我手中有一本 1910 年出版的费西（H. A. L. Fisher）撰写的《梅特兰传记》，书脊已经脱落，页面泛黄，传记的第 23 页是这样描述梅特兰的想法的："Success at the bar would mean the surrender of the reading which had become very dear to him, and yet his ambition desired success of one kind or another." 他是如此地珍爱阅读，而律师职业必将牺牲阅读，他内心的野心是做一名大学者，志向十分的坚定。

再说说约翰·奥斯丁，奥斯丁的时代尚无大学法学院，他从军五年后，进入律师事务所学习法律，那时，他向同侪宣布：他的理想，不是做一名律师，而是要研究法律的原理。

当然，奥斯丁后来没有他那做律师的哥哥（Charles Austin）有钱，他哥哥成为伦敦数一数二的有钱律师。奥斯丁学识渊博，但没有财务自由。他曾对他的妻子萨拉说："如果每年政府给我 200 英镑，我用两年的时间闭门研究，我就能研究透整个犯罪领域，并且起草一部刑法典。"我读他的传记至此，不禁概然，但丝毫不为他的人生选择惋惜。没有奥斯丁，英国的法学还将在昏暗中摸索很长时间。

我读的这些法学家的传记中，还发现一个奇怪的现象，不少法学家立志学术，心怀天下，很早就放弃了结婚的计划，孑然一身，例如洛克、斯密和卡多佐。不过，斯密和卡多佐也不孤独，斯密和母亲一起生活，卡多佐和姐姐一起生活。当然，我说这些，不是劝你不考虑婚恋，勿多想。

没有广阔视野的法律人是可耻的

在古代，法学家是知识最渊博的人。维柯在 1708 年 10 月 18 日的大学开学典礼的演讲"论我们时代的研究方法"中说到罗马法，他说："古罗马人的哲学家本身就是法学家，因为通晓一门法律，就意味着凝聚了所有的智慧，或者说凝聚了英雄时代的纯粹智慧。"而现在则不同了，法学更像一门纯粹的生计了，法学开始与其他学问分离了。你看看，现在从法学院毕业出来的学子们，有几个通晓人文和社会科学的。他们读完王泽鉴先生的"天龙八部"，就以为达到学术的巅峰了。

　　许多法科学生不读哲学，不读历史，不读文学，所学仅限于法学一隅，触及不到法学的灵魂，最后成长为一张麻将牌——"三条"：知识仅是法条，思维就像线条，意志软如面条。没有基本的人文修养，对正义和公平缺乏基本的感知能力，让眼花缭乱的法律技巧为自己内心的麻木甚至邪恶辩护。

　　没有广阔的学术视野的法律人是可耻的。亲爱的卡尔，我有责任引导你。

　　教育的本质就是引导，在浩瀚而繁杂的知识和信息的世界里，指出一条路来。书单就是指路的基本方式，我们拥有相同的基因，我用十几年时间淘练出来的书单，就是最适合你的书单。

　　你一定要认真阅读一本哲学史，在青春之初就接触人类思想的精华与制高点，在内心深处，养浩然之气，它决定你一生的理想与视野。我向你推荐黑格尔的《哲学史讲演录》，如果觉得艰深，可以先读梯利的《西方哲学史》；还有冯友兰先生的《中国哲学史》，注意不是简史，其中包含各哲学家作品的经典章节，读之，也是在读中国哲学的经典文选。

　　你一定要读一本世界史，让今后你所读到的法律人物和事件都有准确的时间刻度，如果连时间维度都无法建立起来，你的知识库必将是一团乱麻，而无法清晰。我推荐威尔斯的《世界简史》，建议认真做笔记，并画图表，并准确记忆。这是硬功夫，没有偷懒的办法。

　　你一定要读一本西方文学的入门书，它可以立刻激发你的文学感受能力，直接指导你的写作品味和技巧。我推荐王佐良先生的《英国散文的流变》，这是我的启蒙书，我精读不下十遍，每次都细细体味。

　　你一定要读一本经济学经典。我推荐斯密的《国富论》，既可以学习经济学基础，还可以感受斯密的思辨和体温，领略他的语调和修辞手法。我和我的学生花一年时间精读完了全两册，斯密占领了我的思绪很久，我三月不知肉味。

　　你一定要读一本法社会学的著作。我推荐孟德斯鸠的《论法的精神》。

　　初读者，遇到深奥不解处，也不必停滞不前，可以跳过，不要妨碍读书的整体计划，况且，这些书都是要反复读的。读书尽量选择经典，正如梭罗所说："首先要读最好的书，以免来不及将它读完。"

　　专业书中，以民法的书为最基础。我建议你，在一年级上学期，就开始读罗马法学家盖尤斯的《法学阶梯》，而不必读大路货的民法教科书。读起来，肯定很难，但要"硬读"，一定要"硬读"，事关品味，事关视野。在民法学习之初，就与古罗马人生活在一起。

　　你还必须精读一本法理书，我推荐博登海默的《法理学——法哲学及其方法》，这本书熏陶了几代法学学子，因为全面系统，简明扼要、通俗易懂，是入门的极好教材。

当然，如果你的英语足够好，也可以读迪亚斯（R. W. M. Dias）的《法理学》（Jurisprudence），没有中译本。迪亚斯的祖父和父亲都在英国殖民地锡兰（斯里兰卡）做法官，他耳濡目染。二战时，他从锡兰来到剑桥大学，接受法学训练，终生从事法学研究。这本书凝聚了他一生对法学的思考，简明凝练，在英国是一本影响很大的标准法理学教科书，也是我的最爱。我担心你的英语不够好，也可暂时放一放。

英语深潭中的浮帆和潜龙

亲爱的卡尔，你是我的少年，你有语言天赋吗？

我很羞愧与你谈我当年的英语学习，因为那是一部血泪史。我强烈地建议你尽快掌握英语的高级阅读能力，词汇量应尽快达到雅思和 GRE 的标准，这并不是仅仅为了准备英语考试，那是一种十分狭隘的认识。更为重要的是，它是学术事业的基本功，就像经济腾飞需要高速公路一样。插上语言的翅膀，助你升上学术的高空，俯视世界。特别是在年少时，如果就对一门外语有精湛的把握和理解，这可是童子功，融于身心，而不易荒废。

我读研究生时，英语老师是南京大学英语系的博士，他教给我们"一本书主义"的学习方法，选一本英文原著，精读读透，有的同学选《教父》，我选的是《查特莱夫人的情人》，重要是为了保证阅读的专注和持之以恒，无他意。这真是一种好办法，将对情爱的欣赏和英语学习结合在一起了，但这提升了阅读。

英语学习的成效，主要在于方法，特别是听说的训练方法，我是在三十三岁时才悟出来的。2003 年我在美国哥伦比亚大学法学院访学，我清楚地记得，9 月的一天，我学会了英语听力的逆向式学习法，在 Lenfest Hall 的公寓里，我高兴得跳起来。其实，这种方法也没有什么神秘的，就是"分解"然后"准确地复读"。我先将 6000 多个重要词汇，每个都跟着朗文词典的标准发音复读了 100 遍以上，听得想吐，以至于我都无法忘记每一个词的发音。之后，用复读机，听美国之音的节目，分解成各个句群，各个击破，每个句群都单独地循环反复听，并听写，听 10 遍还听不懂，就看文本。就是用这种笨办法，解决了英语的发音与听力问题。我看到自己每天都在进步，就像农民获得了大丰收一样喜悦。现在，我主要听美国最高法院网站上的庭审录音，并且每年为外国留学生讲授中国商法，以保持自己的英语听说水平。

可以说，那时我的英文的突飞猛进与纽约的英语环境没有什么关系，只要方法得当，把我扔在中国农村也一样突飞猛进。当然，美国的环境主要是给我压力，每天的心情随着英文听力的好坏而变化。日常生活中，一两句关键的话没有听懂，会忧郁半天。

这是我推荐的方法。当然，一些学术大师独特的外语学习方法也值得借鉴，例如钱钟书先生喜欢读词典学英语，谢怀栻先生在学习德语的基本语法后，就开始翻译《德国民法典》学习德语。学无定法，只要你确实感受到进步的喜悦，就是好方法。

现在有许多孩子的雅思和 GRE 达到很高的分，但并不表明对英文经典著作的阅读水平达到流畅的境界，因为缺少对英文经典著作所蕴含的复杂的概念网络的透彻理解，语言背后是学问，是文化，深不可测。

所以，雅思和托福只是英语深潭水面上的两只浮帆，它可以让你浮在英语的水面上，不至于溺亡。但能浮者，并不一定是能潜者，浮帆不是潜龙。

"英语潜龙"是对英语经典著作透彻理解的人，他不仅阅读无碍，而且，可以写作相当优雅而学养充沛的英文。这一步是极难的，不过，洛克、斯密和曼斯菲尔德的传记已经指明了方法，那就是双语互译。

亲爱的卡尔，你可以选择一些英文经典著作，如丹宁的著作或卡多佐的判词，最好附有上等的中译本，然后，每天坚持一页或半页的中英文互译。若能背诵，则更佳，遗忘也不可怕。你必将成为英语潜龙。那些仅仅抱着托福和雅思高分而沾沾自喜的人，则永远只是浮帆，而不是潜龙。

做法学院里的"狼"

亲爱的卡尔，你喜欢大学的课堂吗？你思考过专业学习的方法吗？

我先给你讲讲美国大法官道格拉斯的故事吧。

他有两册自传，一部是《年轻人，向东去》，另一部是《法庭岁月》。我是2003 年在纽约的一个旧书店里买到的，道格拉斯的文字很优美，我读了好几个通宵，读完了第一本。

道格拉斯父亲早逝，父亲遗留下的一笔钱，他将其投资于一个朋友的产业，却血本无归，家中一贫如洗。道格拉斯在火车上与一群羊睡在一起，颠簸到纽约，到哥伦比亚法学院报到时，口袋里只有二十美元，院长斯通劝他退学。穷困之际，教务处的一位老师给他介绍了一份兼职工作，给曼哈顿的一家法学函授学校写教材，他得到了预付的二百美元。第一学期，他几乎没有上课，就泡在图书馆里自学，写教材。没有想到，高强度的教材写作使得他扎实地掌握了法学理论。

他后来做了律师，但彷徨痛苦，除了办案，所思所想，用他自己的话说，就是：I did real soul-searching（寻找灵魂）。1926年某晚，在雅基马（Yakima）城外的一个火山岩崖边，与朋友彻夜长谈后，他决定回哥伦比亚法学院当讲师。道格拉斯最后成为美国证券交易委员会主席和最高法院大法官。

当然，我不是劝你像道格拉斯那样逃课，但是，要意识到自学的重要性。

亲爱的卡尔，我不知道，你在哪一个法学院就读？现在，全国有600多所法学院，教学质量参差不齐。如果你感到法学的课堂很无聊，也不必沮丧。

我再给你讲一个故事吧。

十多年前，一位女子向我咨询法律问题，因为父亲陷入了债务纠纷，在案件的处理中，她觉得法律很有趣。后来，她惭愧地告诉我，她和男朋友都是中国政法大学的学生，不过二年级时就退学了，因为听了几门法学课，极其沉闷，差点窒息呕吐。有一个叫朱萨维尼的老师，在武侠故事中讲民法，还有点意思。她后来逼迫男朋友和她一起退学了，小两口平时就炒炒股票，念念佛经。我不知道她是否逃过了前年的股灾。

我很震惊于她的故事，一方面动摇了我对法大本科课堂教学的持久信心，当然，法大现在的本科教学因为教师之间的竞争态势的存在和大批优秀的年轻教师的加入，而生机盎然；另一方面，我第一次意识到课堂教学竟然可以彻底毁掉学生对法学前程的憧憬和热情。

你要学会甄别老师，在课堂上，有的老师有激情，但没有学问，有的老师很幽默，但没有干货，有的老师钻得很深，但视野太窄。一度在课堂上流行一种浮夸风气，老师讲点笑话，再愤世嫉俗一番，总是引得掌声。道格拉斯大法官在自传里，也写到当年在哥伦比亚法学院读书时，课堂也流行此风。

我判断优秀的老师，只有两个标准：首先，概念为王，逻辑为王，看他是否给出了清晰的概念和逻辑体系；其次，看他是否具有教学的技艺，能在短短四十五分钟内引导学生进入一个崭新的学术殿堂。对于新生来说，所谓大学，不在大楼，也不在大师，而在于是谁实实在在地影响了你的心灵？

全国的法学院之多，如肯德基的连锁店遍布全国，"家家点火，村村冒烟"，但资源毕竟有限，不少法学院的法学教育基本上是灌输式。我是法学教授，我对情况心知肚明，情况就是这么一个情况，所以，你一定要成为一只"狼"，自己捕猎食物，图书馆就是你的地盘。你还要发现具有"狼"的气质的同学，与他们结下友谊，寻找适合自己的老师。

心狠手辣的深度学习

亲爱的卡尔，我是用这样三个词来理解求学之路的：悟性、功夫和境界。如果你没有因为早恋而弄坏了脑袋的话，你的悟性不会差，所以，对于你，功夫是要中之要。

在法学家的传记中，我发现这些大师，入学时都是如你一样的毛头小子，但内心却是"心狠手辣"的主，当然，我说的"心狠手辣"是指学习态度和学习方法，你别误解！你自己好好摸索吧！

我先给你介绍我总结出来的几种常用的学习方法：

一是程序学习法：只问耕耘，不问收获，只问程序，不问结果，以避免学习过程中对效果的胡思乱想。在笔记本上，列出读某本书的详细程序，可读多遍，按不同的程序，但严格按程序进行，程序毕，学习即止。

二是浸泡式学习法：连续一两天看一本书或做一种训练，事先拟定好大致的学习或训练程序，例如连续两天做卡多佐的《司法过程的本质》的小册子的中英文交互翻译训练。你读武侠小说也知道，武林高手练一个特异的功，总要在山洞里修炼七七四十九天，或九九八十一天。你采用浸泡式学习法，也不过是一两天，或两三天。

三是体操式学习法：仿佛做了一套体操动作，例如将一个上午分为五个时段，第一个 30 分钟，读一篇《古文观止》的文章，并摘记；第二个 30 分钟，读当天的英国《金融时报》（*Finance Times*），并摘记。你知道吗？这是我每年花很多银子订阅的；第三个 30 分钟，中英文互译丹宁《法律的训诫》中的片段；第四个 30 分钟，精读当日微信中最有价值的文章，并摘记。剩余时间读法学经典，如孟德斯鸠的《论法的精神》的片段，并摘记。

用黑格尔的话来说，认识就是从抽象到具体的过程。在学习之初，所学都是高度抽象的概念。一个课程，你学完后，一般都停留在抽象层次上，你需要第二次学习，即"深度学习"，使得知识从抽象进入具体，深度分析，深度细化，与相关知识细密地衔接。

深度学习是一个重要的概念，我的体验是，除了单纯的深度阅读外，达到深度学习主要有三种方法：写文章、办案件和讲课。

1870 年至 1873 年，霍姆斯花了四年的时间，闭门写作，完成了《肯特美国法评论》的巨著，法学功底大增，成为美国最有学问的法学家，这显然得益于四年的闭门写作，这本身就是一种极其有效的深度学习。

20 世纪 30 年代，丹宁勋爵在编辑 *Smith Leading Cases* 一书时，对商法的理解达到相当的深度，极大提升了他商法的功力。

对于大师，法学写作是练功的秘笈；对于法学新生，法学写作也是练功的好方法，因为写作必然伴随深度阅读和体系化的过程。

此外，备课和讲课也是一种深度学习。我刚留校时，备课通常到凌晨，发现还有那么多似是而非的问题，于是反复阅读，精思问题。再者，处理案件，在诉讼面临的具体问题的压力下，你必须通过深度学习和思考，让某一法律主题下的所有的知识细节丰满起来，来应对迫在眉睫的问题。当然，讲课和诉讼对于你尚不具有现实可操作性，就不赘述了。

亲爱的卡尔，你从高中进入法学院，你一定要习惯自学，习惯阅读经典原著，习惯深度学习，习惯专注学习，习惯高强度的学习，这些都是练功。

练功是法律人的信仰。

每天读法学经典著作，这是练功。

每天背诵一段法学经典，这是练功。

每天读经典判例，这是练功。

每天提笔写几页读书心得或评论，这是练功。

每天做一页法学经典著作的中英文互译，这是练功。

每天听一段法庭英语辩论，并听写，这是练功。

法学大师是怎样炼成的？就是靠练功！

新禅语

亲爱的卡尔，你是我的少年。我还要和你谈谈，如何进行情绪管理和时间管理，进入专注的境界。

一个人在学习的专注中获得的愉悦，并不亚于在恋爱中获得的愉悦，但是，神飘意散又是许多学生的状态。

我在南京大学法学院读书时，我发现我不专注了，主要有两个原因，一是心思多了，二是时间太碎片化了。专注就一度消失了。专注是生命的一种十分珍贵的状态，我在一些佛学的著作中，领悟到，如何在碎片化的日常生活的境遇中，随时进入专注的状态。如果有大块时间的专注，那就更好，这样你就可以进入深度思考，在深度思考的状态中，积累学问和人生智慧的力量。

我读道格拉斯的自传时，发现道格拉斯在哥伦比亚大学法学院读书时，也一度不专注，他求助于中国哲学和佛教中的冥想，以清空杂念，回归专注。

现在，你们面临的问题更大，每人一个手机，手机上有微信，微信中有朋友圈，几乎天天处在朋友聚会的状态中。所以，时间管理极其重要，你一定要形成良好的节奏。

这里，我再谈谈科克。他是英国法律史上的伟人，国王詹姆斯一世也承认他是法律之父、人民的圣贤。如果不是科克，英国的普通法就可能就被罗马法替代了，因为当时的亨利八世国王和他的女儿"冷血玛丽"都主张实行罗马法。

我要让你学习科克的是他严格的作息时间和稳定的生活节奏。

科克在泰晤士河边的内殿律师学院学习法律时，他的作息时间十分独特。即使冬天，他也是凌晨 3 点起床，点燃火光，开始阅读 Bracton 和 Littleton 的著作，然后 8 点坐船到威斯敏斯特旁听开庭，直到中午 12 点。下午听课程讲座，或自己阅读，至 5 点晚餐。晚上 9 点，他准时睡觉。

节奏就是效率，要形成自己的节奏，心无旁骛，心无焦虑，按部就班，就像佛教中禅的境界一样。

小和尚向师傅问生命的意义和修炼的方法，师傅说："你吃过饭了吗？那就去洗你的碗吧。"佛教中这段著名的禅语，也是对你说的："你吃过饭了吗？那就去读你的书吧。"——这是法律人的新禅语。日常就是意义的所在，日常的节奏就是修炼的门径。

我对于专注的理解和体悟，希望你在大学时就能提前获得。技术上说，这是一种情绪和时间管理方法，其实，这是一种存在哲学和生命哲学。

我建议你准备两个笔记本，可以是漂亮一点的笔记本，因为那种感觉就好像是两个漂亮的朋友陪伴着你。一本做学术笔记，另一本记日记。日记是整理自己的思绪，是一种修炼。十年后，还可以回读。人是会遗忘的，遗忘过去，你就没有时间感了，就成空心人了。写日记很好，一段时光可以过三遍，过时是一遍，写时是一遍，光阴流逝后回头翻阅时，又过一遍。

亲爱的卡尔，我说了这么多细节和技巧，是因为我相信细节，大师不是无中生有的，是在人生的细节中生成的。我是一个高度重视细节的人，希望你也是。

古罗马诗人恩尼乌斯有一句话："缓缓图之，而其事卒成"。司汤达将其写在《红与黑》第五章的文头。也许这是于连的座右铭，不过，话是古罗马人说的，很有道理，与你共勉。

现在已是深夜，我该收笔了。

你收到这封地址空白的信时，不必惊奇。

你独自默诵此信即可，不必示于他人。

信后附书单，务必照此阅读。

深夜失眠时，我常常追忆既往，为荒度的时光而后悔，为愚蠢的见识而惭愧，为失落的理想而心碎。

今夜窗外月光幽冥，林中的野猫又开始嘶叫，希望不会影响我的睡眠。
晚安！

老卡尔

2017 年 7 月 19 日

书目：

1. ［英］伊安·罗斯：《亚当·斯密传》，张亚萍译，罗卫东校，浙江大学出版社 2013 年版。

2. ［美］约翰·密尔：《约翰·密尔自传：大师是这样培养出来的》，柏洋译，江西教育出版社 2012 年版。

3. ［美］A. L. 考夫曼：《卡多佐》，张守东译，法律出版社 2001 年版。

4. ［意］维柯：《大学开学典礼演讲集——维柯论人文教育》，张小勇译，上海人民出版社 2012 年版。

5. ［美］弗兰克·梯利：《西方哲学史》，葛力译，商务印书馆 2015 年版。

6. ［德］黑格尔：《哲学史讲演录》，贺麟、王太庆等译，商务印书馆 1978 年版。

7. 冯友兰：《中国哲学史》，商务印书馆 2001 年版。

8. 钱穆：《中国历代政治得失》，生活·读书·新知三联书店 2018 年版。

9. 蒋廷黻：《中国近代史》，江苏人民出版社 2017 年版。

10. ［法］笛卡尔：《谈谈方法》，王太庆译，商务印书馆 2009 年版。

11. ［德］马丁·海德格尔：《从莱布尼茨出发的逻辑学的形而上学始基》，赵卫国译，西北大学出版社 2015 年版。

12. 王宠惠编校：《英文名学》，中华书局 1914 年版。（原书：W. Stanley Jevons, Elementary Lessons in Logic, The Macmillan Company 1902）。

13. Wesley Newcomb Hohfeld, Fundamental Legal Conceptions as Applied in Judicial Reasoning, Yale University Press 1923.

14. ［美］威尔斯：《世界简史》，唐婉译，吉林文史出版社 2015 年版。

15. ［古罗马］西塞罗：《论演说家》，王焕生译，中国政法大学出版社 2003 年版。

16. ［古罗马］盖尤斯：《盖尤斯法学阶梯》，黄风译，中国政法大学出版社 2008 年版。

17. ［法］孟德斯鸠：《论法的精神》，许明龙译，商务印书馆 2012 年版。

18. ［英］亚当·斯密：《国富论》，郭大力、王亚南译，商务印书馆 2014 年版。

19. ［德］柯武刚、史漫飞：《制度经济学》，韩朝华译，商务印书馆 2000 年版。

20. ［美］弗雷德里克·S. 米什金：《货币金融学》，郑艳文译，中国人民大学出版社 2016 年版。

21. 《古文观止》（今注今译），王延栋（南开大学文学院古汉语教授）注释，花山文艺出版社 2016 年版。

22. 王佐良：《英国散文的流变》，商务印书馆 2011 年版。

23. ［英］休谟：《休谟散文集》，肖聿译，中国社会科学出版社 2006 年版。

24. 李平沤选编：《法国散文精选》，北岳文艺出版社 1999 年。

25. ［英］丹宁勋爵：《法律的训诫》，杨百揆、刘庸安、丁健译，法律出版社 1999 年版。

26. Lord Denning：The Discipline of Law, Butterworths, 1979.

27. ［英］丹宁勋爵：《法律的正当程序》，李克强、杨百揆、刘庸安译，法律出版社 2011 年版。

28. Lord Denning：The Due Process of Law, Butter worths, 1980.

29. ［美］E. 博登海默：《法理学–法哲学及其方法》，邓正来、姬敬武译，华夏出版社 1987 年版；或者：潘汉典译，法律出版社 2014 年。

30. ［德］施塔姆勒：《现代法学之根本趋势》，姚远译，商务印书馆 2016 年。

31. ［德］卡尔·拉伦茨：《法学方法论》，陈爱娥译，商务印书馆 2003 年版。

32. ［葡］曼努埃尔·德·安德拉德：《法律关系总论》（第一卷），吴奇琦译，法律出版社 2015 年版。

33. R. W. M Dias, Jurisprudence, Butter Worths, 1976.

34. Edmund Heward：Lord Mansfield–A Biography, Barry Rose 1979.

35. ［法］司汤达：《红与黑》，张冠尧译，人民文学出版社 1999 年版。

王涌教授简介

江苏省盐城市人，1968 年 11 月出生。中国政法大学民商经济法学院教授、博士生导师，洪范法律与经济研究所所长，中国商业法学会副会长。

1986 年毕业于江苏省盐城中学，考入中国青年政治学院，1990 年毕业后，在江苏省盐城市地方政府部门工作。1993 年至 1996 年在南京大学法学院攻读经济法硕士。1994 年代表南京大学参加长虹杯全国高校电视辩论赛，获冠军，并拜识总决赛评委主席江平先生。1996 年至 1999 年在中国政法大学跟随江平先生攻读民商法学博士学位。1999 年毕业留校教书至今。

自 2003 年起，先后在美国哥伦比亚大学法学院、英国牛津大学奥利尔学院、日本青山学院大学访学。自 2004 年起组织企鹅读书会，迄今已举行 340 期。代表学术作品：《私权的分析与建构——民法的分析法学基础》（北京大学出版社 2019 年版）。

扫码进入王涌专栏

扫码进入企鹅读书会

偶遇十八岁的你

清华大学教授　劳东燕

少年时代的我，要强而又不够强，那么地渴望脱颖而出，如此地期待与人交往，却又患得患失。时常为自己的黯淡无光而苦恼，为自己一再地安于现状而懊丧；在抗拒八面玲珑的同时，又为自己无法八面玲珑地处世而烦心。

我们中的绝大多数人，都只是大时代中的小人物。小人物的命运往往为历史所忽略；但是，社会正是由诸多这样的小人物共同组成，每一个小人物的人生自有其独立的存在意义与价值。

选择适合自己的道路，根据适合自己的步调持续地做出努力，让自己在各个方面都不断得到提升，从而成就更为美好也更加强大的自己。你也许会因此而养成一种成长性思维，并从中受益良多。

在不断提升自我的过程中，你为职业发展与家庭生活所作的努力与耕耘，你所收获的见识与智慧，你因此变得更为美好或更加强大，在我看来，这便是成功的人生。

一

偶遇十八岁的你，却不知道该与你说些什么；所以，我努力地回想自己十八岁时的样子。

那一年的七月初，江南的天气没有如素常那般溽热。我依稀记得，高考结束的那天，我穿的是一件鹅黄色的衬衫。终于结束一段漫长的征战，没有预期中的如释重负。记忆中那时的自己，感受到的，更多的分明是迷茫与怅惘。

那个七月，我放弃中学时代成为企业家的梦想，在填报志愿时，临时改弦更张而报考了法学。那一年高考所得的分数，接到录取通知书时的欣喜，还有入学后我参加军训时的模样，诸多的记忆片断，都清晰地浮现在我的眼前。然而，彼时刚满十八岁的自己，有着怎样的内心世界，又如何看待周遭的一切，我有些记不准确了。

心理学的研究表明，人对自己过往的记忆，会习惯性地不断进行重构。这让我意识到，我当下印象中自己的十八岁，与真实的自己的十八岁，可能根本无法对接。之所以想要还原彼时真实的自己，是因为觉得，年轻的心灵，多少会有几分相似；再加上，如今十八岁的你，选择的也正是法学专业。

了解自己彼时的困扰与渴望，也许会让我知道，我能与你说些什么。只希望，隔着年代的汪洋，我所表达的内容，不至于是千篇一律的说教。至少，其中的一些话，可以在心灵上接近十八岁的你。

好在整个中学与大学时期，我一直有记日记的习惯，记录那时的所思所想。于是，我找出了那时的日记，翻看了高三与大学时期所做的日常记录。

老实说，我有些猝不及防。原本以为，有幸赶上大学生尚是天之骄子的年代的尾巴，我的十八岁，至少我的大学四年，基调自然是明亮而缤纷的。不曾想，日记里所呈现的，分明是一个纠结而拧巴的少年，因为难以自如地适应周遭的世界，无法接纳被人比下去的自己，而显得心事重重。

少年时代的我，要强而又不够强，那么地渴望脱颖而出，如此地期待与人交往，却又患得患失。时常为自己的黯淡无光而苦恼，为自己一再地安于现状而懊丧；在抗拒八面玲珑的同时，又为自己无法八面玲珑地处世而烦心。

这样的内心情绪，从中学一直延续到大学。在成人世界看来，或许不过是为赋新辞强说愁般的闲愁，但它们之于当时的我，却是真实的烦恼。那个纠结而拧巴的少年，与我顽固地相处了至少十年。

这让我的青春时期，包括大学的四年，多了一份沉郁，少了酣畅淋漓，也少了意气风发。总的说来，我对自己的大学四年，失望多于肯定。因为所得甚少且视野狭隘，在相当程度上，它只是中学时代的延续。一直要到大学毕业之后，我才终于在内心与自己和解，并学会真正地接纳自己。

于我而言，这算是早年一种真实的心路历程，也可谓一段不必要的弯路。我在想，若是当初能够得到来自师长的开解与建议，那四年，我是否不至于活得那般挣扎。

二

我不知道，自己彼时由于难以适应环境而生的那种烦恼，如今十八岁的你，是否也正在遭遇。如果你也正为类似的烦恼而情绪纷乱，我愿意以一个年长于你的过来人身份，就如何度过大学四年的问题，谈一些个人的想法与建议。

我也知道，生活中有很多的苟且与无奈。当终于摆脱高考的压力，转瞬之间，你就不得不面临另一种压力：如何习得一技之长，为以后的生存奠定必要的基础。刚满十八岁的你，或许就已然面临理想与生存之间的挣扎，并开始忧虑大学毕业之后的出路。

在某种意义上，大学四年，代表的是真正社会化的开始。在此之后，你将被期待独立去走自己的人生，独自直面社会的风雨。因而，如何学会适应环境，学会适应社会，可能是此刻的你，不得不认真予以思考的问题。

然而，个体与环境或社会之间的关系，并非简单的适应与被适应的关系。一方面，如果你的社会化程度不足，与周遭的环境过于格格不入，这样的疏离终究反过来会带来伤害，在影响职业发展的同时，可能进一步影响你的家庭生活。除非你的外在与内心都足够强大，让你有足够的力量站在社会的对面，而这样的可能性很小；大多数人都不是"含着金汤匙"出生，也称不上天赋异禀，难以拥有这样傲人的资本。

另一方面，如果你过度社会化，无原则地接纳既有社会结构中的一切，不管是明规则还是潜规则，玩起来都游刃有余，你在变得长袖善舞、八面玲珑的同时，必然会遗失真实的自我，使自己的人生丧失应有的辨识度与独立性。说得直白些，你所拥有的人生，不过就是一个复制版，是按着他人的标准而简单地进行重复。这样的人生，不仅缺乏必要的原创性，而且终究有一天，在转角之处，你会遭遇年轻时所厌弃的油腻而犬儒的自己。

因而，合理的社会化过程，并非是个人单方面地改变自我而无条件地去适应外部环境。相反，个人在其中应当有自己的判断并有所选择与取舍。这也是为什么，社会学理论倾向于认为，个人与社会之间构成一种互动关系。社会在作用于个体的同时，个体也在通过自身的行动而作用于社会的结构。

实际上，现有的社会结构，本身就是不同个体的众多行动沉淀之后的产物。如果认为社会存在不公或其他的问题，那么，这样的不公或问题，必然是人们此前所作选择而导致的。也因此，改变社会虽然颇为艰难，但仍然是可能的。只要群体能够改变自己的行为选择，相应的不公或问题终究会得到解决或部分缓解。这意味着，面对社会的不公，任何个体的积极努力都极为可贵，即便力量相当之微薄，也具有重要的意义。很多时候，正是通过这种积水成渊的努力，社会的进步才成为可能。

如果大学四年，代表着真正社会化的开始；那么，十八岁的你，就要为此做好各方面的准备，从此真正告别中学的生活，而不是将大学过成像高三之后的高四那样。若是接下去的四年，你所过的生活与中学生活没有本质的区别，这样的大学四年必定是不值得称道的，或者至少是留有重大遗憾的。

三

就我自己而言，倘若能够重回大学时代，我期望自己在以下四个方面做出努力。这也正是我想与十八岁的你，一起分享的内容。

首先，大学四年，首要目标不应是成为法学领域的专家，而是学会从不同的角度来思考问题，同时培养独立判断的能力。

独立思考与判断的能力，不单指向法学理论的学习，更主要是关于社会与关于人的知识的把握。法律在社会之中运行，说到底，它服务于一个良善社会的形成。为此，其一，需要了解什么样的价值为一个良善社会所必需；若不关注价值的问题，你眼中的法律，终究会沦为没有灵魂的技术。其二，需要观察社会如何运行，思考社会的发展走向以及法律在其中所应扮演与实际扮演的角色；不了解社会的基本结构与发展走向，你对法律的理解便不可能真切。其三，由于法律必须通过作用于人的行为才能对公众的行为选择进行激励，从而促使所期待的社会秩序的形成，有必要去了解有关"人"的各种知识。

前述三个方面，第一个涉及包括哲学、历史与文学等在内的人文学科的知识，第二个涉及包括社会学、政治学与经济学等社会科学的知识，而第三个涉及包括心理学、认知科学与生物学等学科的知识。需要广泛涉猎前述诸多学科的基础知识，经过大学四年的学习，构建一个基本的知识框架，并具备正常社会中公民所应当拥有的素养。只有这样，你才可能对我们的社会需要什么样的法律，法律应当追求什么样的价值，以及网络时代法律会向何处发展等问题，做出自己的独立判断。如果大学四年，只学习法学的知识，也许可以说，你甚至还不懂法律究竟是什么。所以，若是经过大学四年的学习，你迅即成为法学领域的专家，这不仅不值得庆幸，反而代表的是大学教育的失败。

其次，需要在学业之外，适当地关心一下自己所处的社会。

在中学之前，由于高考的指挥棒，你大概没有余暇来关注社会。在大学里，需要花些精力来关心我们身处的社会，不为其他，只为它们会深刻地影响个体的命运。说到底，关心社会，主要倒不在于高大上的家国情怀，而在于我们自己的命运。

说到底，我们中的绝大多数人，都只是大时代中的小人物。小人物的命运往往为历史所忽略；但是，社会正是由诸多这样的小人物共同组成，每一个小人物的人生自有其独立的存在意义与价值。

小人物并不因为普通，其命运就无关紧要，他们就是你我。当你真正意识到这一点，也许会对他人的不幸遭遇感同身受，少一丝基于利益衡量的自私，而从此多一些换位思考的同理心。说到底，你在关心其他小人物命运的同时，其实也是在为改善自身的命运而努力。只有社会整体上向良法善治的方向发展，你我作为小人物的命运才不至于窘迫而悲惨。不然，时代的那粒灰尘，随时可能落到你我的头上，我们不能指望侥幸地活着。

再次，克服患得患失的心理，将比较的目光从他人身上收回，把努力的方向放在如何不断地与理想中的自己拉近距离之上。

如果一直认为，只有超越别人才能彰显自身的优秀，你便不可能建立真正的自信，而始终处于患得患失的状态。道理很简单，即便你在中学时期曾经是不可一世的学霸，到了新的环境，你也难以始终如一地保持学业上领先的优势；或者即便你在大学时期有幸继续作佼佼者，你也不可能在以后的职业中，在生活的所有方面，都一如既往地保持领先的优势。

总想着与别人相比，只会徒然增加焦虑，而无从摆脱根深蒂固的不安全感。由于你的所谓的自信，来源于与他人相比的领先，为一直保有这样的位置，你必定是战战兢兢如履薄冰的。这样的疲于奔命，或迟或早会让你难以为继，长期焦虑还可能损害你的心理健康。同时，这样的竞争心态也容易让人产生不良心理，在妒忌心的驱使之下，让你采取一些失当的举动；它还可能将你引向歧路，选择一条并不真正适合自己的道路。

如果非要与人相比，那不妨拿以前的自己来比。这样一来，努力的动力就来源于自身，会因此而获得持续的动力，并在过程中收获真正的自信。选择将目光从他人身上移开，会让你变得自在与安心不少。选择适合自己的道路，根据适合自己的步调持续地做出努力，让自己在各个方面都不断得到提升，从而成就更为美好也更加强大的自己。你也许会因此而养成一种成长性思维，并从中受益良多。

我们不需要通过与他人的攀比获得优势，来定义所谓的成功。并不是只有取得让他人艳羡的名利，个体的人生才算成功。人生的成功与否，定义权至少部分可以掌握在自己的手中。成功未必需要与远超普通水准的名利捆绑在一起。在不断提升自我的过程中，你为职业发展与家庭生活所作的努力与耕耘，你所收获的见识与智慧，你因此变得更为美好或更加强大，在我看来，这便是成功的人生。

最后，在学习方法与对待学业上，需要逐渐学会自主学习，并尝试不断拓展未知的知识领域。

大学的专业学习中，现有知识的传授固然是教学的目标之一。然而，在社会发展日新月异的今天，尤其是随着网络与信息技术的飞速发展，包括法学在内的诸多专业领域，都早已过了"一招鲜吃遍天"的年代。大学所学的专业知识，很快就会面临老旧过时的问题。当我们在校园结束专业学习而走上社会，从那以后，便需要通过自己的努力，来不断地更新自身的知识结构，就像对软件的升级那样。

为此，在大学四年，有必要掌握自主学习的技能。具体而言，其一，学习的动力，需要来自于自身的愿望，而不再是家长或老师的督促。其二，需要掌握自学的能力，在接触任何陌生的领域时，懂得如何去获得相应的知识。其三，需要不断开拓未知的知识领域，尝试对新知识的学习与探索，而不是将已掌握的知识弄得滚瓜烂熟。当我们自以为懂得特别多的时候，恰恰会因陷于盲目的无知而让人担忧。实际上，正是由于所知的东西太过有限，所以，才自以为不知道的知识也很少。就像一个圆圈那样，我们掌握的知识越多，圆圈越大，所意识到自己的无知之处，自然也就越多。

絮叨了这么多，希望没有让十八岁的你感到厌烦。期待在大学的校园里，能遇到十八岁的你。更期待，经过大学的四年，能见到更为美好的你。

2020 年 5 月 2 日
完稿于清华园

劳东燕教授简介

清华大学法学院教授、博士生导师，教育部长江学者青年学者，第二届首都十大杰出青年法学家，2015 年度中国人文社科最具影响力青年学者。

主要研究领域为刑法学。出版《风险社会中的刑法：社会转型与刑法理论的变迁》等专著 4 部，在《中国社会科学》《法学研究》《中国法学》《中外法学》等期刊发表论文 80 余篇。

扫码进入劳东燕专栏

一盏秋灯夜读书

南京大学教授　朱庆育

　　尴尬不在于罗素居然背后说中国学生的"坏话"，而在于这背后说的话虽不中亦不远矣。更让人尴尬的是，罗素所描述的局面如今不仅未消除，反而有愈演愈烈之势。我自己也曾经是学生，如今又是教师，两个角度都有切身的体会。

　　我逃课的基本原则是：逃课时间必须用来学习，并且保证自学所得高于课堂。这项基本原则让我大学四年的逃课量居高不下，当然也释放出大量时间用来读书。

　　当感觉法律教义学的挑战性正在消退，或者感觉法学修习进入瓶颈，或者感觉视野慢慢变得狭窄时，就可能意味着，需要暂时离开一下，转而阅读诸如哲学、政治学、经济学、历史学、社会学乃至文学艺术等相邻学科文献。进入其他学科后，当感觉思维越来越飘，或者感觉思维方式越来越不那么像法律人时，提醒自己转回法学。这就完成一圈小循环。如此周而复始，法学与相邻学科的素养交替增长。直到有一天，你突然发现，之前所接触的各学科知识开始融汇，这是完成一圈大循环的标志。

　　这部书2000年出版时，我正读博士，第一时间买来，停止其他一切阅读，每天十几个小时从早读到晚，花了大概一周时间。最后还剩十几页的时候，正是傍晚时分，宿舍突然停电，我挪到窗户边上，就着最后一点夕照逐字读完。合上书的那一刻，我兴奋地在屋子里走来走去，仿佛刚从一座宝山满载而归。以后当然也读到很多民法好书，也不乏理论精深识见非凡的论著，但那种想要仰天长啸的感觉再也没有出现过了。

前　言

读书是一件很平常的事。

只不过越是平常，能提供有价值参考意见的就越是大家。我当然不敢以大家自居，之所以还敢于谈论这个主题，无非是忝为大学教师有年，在专业阅读与教学方面，教训固然不少，心得也多少有一点。无论教训还是一孔之得，与正在走向专业学习的大学生分享，或有点滴帮助亦未可知。

我教授的课程是民法，关于读书，也就围绕民法的专业学习与阅读展开。据我了解，大部分高校的民法课程始设于大一下学期，少数在大一上学期或大二上学期。不管始于何时，民法都是法科专业入门课，也是其他大部分法律课程的基础，至关重要。

进入大学，大部分学生面临的第一件事是转变角色，从高中生转变为大学生。但就学习而言，高中和大学究竟有什么差别，低年级大学生可能还不是很清楚，那我们就从这里讲起。

告别中学

照说大学和高中差别会很大。比如说，中学的所有学习、所有的知识获取，都围绕着一个目的，就是高考。为了通过高考之桥，知识正确与否无关紧要，知识真假更不在考虑之列，唯一重要的是，如何猜中被设定的标准答案。

所以在某种程度上说，高考成绩很好，未必表明具备足够的学习能力。"足够的学习能力"需要有足够的独立思考能力。但高考成绩越高，也许只是说明迎合能力越强；迎合能力达到极致，也就意味着独立思考能力的丧失。当然，这只是"在某种程度上说"。我愿意相信，高考成绩好的同学，大部分并没有伤及独立思考能力，只是暂时休眠而已。如果真是这样，希望大学阶段能唤醒它。

这么说其实有问题。

启人心智是教育本旨。独立思考能力原本从小学乃至幼儿园阶段就应该开始慢慢培育。我们的基础教育已经"不正常"，现在却以这种"不正常"为参照，强调大学和高中学习的差别，有点错乱。不过，现实如此，也是没办法的事。更何况还有另外一个问题，那就是大学未必真能唤醒你的独立思考能力。

终于考上大学，好不容易摆脱高考的升学压力，那个暑假一直憧憬着九月份开始怎么在知识的天空里放飞自我。可是你很快发现，除了学习更轻松、有更多时间在游戏的天空里放飞自我，好像感觉不到学习思维上有多少改变，尤其是你多少会有点惊奇地发现，大学考试依然是猜谜比赛，于是，中学阶段屡试不爽的机械记忆与竞猜能力继续在大学畅通无阻。

可问题是，中学的猜谜竞赛能把你成功送入大学，如果大学还继续这种游戏，却可能迟早让你陷入困境。

和中小学的基础教育不同，大学是专业教育。专业教育的意思是，毕业后，大部分人将依赖自己所学专业择业从业。那时候，你所面对的，不再是设定好答案的考卷问题，而是需要自己给出答案的现实问题。但如果你只习惯于迎合给定的正确答案，却无法独立解答，做好的可能性当然不容乐观。

缺乏思考能力不能简单归咎于某一方。泛泛而论，学生、教师、教育制度乃至外部环境均难辞其咎，相对来说，学生自身责任反倒可以说是最小的——毕竟尚处于受教育阶段。但既然是讨论大学生的学习与阅读，也就不妨从学生角度谈一谈。

毒舌罗素

先讲个罗素的故事。

1920年，英国哲学家罗素应邀来中国讲学一年。在这一年时间里，罗素所到之处，无不为之痴狂，北大学生还专门自发成立罗素研究会。罗素深受感动，觉得自己受到如孔子般的对待。他对学生的印象尤其深刻，说"学生们有惊人的求知欲。你一讲开了头，他们的眼中就流露出饿虎扑食般的神情。"又说"他们有强烈的求知欲，准备为祖国作出无限的牺牲。"但如果你以为这就是罗素对中国学生的全部评价，那就太不了解罗素了。

罗素是著名的毒舌。对中国稍微有一些适应后，他很快发现中国学生的另外一个特点。这个特点写在给一名情人的私人信件中，应该比公开的评价更能代表罗素内心看法："学生们热情而又渴望获得知识，但是他们所知不多，缺乏训练，而且很懒，梦想着别人能够把知识灌进他们的大脑，而自己可以毫不费力。"

这很让人尴尬。尴尬不在于罗素居然背后说中国学生的"坏话"，而在于这背后说的话虽不中亦不远矣。更让人尴尬的是，罗素所描述的局面如今不仅未消除，反而有愈演愈烈之势。我自己也曾经是学生，如今又是教师，两个角度都有切身的体会。

我是博士生阶段阅读一部《罗素传》时看到这个故事的，从那以后，一直如芒刺在背，总感觉罗素在冷冷地注视着中国一代一代的学生，嘴角含着嘲讽。

我的大学

也许可以再讲讲我自己的故事。

很惭愧，上大学的时候，我不是一名好学生，至少在官方意义上不是，当然也不是坏学生，因为除了逃课，其他一切都循规蹈矩泯然众人。之所以逃课，是因为无法忍受在课堂上浪费时间。我逃课的基本原则是：逃课时间必须用来学习，并且保证自学所得高于课堂。这项基本原则让我大学四年的逃课量居高不下，当然也释放出大量时间用来读书。

我的读书习惯可能有点独特。如果读教科书，喜欢以一本书为主，同时挑选有代表性的另外几本，摆在一起同步看。读到任何一部分，都对照其他几本。这样，读完一本书，也就同时读完几本书。好处之一是，不用老师告诉我，说一个问题可能有多种不同的看法，因为我看书很容易发现这一点。这样，自然而然也就不会觉得法律问题只有一个标准答案。我几乎从来没有发生过寻求唯一标准答案的困扰。

所阅读的书，作者对我来说当然都是高不可攀的大家，所以不会轻易认定，说这本书跟那本书不一样，那肯定是这本书的作者不对。作为一名处于初学阶段的本科生，既没有动因也没有能力去怀疑任何一位心目中的学术大家，这反倒让我意识到，存在不同的提问方式，不同的提问方式指示不同的回答路径，即使提问方式相同，回答方式也未必一致。进而促使自己去思考评判，哪种提问方式更切中要害，哪种回答方式更直击关键。

当时没有意识到，独立思考能力以及提出独立见解的能力，其实就在这时候开始生根发芽。

这样的读书经历也让我在以后的教学中一直强调，最好对照阅读若干相同主题的书，即使不能做到，至少体系化通读某一套或者某一本书。法学知识体系环环相扣，如果不把某个知识点放在体系中，很难谈得上真正的理解。我对自己的学术观点一般都没什么自信，但是对这个读书体会，非常自信。

读书诸法

谈到读书，很多人寄希望于方法秘诀，总想找到一条轻松高效的捷径。但是很遗憾，读书其实没什么方法，更没有捷径。如果非要说有，笨方法也许就是最好的方法。朱熹说，"读书别无法，只管看便是法。正如呆人相似，捱来捱去。自家都未要先立意见，且虚心只管看。看来看去自然晓得。"

虽然没有秘诀捷径，不过难免会有一些普遍性的困惑或难题，也还是有交流的意义。比如，初学者几乎都会遇到的第一个难题：书读不懂，怎么揸？

我的体会是，只要认定是经典著作，读不懂就硬读。读不懂，通常说明不具备理解文本所需知识，但这些知识也只能靠阅读获得。如果读不懂就轻易放弃，也许永远都不会有读懂的机会。反之，一本一本啃过去，知识一点一滴积累起来，理解能力会越来越强，所积累的知识也会越来越丰富。这种螺旋式上升的过程，称之为"解释学循环"。

读书过程中，往往只见循环而不见上升，所以很容易自我怀疑：读了这么久，怎么好像没什么长进？

知识的积累比较缓慢，很难明显察觉，要有耐心。而且，知识增长，有时候不是让人产生充溢感，沾沾自喜于无所不知，反倒可能让人感觉虚空，惶恐于一无所知。所以有时候知识增长了，反倒更怀疑自己。检验有没有长进，有一个简单方法：一两年后，回过头去读之前读过的书，如果感觉和当初一样难，那大概说明确实没什么长进；如果感觉容易了或者能引发新的思考，说明知识有增长。

读书还经常会有一个烦恼：总是记不住怎么办？

没有人可以记住全部读过的书。如果总是纠结于能不能记住，也许说明两个问题：一是以记忆为读书目标，这可能是多年应试经验形成的下意识；二是读书太少。记忆力有好有坏，好的可以做到过目不忘。但无论好坏，记忆都会随着时间的推移而变淡。读书越少，越会珍惜所读的书，也就越想记住。有点悖论的是，读书越少，知识越少，记忆维持的时间会越短。

办法有两个。

第一个办法，先忘掉记忆的事情，找类似主题的文献，一本接一本地去读。读到足够多后，能不能记住某一文献的内容就不再重要，因为你已经掌握这个主题或这门学科的知识体系。从学生时代开始，我花了很多年，粗线条系统阅读过功利主义、实证主义、自由主义、诠释学及新制度经济学这几个主题的经典文献。我的治学路数，正是在梳理这些主题的过程中慢慢成型。个人体会是：比记住文献具体内容更重要的，是掌握知识体系与思维方式。要做到这一点，唯一的办法就是多读。

如果觉得这本书太经典，一定要记住，那就试试第二个办法。这个办法其实还是多读，只不过是就某一本书一遍又一遍地读。反复阅读可以维续记忆，更重要的是，经典之作，必定是常读常新的，不同时期阅读，会有不同收获，顺便也可以检验自己有没有长进。对此我也是深有体会。我非常喜欢约翰·密尔，他的书尤其是《论自由》和《自传》这两本，已经记不清读过多少遍了，到现在也还要反复阅读。所以，对于学术经典，不要指望读一遍就完全理解，最好隔一段时间阅读一遍。

黄侃先生小学天下第一，名列章门"五大天王"之首，天资之高，世所罕有。但他的自我认知是："汝见有辛勤治学如我者否？人言我天资高，徒恃天资无益也。"怎么"辛勤治学"？还是用黄先生自己的话说："余观书之捷，不让老师刘君。平生手加点识书，如《文选》盖已十过，《汉书》亦三过，注疏圈识，丹黄灿然。《新唐书》先读，后以朱点，复以墨点，亦是三过。《说文》《尔雅》《广韵》三书，殆不能记遍数。"天才尚且如此，何况常人？

可问题是，那么多书，既要反复阅读，又要不断拓宽阅读面，怎么办？

我的建议是：第一，尽量选择高质量的书。读书时间非常有限，要读的书无限多。要把有限的时间投入到无限的读书中，就尽量不要让"垃圾书"占用过多时间。如果"垃圾书"提供的知识或观念是错误的，那就不仅仅是浪费时间这么简单。第二，选择一些特别能打动自己、特别能影响自己思想路向的书，反复阅读。一言以蔽之，读最好的书，在最好的书里，选择最具共鸣的书反复阅读。

越是初学者，越有必要阅读高质量的书，因为踏入新领域，第一次接触的知识印象最深，而初学者又不具备鉴别能力，往往受误导而不自知。等到泥足深陷，那就回天无力了。可是，不具备鉴别能力，也就意味着没有能力判断书的好坏。这又怎么办呢？

办法有三个，各有长短。

第一，看作者名望。在成熟的学科领域，最具名望的，往往也是最杰出的学者，作品也最值得信赖。不过，这只是成熟学科的特点。

第二个办法，借助教师尤其是授课教师的推荐。教师对于授课专业的文献通常比较熟悉，所作推荐一般也都经过筛选，比初学者全凭作者名气的莽撞靠谱一些。不过，这也取决于教师的鉴别力与用心程度。对法学初学者来说，第二个办法比较常规，所以遇到什么样的老师非常重要。当然，多数法科学生没有机会选择老师，进入大学后，会碰见什么样的老师，多少有点宿命的意味。

我自己主要用第三个办法，即利用靠谱的书评类文献。其中，对我帮助最大的是《读书》杂志，包括对我治学理念形成重大影响的哈耶克、以赛亚·伯林这些人，都是先在《读书》上接触到，然后按图索骥找他们的著作来读。不过，书评类文献对选择法学著作意义有限。法学尤其是纯法学著作的书评还不太成熟。我之所以主要用第三个办法，是因为读书经历里，自学成分比较大。不仅本科阶段，硕博阶段都是如此。硕士生导师在我入学不久就因病辞任，直到毕业，我一直没有名义上的导师。硕士三年，读书几乎完全是听凭自己信马由缰。读博后，博士生导师非常宽容，继续放任我随心所欲读书。每次跟博士生导师见面，他只是问：最近又读了什么书？有什么心得？从来不会说：你应该读什么什么书。

这个经历对我培养学生影响比较大。我经常跟学生说，不要太依赖老师，独立自主的学习能力至关重要。每年民总第一课，我会引用约翰·密尔的两句话，以表达自己认同的教学思路。一句话是"如果不要求学生做不会做的事情，他就永远不会去做能做的事情。"另外一句是"凡是能运用自己思考得出的东西父亲从不教我，只有尽我努力还不能解决的问题才给予指点。"

课堂上，我会强调：欢迎问问题，可是最好对问题先有自己的思考，自己查阅过资料。所以学生问我问题，我经常会反问一句：你觉得呢？多数情况下，学生会觉得尴尬，心里可能在想：我要知道还问你？其实我的意思是，你自己的思考是什么？

我的基本态度是：大量问题可以通过自己查阅资料获得解答，如果还无法解惑，欢迎带着困惑跟我讨论。如果对于一个疑问，自己没有思考过，没有动手去查阅资料，说明只是想要一个轻松确定的答案，但如果只得到一个答案，知识不会增长。更重要的是，吝啬自己的思考，说明不用心。

法科学生还会面临一个问题：怎么处理法学与其他学科的关系？尤其近年来，法律教义学的呼声迅速高涨，相应地，质疑法律教义学的声音也不绝于缕，尤其是"社科法学"。

什么是法律教义学？简单说，就是研究如何依据现行法解决法律纠纷，也就是所谓的"纯法学"。这显然是法律人的基本技能，是法律人区别于其他专业的标志。但如果因此认为，其他学科对于法学没有或者不宜产生影响，又未免走得太远。没有任何学科知识是自足的，法学也不例外。所谓学科，不过是基于研究所需的人为划分而已，完全没必要固守藩篱自缚手脚。当然，如果以为社会科学或者哲学的研究可以替代法律教义学，则是走向另外一个极端，同样不足取，甚至更不足取，因为这意味着，法学不必作为一门独立学科存在。

关于教义法学与社科法学，课堂上，我用过金庸《笑傲江湖》里华山派剑宗气宗之争来说明这个问题。二宗相争，表面上争的是剑气主从，但其实谁都清楚，真正的高手，必然是二者兼通。所以，这种争论，不过是假动作而已，隐藏其后的是领地、权力和利益。

剑气之争意义不大。有意义的是，如果想要二者兼通，如何修习？这个问题说简单也简单，还是"解释学循环"。

常规方式是，以法学也即法律教义学为出发点，先尽量掌握法学本门功夫，当感觉法律教义学的挑战性正在消退，或者感觉法学修习进入瓶颈，或者感觉视野慢慢变得狭窄时，就可能意味着，需要暂时离开一下，转而阅读诸如哲学、政治学、经济学、历史学、社会学乃至于文学艺术等相邻学科文献。进入其他学科后，当感觉思维越来越飘，或者感觉思维方式越来越不那么像法律人时，提醒自己转回法学。这就完成一圈小循环。如此周而复始，法学与相邻学科的素养交替增长。直到有一天，你突然发现，之前所接触的各学科知识开始融汇，这是完成一圈大循环的标志。

循环是螺旋式的，没有终点没有闭合点，但不会让人因此感到绝望。相反，每完成一圈，无论圈大圈小，都会发现，每往前跨进一步，总能看到新的知识风景。永远都不知道下一步会看到什么样的知识风景，这种感觉非常奇妙，也正是知识魅力之所在。

当然，起点也可以是比如哲学这样的抽象知识，然后具体化至法律教义学。理论上，没有天然正确的起点。练剑练气，乃至于刀枪剑戟斧钺钩叉，没有固定的顺序，孰先孰后，修习者根据自身特点确定。我之所以会说以法学为起点是常规方式，是因为这是对"法科学生"描述的景象。

被贴上"法科"标签，有时候会让志存高远者感到委屈——说好的君子不器呢？没错，学科是人为划分的结果，不必自陷牢笼。但知识毕竟越来越丰富多样，因而越来越趋于专门化与精密化。最聪明最勤奋的人穷其一生，也无法获得全部的知识。即便头戴"百科全书"桂冠的学者，在知识汪洋里，也不过是几片浪花而已。

这告诉我们，知识必然存在分工。蜻蜓点水式的学习，往往意味着，在所有知识门类面前都只是门外匆匆过客，永远无法登堂入室。所以，度量一下自己，如果觉得成为百科全书式的通人此生无望，又不想丢掉"法律人"这个标签，在知识增长的螺旋循环中，就最好守住法学这根中轴，让其他学科知识为法学服务。钱穆先生"以通驭专"之治学理念，亦是此意。

书目介绍

既然是民法第一课，好像也就有义务推荐书目，以帮助初学者甄别遴选。仅仅罗列几部书单，不是完整意义上的推荐，除此之外，推荐者还负有义务说明为何推荐、如何推荐，最好还能通过书目的介绍，让初学者初步了解学科大致状况，因此，介绍具体的书目之前，先稍微铺垫一下。

民法文献，从分类上说，有讲求知识体系化的教科书，以及专题研究著作与论文，也有理论导向与实务导向的文献。数量之多，浩若烟海，无论是谁，都无法遍检。所谓书目介绍，只能受制于介绍者的阅读经验以及受众的文献可获取程度。在此前提下，此处所介绍的文献又局限于教科书，原因很简单，对于初学者而言，教科书是进入专业之门唯一的合适知识载体。当然，对于体系研究者来说，教科书也是唯一合适表达学科知识体系的载体。也就是说，教科书是知识体系的起点和终点。

民法课程设置有点特别，现在已经很少有高校只简单开设一门"民法"。只要师资允许，一般都会分拆成民法总论、物权法、债法（或者更细致地分设债法总论、债法分论，又或者直接设合同法、侵权法）、亲属法（婚姻家庭法）与继承法。所以，所谓民法第一课，其实是民法总论第一课，相应地，所推荐的教科书，也就进一步局限在民法总论领域。

再次强调，读书，尤其是初学者入门第一本教科书，一定要选择最好的书。最好的书能够提供最经得起检验的知识，也是进入知识领域的最佳路径。第一次阅读必然会成为后续学习的知识基础。初学者缺乏鉴别力，如果从阅读中获取的知识是错误的，轻则增加学习成本，重则在错误的道路上迅奔，终于积重难返。《连城诀》里，好好的"唐诗剑法"被教成"躺尸剑法"，弟子平日里练功，看着像模像样，哪知越刻苦错得越离谱，等到临阵对敌，才发现章法全乱，自然免不了一败涂地。

经常有人觉得，对付初学者还不容易吗？他懂什么，随便说两句不就够他用的了？所以总以为给初学者读的书是最容易写的。这实际上是一种"行骗"心态。是的，要骗倒无知的初学者很容易，但要让他们真正懂得那个未知领域，却很难。这也是为什么越是入门的书，越讲求概念精准体系融贯三观正确。反倒是学到一定程度后，不用担心读烂书，因为已经有鉴别力了，没那么容易被带偏。

问题是，怎么选择最好的书？

如果法学像数学或者自然科学，那就比较简单，在世界范围内选择写得最好的就行。数学和自然科学不会因为地域或政治经济制度不同而不同，除了那个特定的年代，不会有数学与中国数学、物理与中国物理的差别，当然也不会有资本主义数学与社会主义数学的差别。

法学确实曾经努力向数学与自然科学靠拢。新康德主义哲学家文德尔班告诉我们：17世纪是自然科学的世纪。从这个世纪开始，所有学科都以自然科学为范本，法学当然也不例外。霍布斯就说"运算法并不限于数字方面，而是所有可以相加减的事物全部适用。""政治学著作家把契约加起来以便找出人们的义务，法律学家则把法律和事实加起来以便找出私人行为中的是和非。"其他思想家法学家如斯宾诺莎、沃尔夫、普芬道夫、格劳秀斯等无不认定，法学是可以用一套数学几何方法加以证明的学科。与此同时，逻辑三段论也顺势成为法律推理的经典样式。在莱布尼茨的理想中，借助科学语言，法律纷争的裁断最终可以转换成数学演算。德国历史法学派则干脆比照自然科学（Naturwissenschaft）的构词法，创造法律科学（Rechtswissenschaft）一词，攀附之心跃然纸上。

很不幸，法学的科学之路在 1847 年遭到当头棒喝。

这一年，检察官基尔希曼在柏林法学会做了一场演讲，主题是"论法学作为科学的无价值性"。基尔希曼说，"以偶在现象为其研究对象者，自身亦终沦为偶在。立法者修改三个字，所有法学文献将因此变成一堆废纸。"科学的研究对象是恒在，实证法尤其是制定法却是偶在，随时会因为立法的改变而改变。基于偶在现象形成的知识，怎么可能会是科学知识？

不管法学的科学之梦是不是因此而破灭，基尔希曼所说，至少有一点不容回避：法律教义学须以一国主权者制定或认可的实证法为解释对象，所以，确实存在德国法学、中国法学这样的区别。这也就意味着，其他国家的法学教科书无论写得多好，都不能直接拿来就用。

可这是不是意味着，其他国家的法律规则以及法学理论没有借鉴参考意义？不同国家的法学因此就不存在对话交流的可能？

1966 年，在相同的地点相同的学会，法学家拉伦茨发表题为"论法学作为科学的不可或缺性"演讲，与其前辈隔世对话。拉伦茨说："只要如何公正解决相互层出不穷的利益冲突之追问不会停止，如何合理建立彼此唇齿相依的生活秩序之追问不会停止，法学就会存在，对于人类即是不可或缺——这不仅是因为它有着实践功用，更在于它表述着人类精神的实质。"

这告诉我们，法律规则无妨是地方的偶在的，但规则所表述的原理理念则是普适的、恒在的，因为人类追求正义的精神是普适的。在这个意义上，各国法律同气连枝，交流借鉴不仅可能，而且必要。

事实上，清末改律以来，中国法律，无论是具体规则还是抽象原理，就一直受到其他法域的影响。1949 年新中国成立后依然如此。就目前民法而言，影响最大的包括苏联、德国、日本和民国四个法域来源。四个来源在概念体系上都可以划归德国法系家族。其中，苏联民法的压倒性影响主要在 20 世纪 90 年代之前，伴随着它的解体和我们的政治经济改制，影响力已迅速消退。

基于上述考虑，本文介绍的民法总论或含总论内容的体系（概要）教科书，所涉几个重要法域。另外，书目均为背景性辅助参考书，分时间、地域及法族三个系列，以现行法为阐述对象的教科书则留待授课老师，此处不赘。

背景：时间

1. 佟柔主编：《中国民法学·民法总则》（修订版），人民法院出版社 2008

年版

2. 谢怀栻：《民法总则讲要》，北京大学出版社 2007 年版

3. 张俊浩主编：《民法学原理（上下册）》（修订 3 版），中国政法大学出版社 2000 年版

4. 梅仲协：《民法要义》，中国政法大学出版社 1998 年版

5. 史尚宽：《民法总论》，中国政法大学出版社 2000 年版

五部都是汉语法学家著作，之所以归入背景系列，是因为教科书所针对的实证法已经或者将要时过境迁，意义主要在于追寻汉语法学历史足迹。

前三部针对的实证法主要是《民法通则》。

佟柔先生生前任教于中国人民大学，这所大学曾是中国大学的"工作母机"。苏联专家培训人民大学教师，人民大学教师培训全国各大学教师，各大学教师再转授学生。佟先生有新中国"民法先生"之誉，尤其在民法经济法论争之时，以"中国民法调整社会主义初级阶段的商品经济关系"论断，为计划经济体制下的民法争得一席之地。

《中国民法学》是 20 世纪 90 年代初由陶希晋先生总主编的新中国第一套大型民法教科书，包括《民法总则》（佟柔主编）、《财产继承》（刘春茂主编）、《财产所有权》（杨振山主编）、《民法债权》（王家福主编）及《知识产权》（五卷）（刘春茂主编）（《财产所有权》卷未出版）。在这套书的总序中，陶先生代表编委会提出编纂民法典的建议，这应该是《民法通则》后首次较为正式的民法典编纂建议。从这套教科书各卷设置中，也可看到编委会关于民法典编制的态度。佟先生主编的《民法总则》代表新中国成立直到 20 世纪 90 年代的主流学说，那时候，苏联影响的印记还清晰可见。这部书首版于 1990 年，目前已绝版，2008 年的"修订版"其实是重排版。

谢怀栻先生是在国民政府中央政治学校大学部接受的法律教育，作为派往我国台湾地区的第一批法官，签署了第一份判决书，两年后回到大陆，曾经担任同济大学法学院副教授。20 世纪 50 年代末，谢先生因为发表"不能用政策取代法律"的言论，被打成右派，直到 1979 年才恢复工作。时代悲剧使然，谢先生一生没有体系化的教科书作品，这部《民法总则讲要》，是目前任职于浙江大学法学院的张谷教授从谢先生散见各处的作品中，按照民总的体例集合编成。

谢先生暮年才有机会出国，但他的英德俄日文均达到文献翻译的程度，学习德文的方法之一，是背诵德国民法典条文。中断研究二十余年，年届六旬重拾法学后，谢先生洞察之敏锐、判断之精准，学界仍然无出其右。这一方面说明谢先生天纵英才，另一方面可以看到，那个时代本科教育练就的功底有多扎实，再一方面，

也量度了数十年间我们的民法进步程度。

张俊浩教授主编的《民法学原理》于我有特殊意义。这部教科书首版于1991年，我是第一届使用的学生。那时候，我正处于对法学的极度困惑中，百思不得其解，怎么会有这么没逻辑没智力含量的学科？极度困惑转化为对自己的极度怀疑之前，我遇到这部教科书。从此，我迷上了民法。这部教科书，尤其是张俊浩教授执笔的总论部分，让我第一次领略到民法的体系之美和思辨的乐趣，也看到学术表达与辞章文采的兼容。这些感受，至今仍在影响我的治学与教学风格。

《民法学原理》写作时，年轻的作者们要求自己写出十年内不会被超越的教科书。在我看来，这部书出版的二十年里，都代表着大陆民法学教科书的最高水平。很可惜，这部教科书在2000年第三版后，就没有再修订更新过，这最后一版如今也已绝版。

后两部是民国教科书的典范，版本则都是20世纪末21世纪初的新校本。

无论大型教科书还是简明教科书，要写好都很难。不过，大型教科书的论述空间更为从容，相比较而言，简明教科书成为经典的难度也许更高一些。写作者不仅必须对知识脉络了然于胸，清楚如何去枝存干，还要求对法学原理具有精深理解，有能力将其渗透到精炼的表达中。瑞士民法典的缔造者胡贝尔对法典的期许是"外行能看懂，内行能看到更多"，简明教科书的理想则在"文简义明、言近旨远"八字。汉语法学中，个人认为，迄今为止最接近这一理想的，当推梅仲协先生《民法要义》。

梅先生是谢怀栻先生的大学老师和法律系主任。在《民法要义》的序言里，谢先生说过一个亲身经历的故事：大学第二年分专业，各系主任无不极尽招揽之能事，唯有梅先生上台，告诫诸生选择本系须慎重，因为"只会英文是不够的，必须再学德文和日文。因此，法律系的课程较之其他各系的要繁重得多，因为法律系的学生要在三年内学好德文和日文。他说，不愿学或者怕学德文和日文的人不要到法律系来，害怕课程繁重的人不要到法律系来。"那一年，全校近二百名学生中，有九名进入法律系，其中包括谢先生。

民国教科书以简明版为多，史尚宽先生的《民法总论》是罕见的大型教科书，同时也是最为经典的汉语法学大型教科书。民法体系博大精深，19世纪潘德克顿时代后，即使是德国法学家，也很少有人能贯通整个体系。史先生以一己之力完成"民法全书"，总论、债法（包括总论各论）、物法、亲属与继承各编均有大型教科书出版。再想想当时的写作工具，则这一成就更是惊人。

从时代来看，史先生算是赶上德国潘德克顿法学的余绪，其写作风格，也确实带有潘德克顿法学的印记。也许可以说，史先生是中国第一位也是最后一位潘德克顿法学家。

完成"民法全书",重点不在于"完成"。史先生之所以不可绕过,不在于作品数量之多,而在于质量之高。《民法总论》资料极其丰富,比较法视野宏阔,德日瑞法等主要参照法例无不征引详备,并且均反映各国当时最新研究成果。更重要的是,史先生对于民法思维把握极其精准,许多认识,直到今天仍然站在学术最前沿。

很可惜,没有人替史先生修订著作,经过百年,史先生宏著因为资料变得陈旧及语言风格问题,已经越来越淡出阅读书单。

背景:地域

6. 王泽鉴:《民法总则(最新版)》,北京大学出版社 2014 年

7. 郑玉波:《民法总则》,中国政法大学出版社 2003 年

这几部教科书是当下作品,列入背景系列书单,是因为以施行于我国台湾地区的"民法典"为阐述对象,构成地域性背景,与历史性的时间背景对应。

王泽鉴先生是学术影响最为广泛的汉语法学家,没有之一。王先生著作几乎达到"凡有井水处,皆能歌柳词"的程度,这一方面当然是因为王先生学术造诣让人信服,另一方面,也是因为王先生教科书写法亲民。

王先生 1964 年获公派去德国留学,算是最早的之一,先在海德堡大学,后转赴慕尼黑大学获得博士学位,回台后任教于台湾大学。王先生一直致力于德国法学的研究,几乎是以一己之力推动我国台湾地区案例研究和教科书知识转型。王先生的案例研究结集八册,有"天龙八部"美誉;教科书方面,王先生借鉴德国简明教科书的写法,用精心设计往往也是有趣的小案例串起基本知识点,加之笔端常含感情,让初学者感到生动亲切的同时,予以精神上的激励。

郑玉波先生毕业于日本京都帝国大学,知识背景为日本法。王泽鉴先生之前,我国台湾地区最流行的教科书应属郑先生。其原因,一方面我国台湾地区尚未摆脱日据时期的影响,另一方面,郑先生文字以通晓流畅著称,便于阅读。

背景:法族

8. 迪特尔·梅迪库斯:《德国民法总论》,邵建东译,法律出版社 2000 年版

9. 卡尔·拉伦茨:《德国民法通论》(上下册),王晓晔等译,法律出版社 2003 年版

10. 布洛克斯/瓦尔克：《德国民法总论（第41版）》，张艳译，杨大可校，冯楚奇补译，中国人民大学出版社2019年版

11. 本德·吕特斯/阿斯特丽德·施塔德勒：《德国民法总论（第18版）》，于鑫淼、张姝译，法律出版社2017年版

我国民法概念体系和思维方式，受德国和日本影响最大，日本又深受德国影响，因此法族背景，只介绍德国。

梅迪库斯《德国民法总论》是大型教科书，绝对的经典，堪称没有哲学词汇的实证法化自由主义哲学，私法自治理念渗透到每一个细节。

20世纪末，米健教授主持"当代德国法学名著"大型翻译计划。在此之前，虽然我们总是自称德国体系的继受者，但关于德国法的知识，大多辗转自年代久远的作品。米教授的翻译计划使得中国学者与学生能够直接阅读德国第一流文献，其影响之深远，怎么估计都不会过分。

梅迪库斯民总是这套翻译计划里出版的第一部民法教科书，也是我阅读体验最深的一部民法书。这部书2000年出版时，我正读博士，第一时间买来，停止其他一切阅读，每天十几个小时从早读到晚，花了大概一周时间。最后还剩十几页的时候，正是傍晚时分，宿舍突然停电，我挪到窗户边上，就着最后一点夕照逐字读完。合上书的那一刻，我兴奋地在屋子里走来走去，仿佛刚从一座宝山满载而归。以后当然也还读到很多民法好书，也不乏理论精深识见非凡的论著，但那种想要仰天长啸的感觉再也没有出现过了。

阅读翻译作品，总是免不了受制于翻译质量。梅迪库斯民总的译者是邵建东教授。在我读过的汉译德国法律文献中，个人认为，这本书是译得最好的。

拉伦茨的《德国民法通论》其实是总论，也是一部大型教科书。同在"德国当代法学名著"系列里，据说出版社认为，梅迪库斯的书已经叫《德国民法总论》了，再来一本名字相同的书不太好，于是改成"通论"。这本书根据德文第7版翻译，是拉伦茨生前亲自修订的最后一版。

拉伦茨大概是德国当代法学家对汉语世界影响最大的一位，亲传弟子王泽鉴是"华人民法第一人"，民总教科书和《法学方法论》有中译本。2018年，教授资格论文"法律行为解释之方法——兼论意思表示理论"也被翻译过来。当然，在德国，拉伦茨本身也是20世纪以来最具影响的法学家之一。

拉伦茨兼跨法哲学、法学方法论与法律教义学三层领域，以研究黑格尔法哲学名世，也是二战后评价法学的最重要代表。梅迪库斯民总不使用哲学词汇，《德国民法通论》则渗入拉伦茨的法哲学思想，是一部哲学意味浓厚的教科书。

梅迪库斯是拉伦茨的学生辈，更适合拿来与拉伦茨对比的是维亚纳·弗卢梅。

　　弗卢梅和拉伦茨是同时代人，境遇截然相反——弗卢梅遭纳粹迫害，拉伦茨则是纳粹的"桂冠法学家"，两人学术观点常常大相径庭。弗卢梅是德国二战后私法自治的旗手，康德哲学与历史法学的传承者；拉伦茨则更强调人的社会属性，理论底色是尊崇国家绝对理性的黑格尔哲学。两座学术高峰对民法基础理念各有侧重，对峙而立。弗卢梅的民总教科书两卷三册，包括合伙、法人与法律行为，其中，《法律行为论》代表德国法律行为理论的最高成就，也已经在"德国当代法学名著"系列中出版。我没有列到书单里，是因为对于初学者来说过于精深。这本书仅仅以法律行为为论述对象，汉字字数超过 90 万。不过，如果想深入了解法律行为理论，弗卢梅绝对不可绕过。

　　布洛克斯/瓦尔克、吕特斯/施塔德勒是两部简明教科书。署名作者分别都是两个人，但实际上不是我们通常理解的那种合著。这涉及德国教科书的一项写作传统。

　　教科书须密切结合实证法，但实证法易变，为了维新其命，教科书经常需要根据最新的实证法修订。作者具备修订能力时，当然不用假手他人，但如果作者失去学术能力乃至去世，就会出问题。即使是最经典的教科书，不持续修订的话，也会慢慢失去生命力。为了让经典教科书在作者身后延续生命，也为了学术传承，经典教科书往往由后人接续修订，这样，署名作者就会同时出现原作者和修订者。多数情况下，修订者是原作者的学生，也可能是法律世家子孙。

　　前两部大型民总教科书现在也都有了修订者。梅迪库斯 2015 年去世，生前亲自修订的最后一版是 2010 年第 10 版，目前的最新版（2016 年第 11 版）则由弟子彼得森（Jens Petersen）修订。拉伦茨 1993 年去世，从第 8 版开始，由沃尔夫（Manfred Wolf）修订；沃尔夫 2008 年去世，从第 10 版开始，再由诺伊纳（Jörg Neuner）修订，目前最新版是 2016 年第 11 版。拉伦茨民总经过如此辗转修订，修订者的独创性所占比重越来越大。诺伊纳接受修订后，仅署沃尔夫和自己，不再将拉伦茨署为作者，只在扉页说明："在卡尔·拉伦茨开创的作品基础上"修订而成。

　　个人认为，布洛克斯民总在德国的地位，相当于梅仲协先生《民法要义》在中国的地位，都是各自国度简明教科书的登峰造极之作。如果要拿二者相比，则布洛克斯段位要高出一筹。梅先生《民法要义》稍显过于简略，更重要的是，布洛克斯民总以其明确的方法论意识，将"言近旨远"诠释得更加淋漓尽致。布洛克斯师从哈里·韦斯特曼，师徒同为利益法学转向评价法学的代表。

　　我想，缺乏明确且一以贯之的方法论与理论根基，这也许是汉语教科书难以提升段位的主要原因。

　　吕特斯先后师从布洛克斯和哈里·韦斯特曼，同样是法律理论与教义法学兼修的大家，其法律解释理论尤其引人注目。吕特斯旗帜鲜明地复活利益法学派的主观解释立场，强烈反对拉伦茨的客观解释理论。如将拉伦茨和吕特斯对照阅读，会有许多意想不到的发现。

余音

读书是一件很平常的事。

但之所以平常，不是因为可以三心二意任性待之，而是如同衣食住行，须臾不可或缺。张中行先生一生随顺，少有执念，但他"一直坚信"："文学事业，有成就，要生死以之，至少也要多半个心贯注，半心半意必不成。""文学"二字，换成"法学"，同样成立。

《二程集》中，明道先生尝语王介甫曰："公之谈道，正如说十三级塔上相轮，对望而谈曰，相轮者如此如此，极是分明。如某则戆直，不能如此，直入塔中，上寻相轮，辛勤登攀，逦迤而上，直至十三级时，虽犹未见轮，能如公之言，然某却实在塔中，去相轮渐近，要之须可以至也。"

程颢对王安石的批评未必公允，但"直入塔中，上寻相轮"的为学之道则是肯綮之言。今录于此，愿与诸位共勉。

朱庆育教授简介

法学博士，南京大学法学院教授、博士生导师，南京大学法典评注研究中心主任、中德法学研究所研究员。曾任教于中国政法大学、浙江大学光华法学院。曾为德国马克斯—普朗克外国私法与国际私法研究所访问学者。

扫码进入朱庆育专栏

研究领域为民法学、法学方法论、德国近现代民法史与法律哲学。代表作主要有著作《民法总论》《意思表示解释理论——精神科学视域中的私法推理理论》、论文"法律行为概念疏证""法典理性与民法总则""私法自治与民法规范""《合同法》第52条第5项评注"等。

天下第一好事与人生第一要事

华东政法大学教授　刘宪权

所谓读书，就是与古往今来千千万万的人对话。你不可能经历的事情，他们替你经历了；你不可能悟出的道理，他们先于你悟出了。将他们的故事与领悟汲取过来，就好比你的一头两臂上又长出了"千头万臂"，你的一辈子延伸出了千辈子万辈子。试想，世上还有比这更强大的力量吗？

插花式读书则为解决心中困惑而来，先读遍同一主题下的可得书籍，再分析此书与彼书对同一问题的看法有无联系、区别何在、孰对孰错、孰优孰劣，最后运用自己的判断力与审美观，去伪存真、去粗取精，写出一篇或评或议的属于自己的感想来，此时才算是真正践行了"眼到""手到""心到"的读书三原则，人与书发生了深层次的互动与交融，花插在了心田里，书读到了心中去。

在你正要起针落线之际，我所能叮嘱的还是那最重要的两句话：读书是天下第一好事，健康是人生第一要事。望你以健康为针，以读书为线，一针一线，最终绣出不留遗憾的人生。

人生就像一件刺绣品。年轻时看到的是刺绣品的正面，鲜花着锦，永不凋零。年纪渐长后会留意刺绣品的背面，虽不那么美丽，却给人以教益，因为它完整地展现了针脚的轨迹。

这正是我欣然接受桑磊主编的邀约，为年轻的你写下这篇文章的原因。

你正驻足于刺绣品正面，尚未转到它的背面去，而我已细细摩挲过其正反两面，自觉已领悟到针脚应当如何走线才能绣出更精美的作品。我很愿意将我的"领悟"说给你听。就像贾宝玉初见林黛玉，问她"可也有玉没有?"玉是他最重要的东西，他希望最重要的人也能拥有。

我的"领悟"不敢以"玉"自比，或许只是一块"石头"吧，但石头未尝不可以拿来垫垫脚。在你蹚河涉水无处落脚时，希望这块石头能为你提供一点助力。

天下第一好事还是读书

你能想到的天下第一等好事是什么？如果认为除读书之外，还有更大的好事等着你去做，那么你便不会用尽全力去读书。明白读书究竟有多大好处，远比获得读书的方法更重要。前者使你愿意为读书下一番功夫，而下足了功夫自然能摸索出适合自己的读书方法。

所谓读书，就是与古往今来千千万万的人对话。你不可能经历的事情，他们替你经历了；你不可能悟出的道理，他们先于你悟出了。将他们的故事与领悟汲取过来，就好比你的一头两臂上又长出了"千头万臂"，你的一辈子延伸出了千辈子万辈子。试想，世上还有比这更强大的力量吗？

恐怕上天入地、穿越时空、长生不老也不过如此罢了。时下上天入地人类已经做到了，穿越时空、长生不老在人工智能时代也未必不可期，或许只是时间问题。因为千千万万人的知识积累并没有停止，滚雪球似的仍在越滚越大。眼下于读者而言，读书是至今为止穿越时空的唯一办法；于作者而言，著书立说，使后人愿意穿越时空与之对话，便也无异于长生不老了。

你可能会问，如果不想拥有"千头万臂"、千辈子万辈子，也不追求上天入地、穿越时空、长生不老，只想平平淡淡地过一生，那么是不是就可以不读书、少读书呢？恐怕还是不能。人生之路并非坦途，总会遭遇各种各样、或大或小的困难、风险与抉择，仅凭一己之力却不借鉴更多人的经验与智慧，这路势必走得不轻松，甚至也不会"平淡"。除非运气好到一生都不发生问题或没有遇到困难，但世上真有这样好运气的人？你可能信，反正我不信！

即便有这样的好运气，也不能不读书。人们来这世上走一遭，是为游览风景而暂居旅店，就像苏东坡所说，"人生如逆旅，我亦是行人"。千千万万的行人为不枉此行，穷尽一生领略生命的本质与奥秘，留下了宝贵的足迹。如果你对这些都无动于衷、漠不关心，那便是人在旅途竟不知身在何处，徒有跋涉之苦却寻不着景色，这难道不是一件很令人遗憾的事情吗？《论语》说"朝闻道，夕死可矣"，早晨听闻了真理，便是晚上死去也愿意，可见"闻道"本身有着接近生命乃至超越生命的意义。

世间数百年旧家无非积德，天下第一件好事还是读书。——姚文田

读书人应学做插花人

法学是一座神秘花园，法学院的学生是有幸探秘于这片花海的人。

当然，你可能是一个不太情愿的误闯者，阴差阳错地进来，想尽办法出去。这样的误闯者似乎还不少。我不会以"风景这边独好"的理由劝阻你，而认为人之天性禀赋本就不同，所能心领神会的事物也各不相同。亚里士多德说："能够不受阻碍地培养、发挥一个人的突出才能，不管这种才能是什么，是为真正的幸福。"在找到真正的幸福之前，希望你不要停下寻觅的脚步。

假使你觉得此处风景甚合你意，愿意继续待在园子里，那么接下来不妨想一想，应当如何做才不辜负这满园春色。

在花园里，我曾见有的人赏花，有的人采花，有的人插花，也有的人什么都不做，瞧见一处杂草地便懒懒地躺下去。站累了是可以偶尔躺一躺的，但"躺"绝不能成为读书人的常态。曾国藩言："天下古今之庸人，皆以一惰字致败。"不能不为之警醒。唯有克服惰性、培养意志力，才有可能努力将这偌大的花园瞧个千分之一。

赏花人、采花人、插花人都已是较勤奋的人了，但他们之间还是存在一些细微的差别。赏花人隔着观赏的距离，并不与花发生亲密接触，在花前驻足的时间也不会很长，赏完即走，很快便将花的形貌、气味抛诸脑后；采花人则不满足于远观，而是将花枝采下，攥在手里往前走，无论走出多远，都可以随时将花取出来再睹芳容；插花人却是怀着艺术的构想而来，并非漫无目的地逢花便采，他先观察此花与彼花之间的区别与联系，只采花色相融、气质相近的品种，再分出花之主辅、疏密、高低、虚实，删其旁条，剪其稚枝，插入瓶中，移至房内，无时无刻不沉醉于花香之中。

读书人应学做插花人，而不满足于做赏花人、采花人。赏花式读书仅有"眼到"，看过便忘；采花式读书实现了"眼到""手到"，边看边记，时时重温；插花式读书则为解决心中困惑而来，先读遍同一主题下的可得书籍，再分析此书与彼书对同一问题的看法有无联系、区别何在、孰对孰错、孰优孰劣，最后运用自己的判断力与审美观，去伪存真、去粗取精，写出一篇或评或议的属于自己的感想来，此时才算是真正践行了"眼到""手到""心到"的读书三原则，人与书发生了深层次的互动与交融，花插在了心田里，书读到了心中去。

郑也夫先生也有一句很妙的比喻："你记下你怎么想的，你再想的时候就像登台阶一样走得更高了，而不是像拉磨一样在转圈。"记下"你怎么想的"，而不是只记下"你看到的"，这是插花与采花最大的不同。

当你亲手采撷过成千上万枝花，插花技艺日臻纯熟，直到发觉现有花材已不够为你所用时，你才有可能尝试着去栽花，为法学的秘境花园再添一缕芬芳。当然，并不是每个人都能成为法学大花园里的栽花人的。

虽不能至，然心向往之。——《诗经》

人生第一要事乃健康

如果没有健康的体魄，那么不论是第一等好事还是最末等好事，便都做不了，更做不好。抗疫英雄钟南山院士直言："到现在我还能为社会干点事、还不太糊涂，关键还是有个健康的身体。"可见健康是人生第一要事。

18岁的你是"早上七八点钟的太阳"，正爬着人生的上坡路，朝气蓬勃，活力焕发，只要保持良好的生活习惯，大概不存在生理上的健康问题。但令人忧虑的是，近年来大学生心理上的健康问题有愈来愈严重的趋势，甚至四分之一的中国大学生承认有过抑郁症状，抑郁症患者轻生的事件也频频见诸报端。人生的刺绣尚未铺开便被绞断，每每看到这样的悲剧，我痛惜不已。

如果你也有这样的症状，一定要勇于向老师、医生求助。得了生理上的感冒，人们都知道要看病吃药，得了"心理上的感冒"为什么不这么做呢？

同样是得了感冒，有的人好得快，有的人好得慢，很大程度上也取决于自身免疫力。增强生理上的免疫力可以通过摄入高质量蛋白质、加强锻炼的方式实现。张文宏教授认为，每天早上必须吃鸡蛋，喝牛奶，不要喝粥，这便是最简单易行的办法。而我每日傍晚必做的事是带着我的硕士生、博士生和同事去学校对面的中山公园里或在刚刚建成的苏州河步道上快走一小时，肢体得到了舒展，情绪和灵感也会舒展开来。

那么如何增强心理上的免疫力呢？我特别建议你多读书，刚才谈到读书是天下第一好事，正因为它能使我们内心强大，帮助我们解决人生中的难题。读书可以使你沉浸于书中的世界，暂时忘却外部事物的纷扰，回归心灵的平静；通过阅读体验那些你还不曾经历过的人类的更大苦难，你会发觉当下的生活其实并没有那么糟糕；读的书多了，好比与千千万万人进行了卓有成效的对话，看待问题会有更多的视角和维度，或许自己就可以总结出排解的办法。

叶嘉莹先生曾惨遭夫妻双双入狱、女儿女婿车祸身亡的痛苦，她在诗词全集的总序中说，"我是在极端痛苦中曾经亲自把自己的情感杀死过的人，我现在的余生之精神情感之所系，就只剩下了引文讲授之传承的一个支撑点。我原来写过'书生报国成何计，难忘诗骚屈杜魂'的话，其实那不仅是为了'报国'，原来也是为了给自己的生命寻找一个意义。"杨绛先生在"文革"期间被抄家、批斗、羞辱、罚扫厕所、剃阴阳头,她道出自己坚持下去的原因,"支撑我驱散恐惧,度过忧患痛苦的,仍是对文化的信仰。我绝对不相信,我们传承几千年的宝贵文化会被暴力全部摧毁于一旦,我们这个曾创造如此灿烂文化的优秀民族,会泯灭人性,就此沉沦。"

两位先生所遭遇的苦难放在一般人身上都是灾难。但她们一个在古典诗词中领略人间的美好,找到生命的意义;一个在历史文化中看透人世的沉浮,坚定生存的信仰。她们并没有消灭苦难,却以更强大的精神力量超越了苦难。

让我们永远记住这句话吧:

使我们快乐或者忧伤的事物,不是那些客观、真实的事物,而是我们对这些事物的理解和把握。——叔本华《人生的智慧》

写在最后

亲爱的年轻人,也许你刺绣的时间并不漫长,供你刺绣的布料也仅有一匹。在你正要起针落线之际,我所能叮嘱的还是那最重要的两句话:读书是天下第一好事,健康是人生第一要事。望你以健康为针,以读书为线,一针一线,最终绣出不留遗憾的人生。

刘宪权教授简介

华东政法大学教授、博士生导师,荷兰伊拉斯谟大学法学博士。现任华东政法大学刑事法学研究院院长,兼任中国刑法学研究会副会长等职务,享受国务院政府特殊津贴。

扫码进入刘宪权专栏

长期从事刑法学研究,重点研究人工智能刑法规制、经济犯罪、网络犯罪、职务犯罪等领域。独著和参著学术著作80余部,曾分别获全国法学科研成果奖,国家教学成果二等奖等奖项。在《法学研究》《中国法学》《人民日报》等权威期刊、报刊发表论文800余篇。

入选首批"国家万人计划",曾获"国家级教学名师""全国优秀教师""全国杰出专业技术人才"等多项荣誉称号,系上海市唯一荣获"上海市教育功臣"称号的高校文科教师。连续10年荣获"中国法学高产作者",连续20年被华东政法大学全校学生投票评为"我心目中的最佳教师",并因此获得"我心目中的最佳教师终身成就奖"。

人生有很多奇妙的想不到

西安交通大学教授　刘东亮

我用不到一年的时间，以自学方式完成了从初中英语水平到大学四级的跨越。一年后我又参加了六级考试，这次考了 60 分！——感谢上帝！我当时的英语水平实际上还没有达到四、六级水平，我做题时，特别是听力选项，全是蒙的！

谁料想，十年之后，当年从乡政府走出来的"毛毛虫"，竟然摇身一变，堂而皇之地走进了自己做梦也想不到的"北京大学"。真是应了那句老话，"没有你做不到，只有你想不到"。

外出散步时路过党校门口，心想，我今后一定会有机会来这里的。谁料想，又是十年后，2016 年 6 月，我真的到中央党校来了，是以"教授"身份到中央六部委"哲学社会科学教学科研骨干研修班"学习。人生有很多奇妙的想不到！

我在政府和学校之间几度穿梭来回，最后才发现自己真正喜欢的还是读书、学习的生活，而不是去做"肉食者"。尽早发现自己的兴趣，稳定自己的兴趣，并努力发展自己的兴趣，这是每个人可遇而难求的福气。

学习是一种生活方式，它就是生活的一部分。特别对法律人而言，在今后的工作中，我们会比其他很多行业更深刻地感受到"终身学习"的观念有多么重要。而在大学期间就养成"自学"的好习惯、好方法，将是我们一生都受用不尽的财富。

与法学院的很多老师不同，我并不算正规的科班出身。过去常有人问我："本科哪里读的？"我都不好意思地回答："我没有读过本科。"然后补一句："也没有读过高中。"这时，问话的人通常都会瞪大了眼睛。

近期，桑磊主编约我谈一谈大学学习中的自学问题，借此机会，我想结合自己的经历，与同学们分享一下我在自学方面的经验。

从中专生到法学教授

1992 年，我从河南省西华师范毕业后到河南省扶沟县练寺乡人民政府当广播员。那年，我刚刚 17 岁（后来知道，我那时的法律地位是民法上的"视为完全民事行为能力人"，哈哈，有点意思）。——西华师范是一所中等专科学校，招收初中毕业生，在校学习三年后分配到乡村小学任教。我们那个年代，很多农村学生热衷于报考中专，为的是早一点"跳出农门"。那个时期设置的中专学校（现在都撤销了）有其特殊的历史背景，这里就不多说了。前段时间，微信上有人写了一篇反思和纪念性的文章，提到"当我们还是青苗的时候，就被提早收割了"。看了之后，心潮久久难平。

从师范毕业后，按说要去当小学老师。但是，由于我普通话讲得比较好（曾任西华师范校广播站站长），毛遂自荐到练寺乡政府当广播员（当时的乡党委书记陈永挺先生，与我非亲非故，看了我的个人简历就同意接收我。今天想来，依然感激不尽。他是我人生道路上的一位"贵人"）。当广播员期间，也参与乡政府的某些工作。由于当时的执法环境远非今天可比，我朦朦胧胧中萌发了某些模糊的"法治"意识。同时，觉得自己错失了接受高等教育的机会，实为人生缺憾。于是，1994 年 9 月，我到中国政法大学成教大专班进修法律。

在政法大学昌平新校区的几年，我真的是"如鱼得水"，在知识的海洋里尽情地遨游。在学好法律的同时，我也开始自学英语，从高中英语学起（读中师时不开英语课，成教大专也不开英语课）。1995 年 6 月，我报名参加英语四级考试，居然考了 61 分。——我用不到一年的时间，以自学方式完成了从初中英语水平到大学四级的跨越。一年后我又参加了六级考试，这次考了 60 分！——感谢上帝！我当时的英语水平实际上还没有达到四、六级水平，我做题时，特别是听力选项，全是蒙的！

不管怎么样，英语四、六级的通过，给了我极大的信心和勇气。1996 年，我通过了国家律师资格考试，实现了大专毕业后准备去做律师的第一步。但由于接连通过了英语四、六级，我认为（今天想来，当时实际是"盲目地"认为）自己的水平还不错，可以考研究生了。于是，接下来，我没有去做律师，而是决定考研。在备考期间，我将自己的学习心得整理成小论文，斗胆投到《行政与法》《经济与法》等刊物。后来，有同学告诉我在图书馆期刊阅览室见到了我的论文。跑去一看，果真是，一下子信心"爆棚"。

1997 年，我报考中国政法大学的行政法学研究生，考了第三名，复试成绩更好，不幸的是，后来接到研招办的"不予录取通知"，理由是我专科毕业不满两年，不符合报考条件。当时真的是"晴天霹雳"！——我在阅读英文版的《基督山伯爵》时，从字里行间读出了八个字：上帝之手，翻云覆雨。

还好，后来的读书生涯比较顺利。1998 年，我考上了浙江大学的研究生（报考时还是杭州大学，报到那一天四校合并）；2001 年，我又考回中国政法大学，攻读诉讼法学博士；2004 年，进入北京大学法学院从事博士后研究。——这里讲两则有趣的小轶事：

（1）1994 年秋，我刚到北京进修时，曾经从昌平跑到海淀去瞻仰"最高学府"。当时抚摸着北京大学的虎皮外墙，内心无限惆怅，心想今生无缘这里了。谁料想，十年之后，当年从乡政府走出来的"毛毛虫"，竟然摇身一变，堂而皇之地走进了自己做梦也想不到的"北京大学"。真是应了那句老话，"没有你做不到，只有你想不到"。

（2）我在北京大学做博士后期间，最后半年时间（2006 年上半年）曾住在燕北园，紧邻中央党校。外出散步时路过党校门口，心想，我今后一定会有机会来这里的（信心开始"膨胀"，我那时第二次经组织部门选调，确定要去河南某地当副县长，正踌躇满志，故有此"信心"）。谁料想，又是十年后，2016 年 6 月，我真的到中央党校来了，是以"教授"身份到中央六部委"哲学社会科学教学科研骨干研修班"学习。人生有很多奇妙的想不到！

总之，我年轻时候的经历，也算是一部励志传奇。我是中国政法大学成教学院培养出来的第一个硕士、第一个博士、第一个博士后。后来，我曾多次应邀回母校给成教学院的学生作励志报告（他们与中国政法大学的本科生相比，很多人都有自卑心理，需要激励学习的士气）。应该说，报告的效果还是比较明显的。在我之后，陆续有很多成教学生考上了硕士甚至是博士。而我所作报告的主要内容，就是分享我的自学经验。

学习是一种生活方式

记得我到中国政法大学进修的第一学年，由于表现还不错，曾与另一潘姓同学一起被老师指定在全院大会上发言，分享学习经验。潘同学先发言，其发言主旨是"书山有路勤为径，学海无涯苦作舟"。轮到我发言时，我说我不能同意潘同学的发言，"书山有路勤为径"尚可以理解，"学海无涯苦作舟"完全不能苟同。学习本来就是一种乐趣，哪来的辛苦可言？

学习新知，乐不可言。只有认同这种观念，才谈得上课堂学习之外的自学问题。如果把学习当成一种负担，那就没有必要去"自讨苦吃"。有机会阅读本书的同学，都是一路闯关夺隘、斩将搴旗，胜利冲进自己心仪的法学院的优等生，领悟能力与包括我在内的成教学生不可同日而语，此处不再赘言。下面谈一谈我的几点体会。

一、兴趣是最好的老师

自学，英文中的一种表达方式是"teach oneself"。——我们能自己教自己吗？实际上，在自学过程中，老师还是有的，这位老师就是"兴趣"。常言道，"兴趣是最好的老师"，说的就是这个意思。

在学习过程中，要尽早找到你的兴趣所在。只有找到了你真正感兴趣的东西，学习才会有不竭的动力，才会有"最好的老师"指导你如何学习。在自学过程中，无论遇到什么曲折，只要你始终保持着学习的兴趣和乐趣，都可以不畏艰险，甚至知难而进，最终登上有着无限风光的险峰。以我自己为例，我对行政诉讼法学的研究一直有着浓厚的兴趣。2004 年我从中国政法大学博士毕业时，经省委组织部选调，要去河南某地当副县长（后来发现，副县长其实"官"也很小。不过，这对于 1998 年还是乡政府广播员的我来说，六年时间能够飞跃成为"副县长"，其诱惑力还是非常大的）。但由于当时完成博士论文后，我觉得有许多饶有兴味的学术问题还没有完全弄清楚，在收到北京大学的博士后录取通知后，我义无反顾地选择了后者，于是，才有了后来的《行政诉讼程序的改革与完善：行政行为司法审查标准问题研究》这本专著的问世。当然，也有了我后来二度选择去河南地方政府任职、后又重返学界的"旋转门"经历。——人的兴趣也会发生变化。我在政府和学校之间几度穿梭来回，最后才发现自己真正喜欢的还是读书、学习的生活，而不是去做"肉食者"。尽早发现自己的兴趣，稳定自己的兴趣，并努力发展自己的兴趣，这是每个人可遇而难求的福气。

二、及早确定学习目标

与国外大学"宽进严出"相比，中国大学的特点目前还是"严进宽出"，由此导致有些学生进入大学后对自己放松要求，甚至因不知道干什么而饱食终日、无所事事，荒废了大好年华。刚入学时几乎看不出大家有什么不同（你看军训时，同学们除了有性别、高矮、胖瘦的差别之外，哪里还有什么不同），然而，四年之后即将走出校门的时候却相差悬殊，甚至判若云泥。其根本原因是，很多人因没有奋斗目标而失去了提升自我的动力。

如果没有学习目标作为指引的"灯塔"，大学生活就会像迷失了航向的小船，不仅不能到达我们所向往的彼岸，甚至还有发生倾覆的危险。反之，若目标明确，就很容易找到学习的意义和动力。仍然以我自己为例，1994年我到中国政法大学进修，1996年通过国家律师资格考试（当年的通过率是3%）。我在两年内就通过了这场对法律人来说意义重大的考试，归因于当时的学习目标非常明确：毕业后去做律师。——沿着正确的方向一步一步走下去，水滴石穿，何事不成？

亲爱的同学们，先不说什么志存高远，先不说什么星辰大海，你今年、明年的"小目标"是什么？

三、"独学而无友，则孤陋而寡闻"

在自学过程中，还有个比较重要的问题，是找到一些志同道合的学友。如果能结识几个学习方面的好友，不仅能使你避免孤陋寡闻，使你博闻广记，更重要的是，在你遇到挫败的时候，朋友们的扶持和鼓励，可以帮你重拾信心和勇气。——在我曲曲折折的求学道路上，许多尊敬的师长、许多亲爱的师兄弟姐妹，曾经给予我莫大的提携和帮助！

四、与自学有关的几个细节问题

虽然说"学习无定法"，我还是从三个方面简单说一下，特别是英语和其他学科的自学问题。

1. 学好英语的重要性无论怎么形容都不为过（大家现在可能还体会不到，将来走上工作岗位，就会有深切的感受）。仅靠课堂学习，英语肯定是学不好的。而学好英语，也没有什么特别的捷径，我的经验就是多阅读，在广泛阅读中提高语感、丰富词汇。就像我们学中文一样，语文水平不错的同学，哪个不是课外阅读比较多？只是英语学习比较枯燥，很多人都半途而废。因此，增强英语学习的趣味性非常重要。我个人觉得，在掌握了一定词汇量的基础上，除了阅读China Daily等时事类的报纸，多读英文版的世界文学名著是一个很好的途径。比如，前面提到的英文版《基督山伯爵》，大家一定会爱不释手，一边读、一边蒙（猜），对于频繁出现的不认识的单词，再勤查字典，英语水平不知不觉中就提高上去了，而这个提高的过程充满了无限乐趣，哪里用得着什么"悬梁刺股"？

2. 在任何一所学校，图书馆都是一座丰富的宝藏。除了自修、借阅我们感兴趣的图书之外，最不能忽视的一个地方是期刊阅览室。通过阅读期刊论文，你可以了解最新的各学科研究动态，弥补课堂知识传授的不足。期刊论文读得多了，你也会产生"研究"的冲动，就像当年我在中国政法大学成教学院进修时一样。不管将来是否走学术道路，培养研究能力——发现问题、分析问题、解决问题的能力——都是非常重要的。

3. 法学之外学什么？怎么学？法科学生在课堂学习之外，应该博采众长，广泛汲取各学科知识的营养，这个道理大家都懂得。可是，人的时间、精力毕竟是有限的，平均用力，既无可能，也无必要。我个人认为，在法学之外的所有学科当中，对学好法学最有帮助的是经济学〔准确地说，我们关注的实际上是"法律经济学"（Law & Economics）〕。因为经济学是最接近"科学"的社会科学，它对人类行为和社会现象的阐释相对最为"客观"。以权利的论证为例，很多人习惯于运用传统的"天赋人权"学说揭示权利的来源。然而，诉诸政治哲学和道德哲学的"天赋人权"学说具有强烈的主观性，论证的结果常常是"一千个人就有一千个哈姆雷特"。易言之，从抽象的概念、理念、信念等"大词"出发进行论证，很容易落入众说纷纭、莫衷一是的虚华空泛。相比较而言，在权利论证方面，法律经济学的研究方法更具有解释力和说服力。

那么，怎么自学经济学呢？特别是在经济学日益数学化的今天，那些经济学论著中几乎泛滥成灾的数学模型，简直会把有着数学软肋的法律人逼得发疯。其实，最简单的办法就是阅读那些历年诺贝尔经济学奖获得者的中文译著。这些学术大师的著作（数学并不多，甚至没有），读上个三五本，进入其语境之后，就能顺藤摸瓜，逐步找到学习的方向和线索了。读着读着你会发现，那些获得过诺贝尔经济学奖的大师，其实并不全是搞经济学的，其中不乏心理学家（如丹尼尔·卡尼曼）、管理学家（如赫伯特·西蒙），等等。——学科界限是人为划定的，而我们要研究的世界是同一个世界。易言之，世界是同一的，各个学科从不同的角度所作的阐释都只是"管中窥豹"。从多个角度观察世界，才能逼近事实的真相。

最后，我想说的是，学习是一种生活方式，它就是生活的一部分。特别对法律人而言，在今后的工作中，我们会比其他很多行业更深刻地感受到"终身学习"的观念有多么重要。而在大学期间就养成"自学"的好习惯、好方法，将是我们一生都受用不尽的财富。

PS：如果上述说法有什么不妥，请见谅哦，我不过是个侥幸混到大学讲台的滥竽者——you know，我本来应该是教小学的：）

刘东亮教授简介

1975 年生，河南扶沟人。西安交通大学法学院教授、博士生导师，人工智能与信息安全法律研究中心主任；兼任陕西省人大监察和司法委员会咨询专家等社会职务。

扫码进入刘东亮专栏

早年毕业于河南省西华师范（1992 年），之后到乡政府任广播员多年。通过自学、进修先后考入浙江大学法学院（1998 年，硕士生）和中国政法大学（2001 年，博士生）。2004 年进入北京大学法学院从事博士后研究。2006 年经组织选调，任河南省新乡市人民政府法制办公室书记、副主任。2009 年初重返学界，任浙江工商大学法学院副教授、教授，浙江省"之江青年学者"（2013 年）。其间，2012 年 8 月至 2014 年 8 月在美国太平洋大学麦克乔治法学院（Pacific, McGeorge）、加州大学戴维斯分校（UCD）做访问学者。2019 年 5 月入选西安交大"青拔计划"（A），同年入选陕西省"QR 计划"（青年项目）。

树立对法治的信仰

中南财经政法大学副校长、教授 刘仁山

法科学子在学习上要有耐心、恒心，有敢于探索和挑战的决心，而所有这些，恰恰建立在兴趣基础上。

法学类的经典文献可谓浩如烟海，我们如果能充分利用记忆的黄金时期，在博览群书的同时，精读和泛读相结合；在博闻强记的同时，品味和反刍相结合。这样，我们的思想将会逐步成熟，我们的思维将会逐步深刻，我们的意识将会逐步独立。

在学习过程中，要关注时事热点，要关注弱势群体；在解决实际问题时，要严守道德底线，维护法律尊严，保护人的尊严。法学专业的学习，不是纯粹的法律技术的学习，更多的是一个造就和培育公平正义之理念、意识和思想的过程。只有这样，才能使法律的公正价值得以延续和发扬。

对法律的信仰，不是指将法律铭刻在石柱或青铜器上，而是将法律铭刻在人们的心里。树立对法律的信仰，应让公民感受到法律是权利的保护神，让"人民群众在每一个司法案件中都感受到公平正义"。同时，应依据法律规范权力的运行，"加强对权力运行的制约和监督，把权力关进制度的笼子里。"

当我们收到各高校法学专业的录取通知书时，我们就正式成为法科学子了。也许我们从这一刻就开始关心：我们将会成为什么样的人？我们该如何完成学业而成为合格法治人才？为此，谈几点认识，供法科新生参考。

讲法学专业要把学生培养成什么样的人，我想应该从法学教育的目标谈起。

　　从各国法学教育的传统及现实看，法学教育具有三个可能的目标。即培养法律工作者、培养法律学者、培养有法律修养的人。我们选择了法学专业，进入法学院后，通过一段时间的学习，我们就可能面临相应的选择——今后是要成为法律工作者？还是法律学者或具有法律修养的人？无论选择如何，学习法律的目的，都在于成为一名优秀的法律人。但就法学本科教育而言，法学教育的主要目标，应该是培养法律工作者。这也是目前中国大多数法学院人才培养的主要目标。在这一点上，国外法学院也是如此。因为，法学院的毕业生，最终还是要去实践法律的。但就培养法律工作者的目标而言，在不同法系国家又有所不同。普通法系国家追求的是培养律师，而成文法系国家追求的却是培养法官。〔1〕我国目前有六百五十余所高校开设法学专业，从各高校法学专业的培养方案看，基本上都将人才培养目标定位为，培养具有扎实法学专业基础和具有良好解决法律问题能力的高级专门人才。但这类人才到底是律师类型的，还是法官类型的？我国倒是没有像英美法系和成文法系国家那样明确。但从近年来我国法学教育界的讨论看，法律职业教育的呼声和趋势似乎更为明显。

　　当然，法学院除了培养法律工作者外，还要培养法律学者和具有法律修养的人。就培养法律学者而言，这应当是部分法学院人才培养目标必须包含的。法学院需要教师，而且需要高学历的法学专业教师，而高学历的法学师资毫无疑问应该来自于法学院。之所以说培养法律学者是部分法学院的目标，是因为就目前我们各高校法学院的师资现状而言，法学专业本科毕业生能直接从事法学教育和研究的历史，已经一去不复返了。目前各高校一般要求，从事法学教育工作的教师应取得法学博士学位。显然，能够培养和输送高学历法学师资的，仅是少数法学院。就培养具有法律修养的人而言，无论是法律工作者，还是法律学者，都必须具有良好的法律修养。这里讲的具有法律修养的人，主要指法学院的部分毕业生所从事的工作，可能和法律专业没有太大联系或者没有联系，但他们无疑是具有法律修养的公民。

　　这里，我仅谈谈法学专业的学生或者法科学生要成为一名法律工作者应注意的问题。

　　一般而言，法律工作者是一个内涵丰富、涉及面很广的概念。除了前面讲的律师、法官、检察官以及公安系统的执法干警外，法律工作者还包括其他领域和行业中从事与法律专业相关的各类实务工作者。从一名法科学生到一名合格的法律工作者，是需要有一个周期的。而成为一名优秀的（或高级）法律工作者，则需要一个

---

　　〔1〕　在普通法系国家，一个人只有在经历一个成功的律师生涯后，才能成为一名法官；其并不是在获得学位后或从事司法书记员工作许多年后就直接成为法官。这一事实可以解释普通法系国家并不注重培养法官的原因。

更为漫长的过程。要成为法律和法治的坚定信仰者，法科学生如果立志要成为法律工作者甚至优秀法律工作者，在法学院学习阶段，我觉得至少要从以下几方面努力：

第一，积极培养学习法学的兴趣。兴趣是最好的老师，但兴趣往往不是与生俱来的，而是后天逐渐培养形成的。法学学习既要求学生掌握相关的理论知识，也要求学生具有应对实际问题的能力；既要求学生掌握法学的一般理论，也要求学生掌握不同法律部门的特殊知识；既要求学生知晓明确中国法律文化的发展脉络，也要求学生了解外国的法律文化；既要求学生具备专业的法律素养和法律思维，也要求学生具有健全的法律人格。这就需要法科学子在学习上要有耐心、恒心，有敢于探索和挑战的决心，而所有这些，恰恰是要建立在兴趣基础之上。

第二，学好培养方案所规定的各类法学专业课程。法学专业课程一般分为专业核心课程、专业拓展与深化课程，以及新兴的法学专业课程。根据教育部法学教学指导委员会的意见，目前法学类核心课程主要有法理学、宪法学、法律史、民法学、刑法学、行政法与行政诉讼法学、经济法学、商法学、民事诉讼法学、刑事诉讼法学、知识产权法学、劳动与社会保障法学、环境资源法学、国际法学、国际私法学以及国际经济法学等十六门课程。[1]对这些课程的开设，既有对我国法学教育经验总结的成分，也有借鉴吸收国外法学教育经验的因素。另一类，则是这些核心课程的深化或拓展课程。如有的学校为学生开设民法学之后，又开设合同法学、物权法学、侵权法学、婚姻家庭与继承法学等。这些课程也很重要，但一般认为它们都属于民法学的深化或拓展课程。还有一些课程则属于法学新兴课程。如我国恢复行使香港和澳门主权后，有些法学院率先开设了中国区际冲突法学；在因特网日渐发达、成为我们生活一部分并使人类社会面临一系列新问题和新挑战的情势下，有些法学院开设了网络安全与治理法学；再如少数民族地区的高校，有的开设民族习惯法学。总之，学好法学专业的培养方案确定的法学专业课程，既是我们法科学生建构完备法学知识体系、具备扎实法学专业功底的最基本条件，也是我们今后从

---

〔1〕 需要说明的是，教育部法学类专业教学指导委员会最初的相关文件中，只规定了十四门法学核心专业课，之后建议增加劳动与社会保障法和环境资源法两门课程。教育部第四届法学教指委于 2018 年对法学核心课程进行相应调整，除增设"法律职业伦理"为核心课程以外，对法学核心课程采取分类设置模式。教育部 2018 年《法学类专业教学质量国家标准》将法学专业核心课程采取"10+X"设置模式。"10"指法学专业学生必须完成的 10 门专业必修课，包括：法理学、宪法学、中国法律史、刑法、民法、刑事诉讼法、民事诉讼法、行政法与行政诉讼法、国际法和法律职业伦理。"X"指各院校根据办学特色开设的其他专业必修课，包括：经济法、知识产权法、商法、国际私法、国际经济法、环境资源法、劳动与社会保障法、证据法和财税法，"X"选择设置门数原则上不低于 5 门。

事与法学专业相关工作，进而成为法律专业人才的基础。其实，学好专业课、夯实专业基础，本身就是所有青年学生成才的基本条件。

第三，努力养成法律思维习惯和法律思维意识。法科学生进校后，首先会接触法律的概念问题。我们今天所讲的"法"字，在古金文中为"灋"。许慎在《说文解字》中，认为"灋"中的"廌"，是指古代传说中一种叫獬豸的神兽，据说这种神兽有判断是非曲直的神力。即神兽发现谁有罪（或犯法），就用兽角抵触谁。所以，"灋"字从去；"灋"又从水（今天，"廌"字从"灋"中被隐去，简写为"法"），有"平如水"之意，意喻公平。总之，法律在我们祖先的眼中，即意味着正义与公平。法律本身是一种社会现象，它主要是用来规范人与人之间以及人与自然之间的各种关系。其目的就是要塑造、维护和保障公平、正义与合理的社会秩序。法科学生既然选择了法学专业，今后将担负法律赋予的神圣使命，履行法律赋予的神圣职责，为我国法治国家的建设作出贡献，这就要求我们必须具有健全的法律人格。而健全法律人格的养成和法律思维习惯的养成，尤其重要。与其他职业人的思维模式相比，法律思维的本质特征在于其"规范性"，即法律思维是规范性思维。[1]而大学法学教育的基本使命，就是要培养和训练学生的法律思维。[2]为此，我建议可以从这样几个方面进行尝试：

一是注意理论联系实际。理论联系实际基本上是适用于所有专业的学习与研究方法。一方面，理论往往来自于实践，是对实践的抽象、凝练或总结；另一方面，理论只有回到实践，才能使其科学性得到验证，才能在实践中得到进一步发展。对于法科学子而言，这一方法尤为重要。

我们在学习中将会发现，人类社会在不同历史发展阶段，相应产生了各种法学流派和相关法学理论。而要掌握、领会这些流派和理论的精髓，就必须联系特定历史时期的政治、经济和文化背景。法律作为一种社会现象，本身是规范各种社会关系的。也正是通过对社会关系的规范和调整，才可以达到明确社会关系主体权利义务、确立和保障社会秩序，并进而实现特定价值的目的。法科学子只有逐步养成用法学理论及知识分析社会现象和成因的习惯，才能逐步培养提高自己的法律意识，进而具备用法律眼光看待和分析问题的意识和能力。

二是有意识地参加相关实践训练和实践活动。法学专业的实践性强，这一点毋庸赘言。也正因为此，各法学院都规定学生应修满占比相当大的实践性学时学分。目前，强化法学专业实践教学，以提高学生的动手能力，已成为法学界和实务界的

---

〔1〕 梁慧星："怎样进行法律思维"，载《法制日报》2013年5月8日第009版。

〔2〕 石旭斋："法律思维是法律人应有的基本品格"，载《政法论坛》2007年第4期。

共识。参加与法学专业相关的实践训练，是对法科学生完成修业任务的必然要求。另一方面，我们的法科学子未来将成为国家治理体系中的重要专业队伍，成为法律职业岗位上的职业工作者，所肩负维护社会公平正义的使命，是其他专业人员不能替代履行的。因而，法科学生要成为未来依法治国的合格人才，不仅要切实完成校内各实验实训教学环节，而且要积极走出校园，投身社会实践，了解体验国情社情民情，培养自己的家国情怀。

三是广泛阅读专业经典文献。阅读是青年学子健全人格的重要途径。法科学生要成人成才，尤其是要成长为具有法律思维习惯和法律思维意识的法律职业人才，有必要养成广泛阅读法学专业经典文献的习惯。如《法学阶梯》《法律的概念》《法律的道德性》《法律的权威》《论法的精神》《社会契约论》《法与国家的一般理论》《法律、立法与自由》等。当然，授课教师也会在课堂上向我们推荐法学相关专业领域内的经典文献。法学类的经典文献可谓浩如烟海，我们如果能充分利用记忆的黄金时期，在博览群书的同时，精读和泛读相结合；在博闻强记的同时，品味和反刍相结合。这样，我们的思想将会逐步成熟，我们的思维将会逐步深刻，我们的意识也将会逐步独立。

四是养成学习法律的问题意识和本土意识。只有认清当前立法与司法实践存在的问题，才能找寻完善之策。很长时间以来，西方一些先进的法学实践和法律思想，为我国法治建设提供了诸多有益的参考。但法律作为上层建筑的重要部分，是一个国家政治经济文化的综合产物。在引入任何先进的法律规范和法律思想时，必须立足我国国情。新时代的法科学子，不仅要注重法律学习的时代性，而且要注意从博大精深的中国传统文化中吸取精华。问题意识的培养，将是我们增强动手和创新能力的条件；而本土意识的坚持，则是我们今后能切实解决中国问题的关键。

五是学会用法律语言思考分析问题。法科学子既需要通过法律语言来了解立法，也需要依托法律语言来探寻立法背后的根源，同时还需要借助法律语言来进行法律推理、法律解释，进行法律辩护等。法律语言具有正式性和规范性特点，强化法律语言的学习，不仅有利于培养法科学子的法律思维，而且有利于增强我们关于法律的权威性意识。伴随我国对外开放国策的实施和法律文化国际交流的日渐发达，对法科学子的外语能力，也提出了更高的要求。因而，作为肩负未来法治建设重任的法科学子，在法律语言能力的培养上，既要关注专业知识的学习，也要强化外语学习，以提高今后应对国际法律事务的能力。

第四，坚守一颗维护社会公平正义的心。作为未来的法律职业者，我们法科学子更应该保有并坚守一颗守护正义的心。正如诺贝尔文学奖获得者鲍勃·迪伦在《永远年轻》中写道，"愿你正直无私，愿你真实善良，愿你永远了解真理的方向，愿你有一个坚强的信念"。目前我国仍处在发展转型的关键时期，国家和社会变革中面临着诸多棘手问题亟待解决。这就要求一名合格的法律人，一名有良知的法律人，不仅需要具备扎实的法学知识、辩证的法律思维，更需要一个明辨是非的大脑，需要一颗在纷繁世道中坚守公平正义的心。在学习过程中，要关注时事热点，要关注弱势群体；在解决实际问题时，要严守道德底线，维护法律尊严，保护人的尊严。法学专业的学习，不是纯粹的法律技术的学习，更多的是一个造就和培育公平正义之理念、意识和思想的过程。只有这样，才能使法律的公正价值得以延续和发扬。

第五，维护法律权威，牢固树立对法治的信仰。法律的权威源自人民内心对法律的拥护和真诚信仰。[1]我们知道古巴比伦王国在它的鼎盛时期，不仅建立起从波斯湾到地中海沿岸的强大奴隶制中央集权帝国，创造了灿烂的两河流域文化，而且留下了至今仍为世人称道的著名法典——《汉谟拉比法典》。这部最具有代表性的楔形文字法典，据说是古巴比伦王国的第六代国王汉谟拉比，令人将有280多条的法典全文刻在一段高2.25米、平均周长逾1.7米的黑色石柱上，该法典因而又被称为"石柱法"。我们今天还可以从展出于巴黎卢浮宫石柱上的浮雕中，看到汉谟拉比站在太阳和正义之神面前，接受象征君权神授的权标。黑色石柱本身就是肃穆和威严的象征，而石柱上的浮雕更是要宣誓法律的权威和绝对不可侵犯性。用类似方法宣誓法律权威性的，还有将法律铸刻于青铜器上的作为罗马法渊源的《十二铜表法》。当然，统治者在用这类方式颁行法典的同时，都强调法的"神定"性，即法律是神创造的，是神的意志和理性。这其实也是在那个特定历史时期，统治者用以表达法律权威性的一种方式。而古代中国在宣示法律权威性时，也有诸多类似的让世人感叹的做法。除了诸如前面讲到的以神兽作为法律的化身外，还有我们熟知的"包青天"。人们之所以对以清廉公正著称的北宋官员包拯冠以"包青天"，既有以"青天"比拟法律权威之意，也有寄予公平正义理想之意。说一个人是"包"青天，是"包"公，当然有寄托理想的成分。总之，这样比喻法律权威性的例子不胜枚举。所以，古希腊哲学家亚里士多德曾告诫人们，法律应当在任何方面受到尊重而保持无上权威，执法人员和公民团体只应在法律所不及的"个别"事例上有所选择，但都不应侵犯法律。

但仅仅维护法律的权威，离现代文明社会的要求，还是远远不够的，还必须牢固树立对法律的信仰，牢固树立对法治（Rule of Law）的信仰。纵观人类社会的发

---

〔1〕 参见中国共产党十八届四中全会通过的《中共中央关于全面推进依法治国若干重大问题的决定》。

展，不断向自由平等方向进步的人类历史，本质上是法的作用不断增强、规范领域不断扩大的迈向法治的历史。罗斯科·庞德认为，社会控制的主要手段是道德、宗教和法律。近代以来，法律已成为社会控制的主要手段。〔1〕这其实是人类社会在文明进程中的理性选择。当然，在法的作用和功能问题上，曾产生法律万能主义思想和法律虚无主义思想。历史已经提醒我们，必须警惕并杜绝这两种极端思想的巨大危害性。18世纪末期的《普鲁士普通邦法》，试图将法律规范的各类社会关系扩展到人类生活的各个方面（诸如家庭生活琐事），终以失败告终；我国"文革"期间砸烂"公、检、法"，历史悲剧给国家、民族带来的伤痛，让人们深刻警醒。惨痛的历史教训让我们的领导人认识到："为了保障人民民主，必须加强法制建设。"〔2〕

对法律的信仰，不是指将法律铭刻在石柱或青铜器上，而是将法律铭刻在人们的心里。树立对法律的信仰，应让公民感受到法律是权利的保护神，让"人民群众在每一个司法案件中都感受到公平正义"。同时，应依据法律规范权力的运行，"加强对权力运行的制约和监督，把权力关进制度的笼子里"。实际上，规范与限制公权力的运行，反映了人们权利意识的觉醒和对社会平等公正的期盼，也是培育全体公民信仰法律的精神与理念的重要举措。

对法律的信仰，是树立对法治的信仰的前提。只有首先树立对法律的信仰，才能将法治精神、法治意识、法治观念熔铸到人们的头脑中，并外化于人们的日常行为中。当法治成为一种全民信仰时，它就不仅表现为人们的一种生活方式，而且也是社会文明进步的强大动力。实际上，法治信仰是保障法律普遍得到遵守的文化力量。诚如亚里士多德所言："我们应该注意到邦国虽有良法，要是人民不能全部遵循，仍然不能实现法治。"可以说，对法律和法治的信仰，不仅是现代社会的重要标志，也是法治国家的内在意蕴和精神气质。

我们国家的宪法明确规定要"实行依法治国，建设社会主义法治国家"，〔3〕中国共产党也决定以"全面推进依法治国"作为治国方略。〔4〕党的十九大报告提出

〔1〕 参见［美］罗斯科·庞德：《通过法律的社会控制》，沈宗灵译、楼邦彦校，商务印书馆2010年版，第11~12页。

〔2〕 邓小平："解放思想，实事求是，团结一致向前看"，载《邓小平文选》（第二卷），人民出版社1994年版，第146页。

〔3〕 参见《中华人民共和国宪法》（1999年3月15日第九届全国人民代表大会第二次会议通过的《中华人民共和国宪法修正案》）第5条第1款。

〔4〕 参见中国共产党十八届四中全会通过的《中共中央关于全面推进依法治国若干重大问题的决定》。

要完善以宪法为核心的中国特色社会主义法律体系，建设中国特色社会主义法治体系。这对于我们这个有几千年封建历史实行"人治"的国度而言，无疑都是具有历史意义的庄严承诺。所以，一方面，我们要坚信，"法律必须被信仰，否则它将形同虚设"。我们要坚信，"法治"作为人类社会在文明进程中的理性选择，在追求和实现社会公平正义中的作用无可替代；另一方面，我们要坚信，我们国家必将坚定不移地走法治之路。我们要坚信，十八届四中全会描绘的"良法善治"的法治理想，一定会在我们国家实现。

刘仁山教授简介

中南财经政法大学副校长、教授、国际法专业博士生导师组组长。教育部法学类专业教学指导委员会副主任委员，中国国际私法学会副会长，《中国国际私法与比较法年刊》主编。国务院政府特殊津贴专家，"新世纪百千万人才工程"国家级人选，教育部"霍英东基金会第九届高校优秀青年教师科研资助奖"获得者。教育部"国家级精品课程"及"国家级精品资源共享课程"《国际私法》课程负责人，教育部首批"涉外法律人才教育培养基地"负责人。加拿大约克大学奥斯古德法学院"中加学者交换项目"（CCSEP）访问学者，德国马克斯普朗克比较法与国际私法研究所访问学者，美国国务院"国际访问学者领导项目"（IVLP）访问学者。

扫码进入刘仁山专栏

先后在《法学研究》《中国法学》《瑞士国际私法年刊》《荷兰国际法评论》、我国台湾地区《法学研究》等刊物上发表论文及译文八十余篇，其中多篇分别被《新华文摘》《中国社会科学文摘》、中国人民大学《复印报刊资料·国际法》以及《高等学校文科学报文摘》等全文转载。

第二部分

名师访谈录

法之理在法外

——西南政法大学校长付子堂教授访谈录

学习法律专业，就不能只是局限于学习法律条文本身，更重要的是要绕到法律文本之后，去探索法律背后的逻辑：法律是什么？法律为什么是这样？知其然更要知其所以然。面对社会热点、纠纷，疑难案件，法律人需要的不是抢媒体头条，而是慢半拍说话；需要的不是化身正义女神的激情，而是抽丝剥茧、由此及彼、换位思考的理性。

既要立长志，同时也要常立志。立长志，是指要有一个远期的方向性的总规划；常立志，是说在化整为零的时间段内，你得有一个个小目标。只有一个个小目标基本如期达致，大目标大志向的实现才成为可能。

把纷繁杂多的现象演进为简单清晰的本质和规律，这本身就是应对无限性的一种经济节约成本的做法。法理就是隐藏在部门法背后的规律或者说"理"，把握这个"理"将大大有助于我们对部门法，对法学整体的把握。

整个法学体系就好比一串美丽的珍珠项链，各个部门法像一颗颗珍珠，法理学就是串起珍珠的线。没有这根线，珍珠始终是零散的个体，唯有出现这根线，零散的珍珠才有可能成为美丽的珍珠项链。

首先需要明白在中西法理学发展的长河中，法理学试图解决的核心问题是什么？这可以算作一大波同心圆中最内核的那一个圆，然后从小到大，由内及外地去探索，用血肉去丰满这个骨架。要有一个全局观，不能碰到什么就是什么。

经济学产生的一个基础或者条件就是"资源的短缺"，而法律为何而产生呢？法律产生的一个重要原因就是"人性的不完美"，进而可以说到基于"世界的不完美"。你看看，这两种学科的共同性不就一目了然了吗？都是应对"不完美"而产生的。

更具有正义感

桑磊：您认为法学专业的学习是为了让学生成为怎样的人？

付子堂：法学专业的学习，是为了让学生成为一个谙熟法学知识、通晓法学思维、具备法学理念、具有正义感的人。

自从欧洲波伦亚大学作为现代法学教育的先驱兴起以来，法学专业就是一门带有神圣感和专业性的专业，一方面，当时海商法的现实需要，要求法学专业的学子必须在法学知识、法学思维、法学理念方面有较为扎实的掌握，才能应对实践的需要；另一方面，罗马法的悠远的传统，对当时的法科学子形成了引领和指导。罗马法的复兴与近代工商业的崛起，塑造了法学服务于社会的基本禀赋。

法学专业的学习目的，是为了培养一个法律专业的合格职业者，一个掌握了法学思维和法学理念的人，一个比一般公民更具有正义感的人。这里说的"更具有正义感"，不是说我们比别人道德感更强，而是我们学的法学知识多一些，我们的法学知识有助于社会实现正义。

我们知道，中国在秦代的时候倡导所谓以吏为师。两千年之后，我们不同意这种基本认识。在今天，法律人无疑可以基于本身的法学知识而指引普通公民的日常行为，告诉他们法律的规定是什么，法的精神是什么，这是法律人为人民服务的具体表现。

桑磊：您认为法学在思维模式上，和其他学科有何不同？

付子堂：法学在思维模式上，和其他学科有共通性，也有不同。这里的不同，体现在三方面：一是法学强调"依据意识"。强调依据，就是要强调每一个决定和行为都有来由。尤其是我国作为一个成文法传统的国家，在法律依据方面始终清晰明确。二是法学强调"程序意识"。正义分为实体正义和程序正义，实体正义固然重要，但是不能偏废程序正义。从某种意义上讲，法治就是程序之治。三是法学强调"实现正义"。正义，是法律人永恒追随的目标。正义是过程，也是结果。法学最终的目的，还是为了实现结果上的正义。

尤其要强调，法学是一门实用性极强的科学，注重的是问题（主要是纠纷）的解决，如何解决，解决结果怎样，解决的结果对当下、对未来会产生什么样的激励。因此，法学绝不是一门"权宜之计"的学问。有鉴于此，我们在教学过程中，更强调培养学生对事物整体的把握，对后果的注重，对多种利益的均衡的能力等。比如说，一个诉讼不可能是孤立存在的，它和之前类似的案件是一个什么关系？和之后将会出现的类似案例又是一个什么关系？所以，必须参照过去，又必须面向未来，面向未来看后果，即向前看（forward looking）。因此，学习法律专业，就不能只是局限于学习法律条文本身，更重要的是要绕到法律文本之后，去探索法律背后的逻辑：法律是什么？法律为什么是这样？知其然更要知其所以然。面对社会热点、纠纷、疑难案件，法律人需要的不是抢媒体头条，而是慢半拍说话；需要的不是化身正义女神的激情，而是抽丝剥茧、由此及彼、换位思考的理性。

桑磊：法学专业的学习应侧重于理论学习还是实践操作？

付子堂：俗话说"按下葫芦漂起瓢"，任何偏执于一面的做法都是不可取的。理论学习与实践操作应该取一种均衡。均衡概念来源于经济学，打一个比方，把一个小球放进一个球形容器中，它肯定会像钟摆那样运动。而当它停下来静止时的那个位置，我们就称作均衡点，这个均衡点完全可能没有落在中心点的位置。它不等同于平均。

桑磊：如何判断专业课程的重要性？

付子堂：一说到重要性，就涉及利益的取舍问题。我说过，重要性是一个相对的也是一个流变的概念。今天很重要不等于明天很重要，因此，就像歌词里唱的"痴心的脚步跟不上变心的翅膀"，我们的判断不可能时时正确、从不踏空。但是，历史发展的总体规律是相对恒定的，所以，更要求我们从历史、当下、未来三位一体的角度来体察事物，注重对事物规律的把握，注重对法律背后逻辑的谙熟，才有可能在新鲜事物面前淡定从容、驾轻就熟。同理，在对待有用性和无用性上，也不能短视。

桑磊：遇到一门重要但是自己不感兴趣的专业课程，该怎么办？

付子堂：我们说，兴趣是最好的老师。那么碰巧遇到一门自己不感兴趣的专业课怎么办呢？首先，我们应该了解，法学体系是由多个相互关联盘根错节的子系统构成的，哪一个环节的缺失，都有损于这大的体系的完备性；其次，我们还应该知道，法学作为一个整体，学习的方法其实是触类旁通、由此及彼的；最后，我们必须知道，由于方法的共通性，如果不把法学作为一个谱系（family tree）而是把各专业课程看作各自为政、条块分割的碎片来学习，那是非常不经济不节约低效率的。综上所述，如果你所不感兴趣的专业课程恰恰在这个大的谱系之中，你如何回避它呢？如若不能回避，倒不如坦然面对。有些时候，适当的换位思考，换一个角度体察，你会有完全不同的结论。再者，今天不喜欢不等于明天不喜欢，所以呢，任何事情，都不要太早下结论。要渐入佳境。

桑磊：如何确立学习的目标，才能避免间歇性的郁郁寡欢或踌躇满志？

付子堂：既要立长志，同时也要常立志。立长志，是指要有一个远期的方向性的总规划；常立志，是说在化整为零的时间段内，你得有一个个小目标。只有一个个小目标基本如期达致，大目标大志向的实现才成为可能。这里就又回到我刚才强调的，要避免短视。

法理学是终身受用的人生学问

桑磊：您是如何选择法理学作为研究对象的？您认为这个学科的重要价值或魅力在什么地方？

付子堂：我把法理学作为研究对象，是个人在求学中的兴趣使然，也是我对法学的认识的不断深化使然。我是 20 世纪 80 年代初在西南政法大学攻读法学本科和硕士学位，后来又在北京大学攻读法学博士学位的，我对法理学的兴趣和热爱，在这个过程中越发浓厚。我最初认为，法理学是法学各学科的基础理论，后来觉得这是一种认识社会的思维方式和方法；最后觉得，法理学永远是理论与实践互动的学科。永远在实践中感受法理学的魅力，这是法理学学者和学习者的幸福。法理学学科的重要价值或魅力，也就体现于此。法理学究天人之际，通古今之变，归纳实践之言。

从人类智识进化的规律而言，总是首先认识纷繁杂多的现象，进而透过现象把握本质和规律。这样做的目的，可以说，既是为了克服恐惧，同时也是增强对我们对自然、对社会的把握和掌控。庄子有云："吾生也有涯，而知也无涯。"就是讲有限性和无限性的矛盾关系。怎么调和这种矛盾呢？把纷繁杂多的现象演进为简单清晰的本质和规律，这本身就是应对无限性的一种经济节约成本的做法。法理就是隐藏在部门法背后的规律或者说"理"，把握这个"理"将大大有助于我们对部门法，对法学整体的把握。有一种原始宗教信奉"万物有灵论"，是说万事万物的背后都有一个灵魂。法理学就像这些部门法背后的灵魂，法理学的魅力也尽在其中了。

桑磊：有的同学认为法理学理论性较强，实用价值不大，不必在此学科上多花时间。您对这种说法怎么看？

付子堂：这种看法我不赞成。我有一句话：法之理在法外。法理学讲的是法律背后普遍的规律和逻辑。换言之，法理学培养的是我们对法律方法性的认知。

如果要打一个比方来形容法理学和部门法的关系的话，整个法学体系就好比一串美丽的珍珠项链，各个部门法像一颗颗珍珠，法理学就是串起珍珠的线。没有这根线，珍珠始终是零散的个体，唯有出现这根线，零散的珍珠才有可能成为美丽的珍珠项链。它的地位是无可替代的。

法理学本身的学理要从实践中去学习和检验，这样的法理学怎么会缺乏实用价值呢？我还是提倡同学们多学法理学，同时也多多观察社会实践。

桑磊：如何判断自己在专业课程上是否合格？

付子堂：法学的学习不仅仅要解决学以致知的问题，更要达到学以致用的目的。合格与否，考试当然是一个方面；在实践中举一反三也必不可少。各个专业课程的知识，我讲过，在法学这个谱系中，其实有很多共同性的知识点，甚至很多知识是可以互释的，那么我们不妨把一个专业课程所学的概念放到另一门专业课程中去辨识其异同，分析其内涵和外延的范围，分析同一概念何以在不同的部门法中有这样那样的差异。一言蔽之，我们不能画地为牢、自我封闭，思路要开阔，目光要长远。

桑磊：对于大学法理学课程的学习，您有何建议？

付子堂：知其然更要知其所以然。要用珍珠项链"线"的理念去观照部门法，把法理学知识放到更广阔的论域中去寻找它的位置和位移。要知道法理学的点滴进步或多或少与其他社会科学、自然科学的进步息息相关。在古希腊，科学的元概念是"分科而治学"的意思。从这个意义而言，各个科学的研究对象、研究方法各有不同，但是它们在学术的终极目的上，其实是殊途同归的，都是为了更好地描述和解释这个世界。所以，各个学科的共同性也是不言而喻的。

桑磊：您能谈一谈法理学的学习方法吗？

付子堂：首先需要明白在中西法理学发展的长河中，法理学试图解决的核心问题是什么？这可以算作一大波同心圆中最内核的那一个圆，然后从小到大，由内及外地去探索，用血肉去丰满这个骨架。要有一个全局观，不能碰到什么就是什么。

桑磊：有同学说，在法理学的学习中，常常抓不住重点，最终掌握的就是考试范围的那些内容。怎么解决这个问题？

付子堂：从知识的全面性、系统性而言，每一个知识点都很重要；但是对于考试而言，由于篇幅有限，我们必须有所取舍，挂一漏万的情况是在所难免的。这就涉及所谓的重点、次重点问题。首先，上课专心听讲是第一重要的，因为老师的教学计划里面就已统一规划重点讲述的章节了；其次，教材讲述完毕之后，通常有一个拉通的复习，里面会再次重申或者说着重复习重点章节；最后，俗话说，知己知彼，百战不殆。我们在课后自己复习时，每每复习到一个章节，我们就要进行换位思考。怎么讲呢？就是你要站在老师（这里特指出题老师）的角度来想，这个知识点出什么样的题型是合适的、周延的，选择题？材料分析题？或是辨析题；等等。不一而足。当然，这个方法不仅仅适用于法理学，对于法学的其他课程，也同理适用。

实际上，我不大赞成这样的提问，因为这个问题表明把考试和考试范围看得太重了。必须明确一点：考试只是为了考核学生的学习情况。考试的目的是督促和阶段性考核，学习才是终身的使命。即使你通过了本科阶段的考试并取得高分，这只表明你的本科阶段的法理学学得不错，而不能代表你已经学有所成。我希望同学们不要把所谓的考试范围当成学习范围。请记住一句话：法理学是终身受用的人生学问。

桑磊：能否请您推荐一些专业图书？

付子堂：入门阶段，可以读西南政法大学的《法理学初阶》。这是"西南法理学派"献给法学入门者的一份礼物，这本书力图言简意赅，同时明显易懂，既全面讲解法理学概要，又试图让同学们能够愉快接受和型塑法理学思维。

深入阶段，可以读美国法学教授 E. 博登海默的《法理学：法律哲学与法律方法》。这本书是深受西南政法大学法学文化浸染的已故著名学者邓正来先生的著名译作。这本书在中国的价值，超过了博登海默在美国本土的影响。从 20 世纪 80 年代开始，这本书就成为法理学的入门作品，到现在也不过时。究其根本，它综合各派法理学之所长，简约而面面俱到，而又博采众长，这是其长盛不衰的原因。

再深入阶段，可以阅读瞿同祖先生的《中国法律与中国社会》。这是一本法律史和社会史的名著，同时，也让我们了解中国古典社会的法律运作状况。一个国家法律制度的形成，有深刻的当代原因，但是也有古典渊源。读本书，可知古典，可思当代。

避免做一个精致的利己主义者

桑磊：学习哪些社会科学的知识对学好法律最有帮助？法学专业学生应该怎样拓展学习范围？

付子堂：徒法不能以自行。就像我在一开始就强调的，法学是一门涉猎非常广泛的科学。它和经济学、社会学、历史学、哲学、文学等社会科学都有着千丝万缕的联系。

在我看来，本科阶段乃至于硕士研究生阶段，都要着力于知识面的拓展。比如经济学，为什么会有经济学？或者说经济学产生的社会基础是什么？通过学习，我们知道，经济学产生的一个基础或者条件就是"资源的短缺"，而法律为何而产生呢？法律产生的一个重要原因就是"人性的不完美"，进而可以说到基于"世界的不完美"。你看看，这两种学科的共同性不就一目了然了吗？都是应对"不完美"而产生的。再比如说，法律与文学，在文学作品中，我们既可以找见"作为文学的法律"，也可以找见"作为法律的文学"。这样一来，法学和文学就不再是各自为政的独立个体了。顺着这个思路去想，必然得到一个令我们喜悦的答案：各门社会科学是如此广泛地联系着的。

桑磊：像大数据、人工智能这些社会热点问题，法律专业学生有无学习、了解的必要？

付子堂：极有必要。大数据和人工智能是时代话题，是人类社会的前沿实践，是法理学必须面对的新兴研究对象。法律专业学生应当随时跟进相关新兴学科的进展，做到胸中有数，眼中有物，心中不慌。

桑磊：很多同学反映，在外语学习上花费了很多时间，近期社会上也有质疑学习外语的价值的不同声音。您觉得对待外语学习的正确态度是什么？

付子堂：第一，外语是一种重要的工具，经由外语，我们可以和世界其他国家有更广泛的交互往来。他山之石，可以攻玉嘛。很多时候我们是通过了解别人进而认识自己的。因此，学习外语，学好外语是很有必要的。

第二，回到我前面说的"吾生也有涯，而知也无涯"，知识是无限的，而精力是有限的。不是鲁迅所说"时间就像海绵里的水，挤一挤总是有的"。因为海绵里的水它是一个给定值，总有挤完的时候。

第三，学习外语是一个长期不间断的过程，不可能一蹴而就、一气呵成，之后就万事大吉束之高阁了。因此，我们要合理分配时间，积极利用一些时间碎片来学些外语，并且持之以恒。

第四，学外语用的是一种线性的发散性的思维，和法学"大前提—小前提—结论"的三段式思维是截然不同的，它能刻印、拓展并深化我们的法律的学习和理解。

桑磊：作为法学本科生，应在什么阶段确定毕业后继续深造还是直接就业？如继续深造，应如何选择专业？

付子堂：一般来说，大三下学期可以着手思考这个问题。如果要深造，也要分两种情况来看。一种是选择法学以外的专业，另一种则是继续留在法学领域。选择法学以外的专业，换一种研究对象换一种研究方法，这个完全没有问题；如果选择留在法学专业继续深造，知识具有了一种深刻的连贯性，基础夯得相对比较扎实，这对于出成果而言是更为有利的。在法学内进行专业的选择，比较妥帖的做法是把兴趣和志向结合起来考虑。但是既然是法学学习的提高版，我们就不能仍然满足于对现象本身的分析，这时更需要努力建立起理论框架和理论支撑，一言蔽之，不管是选择哪种专业，理论的提高和深化都是不可或缺的。

桑磊：您认为法学专业的学生除了具备专业素养外，还需要培养哪些素质？学校的通识教育如何来配合法学专业教育更好地帮助学生发展？

付子堂：我校一直致力于通过通识教育来培养学生的综合素质和能力。中学的文理分科造成的一些弊端，也是我们试图在大学阶段克服甚至是消除的。有鉴于法学涉猎的广泛性，法科专业的学生还应该具有相当的文学、历史、哲学、经济学、数学等学科的素养。

作为综合性大学，我校设有法学以外的多种其他专业，它们的存在，可以使学生有机会也有可能拓展自己的知识储备和素养。另外，我校有大批优秀的法科专业教师，他们本身的学贯中西、博闻强记、知识面宽广也是学生拓展综合性知识素养的一个重要的有利条件。潜移默化，日积月累，积跬步，成千里；积小流，成千里。我相信，是可以有所增益的。

桑磊：您认为学校对于法学专业学生的职业发展规划和职业能力培养可以开展哪些有效的措施？

付子堂：请进来，走出去。大体而言，法学是一个与人打交道比较频繁的学问。请进来，是指我们聘请了校外导师，他们大多来自于公检法部门、律师事务所、政府各职能部门、知名企业等，都是各行业的行家里手，他们以自己的亲身经历，手把手教导学生，为他们进入职场上好第一堂课，这方面，虽然不能说战果辉煌，说成绩斐然却一点不夸张；走出去，是指学校下到各学院，定期组织学生校外实习。这方面，我们花费了大量资金和人力，建立实习基地，畅通校方（院方）与实习生接收单位的互动交流，努力为学生营造良好的实习软环境，真真正正做到让学生学有所获，受益良多。在挖掘有效措施方面，我们认为还有许多空间去拓展。

桑磊：您认为法学专业学生如何在创新创业领域有所建树？

付子堂：要敢想敢做。人不是生而知之的，后天习得是求知的最重要因素。所以，学习的过程也是一个试错的过程，不要怕错，经由试错，我们才可能明白什么是正确。年轻人要避免做一个精致的利己主义者，不能锱铢必较，要甘于付出。我认为，因势利导、因地制宜的创新是可欲的也是可行的。体验本身具有独立的价值。

桑磊：如何看待大学本科阶段的法学教育与法官、检察官、律师等法律实务工作的关联？

付子堂：大学本科阶段的法学教育，首先是打基础的阶段，好高骛远不可取。但是，我们也要看到，打基础不仅是打理论知识基础，也是打必要的实务工作基础。法学教育和法官、检察官、律师等法务工作具有天然的亲和力，学生在学习阶段要把当下的学习和未来的职业取向结合起来。假如一位同学大学一年级至三年级以学校老师为师，四年级以法、检、律师实务部门的资深人士为师，我相信他的收获会非常大。

桑磊：如果能够时光倒流，您重新回到大学本科的校园，您会怎样度过大学四年？

付子堂：好好读书，更加深入阅读经典作品；多听讲座，深入追踪法治前沿，把握改革开放历程。

桑磊：您能否送给所有的法学本科生一句话？

付子堂：法之理在法外。

付子堂教授简介

1965年10月生，河南省南阳新野县人。西南政法大学校长，法学教授、法理学博士生导师。第六届"全国十大杰出青年法学家"，首批"中国当代法学名家"，享受国务院政府特殊津贴。中国法学会法理学研究会副会长，中国法学会法学教育研究会副会长，教育部高等学校法学学科教学指导委员会委员。

扫码进入付子堂专栏

在《人民日报》《光明日报》及国家级权威期刊或核心期刊上发表学术论文100余篇，主持和主研国家及省部级科研项目20余项，出版法学教材、专著、辞书等余40部。出版《法之理在法外》《法律功能论》等著作20余部，其中主编高等学校法学核心课程教材《法理学初阶》《法理学进阶》《法理学高阶》，构成"法理学三部曲"。

做一个"完全的法律人"

——中国政法大学舒国滢教授访谈录

在学习法学的过程中，一定要把概念还原于生活，才能培养出对法学的兴趣。这能帮助我们认识生活，辨别大千世界中形形色色的法律关系。做不到这一步，你所学习的概念与面对的生活之间建立不起联系，学习法学会比较困难。

用两三年的时间去集中学习知识，胜过在十年的法律实务中学到的知识，因为在实际工作中学习知识花的时间更多，而且学到的知识可能会集中在某一领域，有可能是偏颇的。

好的法理学教学恰好告诉我们，没有确定的定义，这完全取决于你的视角、立场、进路、方法。而同学们一旦掌握了这种思考方式，会终身受益的。

校园就是我的全部，包括工作、学习、生活等，平时的活动半径只有一公里。我喜欢这种校园世界，小校园大世界。

法学主要来源于欧洲，我们必须了解源头。我曾经渴望拿一个国外的博士学位，希望至少在国外的大学能待四年，不拿学位也可以，但没有做到，只去过德国的哥廷根大学访学。后来，这方面的缺憾只能靠自学来弥补。

把法学概念还原于生活

桑磊：作为一位法学大家，您觉得法学的魅力何在？

舒国滢：法学是一门实践的、教义的科学，既要研究一套理论的知识，同时又必须把这些理论运用于实践，把法条知识与现实生活（或案件）联系起来，作出规范与事实的双向对流的解释、说明，以便找到符合法学标准的、能够经得起实践检验的、具有正当性的答案。

法学的魅力不仅是知识的。自然科学要研究世界是什么，真实的外界是什么样子的，社会科学主要研究对日常社会生活样态的理解和把握，如人们之间有什么样的行为关系，人们为什么这样行为或那样行为？社会科学要寻找到答案。

法学的根本特点是这样的：既不研究自然的"是"（是什么），也不在于研究社会的"是"，而是解答社会生活中"是"之对错的"（应然）理由"。例如张三打李四的"是"，法学就是研究张三打李四有没有道理，李四该不该打？如果不该打，张三该怎么做？承担什么责任？这个问题就不是"是"的研究，而是"应然之理"、道理、事理，更抽象一点讲是"法理"。

这种"法理"里面纠结着诸多因素，其中包括价值、情感、规范以及人们共同的看法，还有一些关于事物关系中本身不可变更的法则。这些问题需要专门的法律科学研究，法学正是从这些因素中抽象分析，最终在社会生活中找到解答问题的根据。

所以法学不是单一视角的科学，而是多视角、多领域、多层面、多手段、多方法综合运用的科学，某种意义上是有深厚哲学、逻辑、道德和其他社会科学知识的综合运用。

这就构成了法学的独特魅力。法学不是简单的、一学即会的知识，它既有理论知识，也有对实践的认识。法学的目的是对日常生活中存在的问题找到合理的根据和行为标准。

我本人多年来一直在研究法学的知识生产过程、发生学（起源）、谱系，整体上认为法学的本质或核心可以用三句话来概括：

1. 法学本质上是一门教义学。在德国，法学就叫作法教义学（Rechtsdogma-tik）。

2. 法教义学本身是一门科学。

3. 作为科学的法教义学，研究对象就是法理（拉丁语叫作 ratio juris）。

因此，学习法学的同学应当了解法学的核心所在。

桑磊：有一些同学在报考法学时其实对法学并不太了解，也没有太大的兴趣，怎样才能培养起对法学专业的兴趣？

舒国滢：学习法学不太容易，因为我们天生不是法律的动物。人类天性自由，不喜欢法律、道德的约束。很多法律初学者对法学有一种"抵牾感"。世界上有一些著名人物，最早都是学习法学的，最初打算以法学为志业，如卡尔·马克思、约翰·沃尔夫冈·冯·歌德、浪漫主义诗人海因里希·海涅、《格林童话》的作者雅克布·格林和威廉·格林。但这些人最后没有在法学领域发展下去（雅克布·格林除外），他们的兴趣转向了其他领域，大家都知道马克思转向哲学、政治经济学，歌德转向了文学。

每一个最初选择法学的学生，实际上对法学是陌生的，没有亲近感，不知怎样从事专业学习。

怎样培养兴趣？没有一套现成的、成熟的方法，我建议同学们可以这样尝试：

第一步：首先要掌握大量的法律概念，无论是否喜欢，先去了解它，把书本上的概念和知识搞懂：如无因管理、不当得利、间接故意诸如此类的概念，必须搞懂。

第二步：要把这些概念还原于生活，在生活中寻找样本。什么是无因管理？一个人在马路上捡到一个钱包，从法律上说处于持有的状态，不一定能够占有。这时他会有各种心理活动，如果想归还失主，这时的持有其实有法律上的意义，他要担负着管理的义务，要尽到注意义务，将来要把持有物原原本本归还原所有人。但这种管理又不是有根据的、有约定的，不是熟人之间委托的物之管理状态，那是有因的管理。所以上述捡到钱包的管理是无因管理。

在学习法学的过程中，一定要把概念还原于生活，才能培养出对法学的兴趣。这能帮助我们认识生活，辨别大千世界中形形色色的法律关系。做不到这一步，你所学习的概念与面对的生活之间建立不起联系，学习法学会比较困难。

第三步：培养上手能力，借助案例来学习。案例是社会现实本身，能够展现出法律生活。要寻找书本上、生活中各种各样的案例，面对这些案例，要尝试从中寻找问题，看能否通过法律知识来解答。借助案例的学习，能够极大提升对法学的兴趣。

桑磊：您认为法学在思维模式上，和其他学科有何不同？

舒国滢：与其他学科相比，法学思维有五大特点：

1. 法学思维是实践思维。要把法律规范应用于事实、生活，要在实践中寻找解决问题的根据。法学思维不是纯粹认识的、理论的，而是解决在面对法律关系时应当怎么做的问题，与物理学、数学是不同的。这是法学思维的独特之处。

2. 法学思维是以实在法作为起点或平台的思维。法学是教义学，是为解决法律生活中的问题寻找答案的学问。应该在哪儿找答案？寻找权威的根据，要有一个顺序。首先应在一个国家现行的实在法（成文法、习惯法）中寻找，了解法条是怎么规定的。如果实在法解答不了，或者法律相互冲突，或者实在法是恶法，那就求助于超实在法（如自然法），可能也包括国际法、外国法，有时也在法学家的学说中去寻找法理。

3. 法学思维是一种以问题为导向的思维。这种思维有其特定性，表现在一个问题可能有多种答案或意见，但其中必须有取舍，寻找到一种最佳意见作为解决法律问题的根据。

4. 法学思维是一种论证的思维。对于一个问题，法学要给出理由。行为的依据要通过论证得出，理由在先而非结果在先。我们坚决反对结论在先、然后给出理由的倒置思维方法。必须通过严密的逻辑推理，运用涵摄技术把概念还原于生活，来找到问题的答案。

5. 法学思维是一种价值导向的思维。法学面对的问题有很多，这是由于我们对事物关系的判断所基于的价值观不同，从不同价值观得出不同意见。从这个意义上讲，法学思维是价值导向的，但法学又不能完全认同"甲说""乙说""大家说"都同等合理，它必须通过论证或论辩，在诸多的价值之争中，找到一个合理的根据。否则，法学会陷入公说公有理、婆说婆有理的争执困局，它也就很难成为科学了。

桑磊：如何判断专业课程的重要性？

舒国滢：法学有核心的知识领域，我们通常称为"三法三诉"，即民法、刑法、行政法、民事诉讼法、刑事诉讼法、行政诉讼法。但并未涵盖所有领域，还有宪法、法理学、经济法、国际法、法制史等。

大学设置的课程门类广泛，学生很难将所有课程都掌握得很好。如果对三法三诉很熟悉，可以说大体上懂法律专业了，但还不够。对其他课程，也要有一个基本的了解。

我认为其中有一些相对重要的课程，这里有一个排序，取决于你将来的职业选择。

一个学生如果将来要从事法律实务，三法三诉、宪法、经济法、国际法等都要学好。如果从事法学理论工作，除了三法三诉，应更重视理论方面的课程学习，要在法理学、法哲学、法社会学上下一番功夫。

总之，要根据人生规划，制订专业学习计划。

桑磊：法学专业的学习应侧重于理论学习还是实践操作？

舒国滢：应当先掌握好大量书本理论知识，不宜贸然先去侧重于实践。实践内嵌理论，实践不是盲动的活动。在大学课堂上，老师会引导同学们了解法学理论所对应的生活，并还原于生活。同学们一定要掌握将知识与生活一一对应的能力，不要在学好理论前就去法院、检察院、律所实习，那样会得不偿失。

用两三年的时间去集中学习知识，胜过在十年的法律实务中学到的知识，因为在实际工作中学习知识花的时间更多，而且学到的知识可能会集中在某一领域，有可能是偏颇的。

建议同学们利用大学的时间，大量学习理论知识，也可适当在课堂之外通过案例学习上手能力，但不要将实习作为重点。

法理学不能教给人知识，而是授人以智慧

桑磊：您是如何选择法理学作为研究对象的？您认为这个学科的重要价值或魅力在什么地方？

舒国滢：当年我大学读到三年级时，认为在所有法学领域中，法理学最有吸引力。当时去法院实习三个月，发现我本性不喜欢法律实务，而对理论感兴趣。那么在法学领域中，最具有理论性的就是法理学了。

一方面，它上接哲学、神学、伦理学、民族学、经济学、自然科学，一切法学之外的知识领域都可通过法理学而进入法学领域，所以法理学是法学与其他科学联系的中介。另一方面，法理学下接各种法教义学，如民法学、刑法学、宪法学等，这些领域的形而上学问题可通过法理学解答。我喜欢有博大视野的、有广阔的知识海洋可以畅游的领域，法理学就是。

法理学不拘泥于法教义学的纯教义问题，是法学的"元理论"，有着独特的知识魅力。法理学既有认识论的价值，又有实践的意义，实践中的难题也可通过法理学尝试解答。放眼于国际社会，有一些案件要上升到法理学的角度来解答，如洞穴奇案、苏格拉底案、德国在二战后出现的告密者案等。也有一些问题在部门法中解决不了，要在"元理论"上解答。比如说一个国家里面到底什么样的法律是真正的法律，法律不好怎么办，应不应该以它为根据？对于这样的问题，法教义学本身回答不了，而法理学是超越教义学的，可以在哲学层次上回答，它本身就有一种魅力，值得我们去学习研究。

桑磊：有的同学认为法理学理论性较强，实用价值不大，不必在此学科上多花时间。您对这种说法怎么看？

舒国滢：从法律职业要求上看，由于法理学不是关于实在法的知识，不是从事

法律职业所直接运用的知识，同学们不可能把大量时间用在法理学上。对于法理学，既不能过于重视，也不能说不重视，要按照课程安排，完成法理学的学习。如果不具备法理学知识，不能成为"完全的法律人"。

法理学不能教给人知识，而是授人以智慧，是一种思维的训练，一种对应然的、超越实在法根据（理想性的法理）的解答。初学者会遇到一个较大的问题，即学习法理学需要广博的理论基础。有时它需要学生具备一定的法教义学知识。学习法理学如果有一些前期准备更好，如果没有的话，像有些大学第一学年开设法理学，学习起来确实比较难。如"法的概念"，没有任何一个确定的、被所有人接受的定义，学生容易懵，但这不能减弱法理学作为一门学问的魅力，恰好因为不确定，每个人才尝试去解答。好的法理学教学，会告诉学生在一些问题上有多种不同的思考，不同的解答，这不是要把学习搞乱，而是告诉你，可以讲十种定义，每一种定义在认识上的优劣。

好的法理学教学恰好告诉我们，没有确定的定义，这完全取决于你的视角、立场、进路、方法。而同学们一旦掌握了这种思考方式，会终身受益的。这不是僵化的、单一的、限定的、片面的思考，而是多维度的、多向度的、多方法的，这一点与法教义学不同。

我们要更多学习法理学的思维方式。以反思的方法，不断反省法学概念的合理性、正当性、科学性。以质疑、怀疑的精神，尝试去论证，尝试做出可信的解答。同时不会把这种解答看成是确定无疑的、最优的。只是说，我们可以换一种思路，也许是更优的。在多种解答中，尝试看看哪种较有吸引力，更是我们期待的。

桑磊：您能谈一谈法理学的学习方法吗？

舒国滢：学习方法多种多样。一是认真听课，跟着老师的思维尝试进入法理学；二是通过阅读培养兴趣，其中一种是直接进入专著阅读，如哈特的《法律的概念》，领悟力强的学生可以尝试这种方法，同时参加相关学习小组和读书会、旁听研讨会等。另外一种辅助的方法是阅读文字活泼的法学散文，如我写的《在法律的边缘》、刘星教授的《西窗法雨》等书籍。

桑磊：学习哪些社会科学的知识对学好法律最有帮助？比如经济学、社会学等学科的知识需要关注吗？

舒国滢：一个高层次的法律人必须通晓各种知识领域，不仅包括经济学、社会学、心理学、人类学、民族学等，还包括重要的自然科学，如物理学、化学等，尽可能多知多懂。这是高标准。

如果只想做一个"完全的法律人"，在大学里学好学校设置的各门课已经不容易了。这是终身学习与大学学习之间遇到的一个问题。大学有时间成本、能力限制，设置的专业课程已经能够满足基本技能，有能力者可再选修感兴趣的其他课程。

桑磊： 您认为法学专业的学生需要具有国际视野吗？本科阶段有必要参加境外的访学活动吗？

舒国滢： 这是有必要的，当然这需要你有较好的外语基础。通过境外访学可以对你向往的大学有直观的了解。就我个人经历来讲，出国学习是我学术成长中至关重要的一步，否则我的学术能力局限性很大。要知道，法学这门知识是舶来品，所有的概念、原理都源自国外。不去国外看一看，做不到知己知彼，还是有相当大的缺陷的。

小校园大世界

桑磊： 回忆您的大学时代，您觉得有哪些最有价值的收获？有没有遗憾？

舒国滢： 我的人生独特而简单。自从 1979 年进入北京政法学院（现中国政法大学）后，至今基本没有离开过校园，可以称自己是一个校园人，校园就是我的全部，包括工作、学习、生活等，平时的活动半径只有一公里。我喜欢这种校园世界，小校园大世界。

校园是一个研究高等学问的地方，人类所有的知识、真理、科学都集中于此。这样的地方一定是很吸引人的，会有一种魅力让你无法割舍。校园里每天都在讲着社会所不知的高等学问、真理，比如在中国政法大学，众多的老师们一直在用激情和智慧为国家、人民寻找法律的技术。这些人集中在一起，构成了校园文化中非常重要的部分。他们相互欣赏，相互激励，在这个过程中，每个人都得到升华。他们就像修道院的修士一样，从事着神圣的事业，不问名利，一心向学，钻研真理，这构成了法学家群体的志向，一种兴趣，一种高级的追求，或者说，成为他们的天职。

通过研究学习、相互激励，形成知识共同体，这种氛围只有校园才有。在其他地方，即使有，也不是常态的。这是我一进入大学就感受到的，也是我最大的收获，终生割舍不掉的。

另外，人生都会有遗憾的。回首自己的大学时代，我可能有两个遗憾：

第一个遗憾是没有多掌握几门语言。我的一个志向是想通晓几国语言，特别是与法律有关的几种，除了英语、德语外，还有拉丁语、法语、意大利语、西班牙语。我在大学期间对此没有很好规划，也是受当时条件所限。自己只是勉强掌握了英语和德语，但不够用。

第二个遗憾是在国外大学待的时间不够长。法学主要来源于欧洲，我们必须了解源头。我曾经渴望拿一个国外的博士学位，希望至少在国外的大学能待四年，不拿学位也可以，但没有做到，只去过德国的哥廷根大学访学。后来，这方面的缺憾只能靠自学来弥补。如果直接在国外大学学习，会直接缩短弥补知识缺陷的时间。

桑磊：您能否送给所有的法学本科生一句话？

舒国滢：大学时光非常宝贵，每一位同学都要珍惜在校园里学习的时间，要从心底里感受大学给我们提供的知识和智慧，希望所有学习法律的同学们都能够成为"完全的法律人"。

舒国滢教授简介

我国法理学领域名家，中国政法大学法学院教授、博士生导师。

1962 年出生于湖北随州市。1979 年进入北京政法学院（现中国政法大学）法律系学习，1986 年毕业并获法学硕士学位。同年留校法律系法理学教研室工作。1993 年～1994年获中国政府奖学金赴德国哥廷根大学进修法哲学和法社会学。1995 年首批入选"北京市跨世纪理论人才百人工程"。研究领域为法理学、法哲学、法学方法论、法美学。精通英语和德语。

扫码进入舒国滢专栏

法律和法学能够让所有人都活得更安心
——清华大学法学院院长周光权教授访谈录

　　一定要能够明曲直、断是非，心里始终要有杆秤，不能揣着明白装糊涂。将来你处理任何法律问题的心理和方式一定要更阳光，先告诉别人对错，再说结案方式，而不能敷衍了事，不论你将来是法官还是律师，不论案子标的大还是小，不论当事人是达官显贵还是低到尘埃里的芸芸众生，不论和你讨论案件的是顶头上司还是助手，你都该坚持这一点。

　　在刑法学中，存在大量的学派对立，对各种学派的合理性，都要充分看到；对大量存在的此罪与彼罪、罪与非罪界限模糊的情况，也要有充分的思想准备。换言之，在刑法学中，不存在"非黑即白"的现象。观点没有对错，只有谁比谁更合理，谁比谁在当下更说得通的问题。

　　法律要裁决的社会纠纷，是最为复杂的社会难题，例如，定罪和量刑都极其复杂，不同案件的情节稍有变化，处理上就有巨大差别，这样的判断任务交给大数据、人工智能去独立完成是不可能的，这些技术只能为司法上的判断提供很有限的辅助和支撑。

心里始终要有杆秤

　　桑磊：作为一位法学大家，您觉得法学的魅力何在？

　　周光权：法律要解决社会纠纷；法学要教给你论证和说理的技巧，让你获得处理复杂问题的方法论，能够洞察世间一切苦难，明断是非，运送正义！通过法律和法学，能够使这个社会更加有序，让所有人都活得更安心。因此，法学有独特魅力，学起来也很有趣。

桑磊：法学专业的学习目的在于培养学生的什么能力？

周光权：法学专业要培养学生认定事实、适用法律的能力。同学们经过专业学习，一定要能够明曲直、断是非，心里始终要有杆秤，不能揣着明白装糊涂。将来你处理任何法律问题的心理和方式一定要更阳光，先告诉别人对错，再说结案方式，而不能敷衍了事，不论你将来是法官还是律师，不论案子标的大还是小，不论当事人是达官显贵还是低到尘埃里的芸芸众生，不论和你讨论案件的是顶头上司还是助手，你都该坚持这一点。

桑磊：法学专业的学习应侧重于理论学习还是实践操作？

周光权：大学本科前三年的学习，基本应该侧重于理论；最后一年或者研究生阶段的学习，在掌握一定理论的基础上，并且在有了一些实践机会之后，必须理论和实践兼顾。

在法律学习中，要理论联系实践，我认为很重要的一点：同学们一定要多留心观察社会，要做一个有心人，随时想到用法律的思维和眼光来观察社会、分析社会问题。

要学好法学，仅仅靠阅读是不够的，因为某种知识如果只停留在纸上，显然是十分苍白的。所以，结合在课堂上所学的法律知识，随时随地认真留心观察社会，对于任何一个初学法律的人来讲，都是必要的。留心观察社会的渠道大致有两个：

一方面，通过近距离接触社会，观察社会现实和法律运作的实际状况。我们都有很多机会可以直接与社会接触，例如暑期社会实践，例如周末的外出，在这些过程中，我们都可能看到社会环境和合法权益受到损害的情况（例如伤害案件、扒窃、聚众斗殴、抢劫、抢夺、交通肇事的发生）。在观察到社会现实之后，作为法律人的第一反应就应当是如果我遇到这样的问题，应该怎么处理？坚持观察社会，发现问题，并对解决问题之道冥思苦想，课堂上的法学知识就会更巩固，也才有可能对老师讲授的知识进行必要的质疑。从这个意义上讲，我不提倡各位只是天天坐在教室或者图书馆里看书学习，更反对死记硬背。其实，多到大街上走走看看，利用假期多参加社会实践，多到司法实务部门了解情况，也是学习的重要途径。

另一方面，要通过媒体接触社会，借以了解法律适用状况。现在的传媒特别发达，大家可以通过网络、电视、报纸等各种渠道了解各种各样的案件，社会上炒得沸沸扬扬的问题，几乎都与法律有关。对舆论普遍关注的问题，我们如何用所学的知识加以解决，也是每一个学过法学的人必须面对的。通过对这些社会问题的观察和思考，我们就能够学以致用。

刑法学中不存在"非黑即白"的现象

桑磊：您认为刑法学的重要价值在什么地方？

周光权：刑法是关于如何认定犯罪、确定处罚必要性和具体刑罚轻重的部门法。任何一个国家，在没有刑法或者刑法制度不健全的情况下，要进行妥善的治理，是不太可能的。刑法学对于训练个人思维也有特殊意义，在一个法学院的教学安排中，不将刑法学放在相对比较重要的位置，也可能是不太妥当的。所以，对于本科生来说，学好刑法学，对于完善知识结构，掌握应对法律问题的实际本领，具有现实意义。

本科阶段是一个人知识形成的重要时期，只有在这一阶段把刑法学扎实了，今后才能具有坚实的法学基础理论和系统、深入的刑法学知识，这对各位以后或者攻读研究生学位，或者直接从事刑事立法、审判、起诉、法律服务工作，都一定会有所帮助。

桑磊：对于大学刑法课程的学习，您有何建议？

周光权：根据我的经验，对于大学刑法课程的学习，必要的阅读是最为重要的。根据教师的教学进度，课前预习教科书，并在课后阅读大量相关著作。目前我们的本科生刑法学教学，教师在课堂上讲到的案例很多，教学进度很快，教师会提到多种针锋相对的刑法学观点，这些都要求学生在课堂上思维高度集中，大量接受信息，按照老师的引导思考问题。要做到这一点，必须课前预习，以对刑法学的相关内容有大致的了解。

课前预习，主要是阅读教科书的相关内容。但是，你不能仅仅读一本教科书，你一定要选择既有作者的独立见解，又尽量照顾本科教学的需要，对刑法学的基本观点有所提炼的教科书进行阅读，这样的教科书可能会有多本，你尽量都要去看看。

课前预习和课堂上认真听讲，只能保证一个学生掌握基本的刑法学知识。如果要想使自己对刑法学理论的把握达到较好的水平，巩固所学知识并在此基础上有较大的提高，知其然，而且知其所以然，那么，就需要在课后阅读更多的文献。最近20多年来，国内出版了数以百计的刑法学著作，要全面阅读无论从时间、精力上看都是完全不可能的，也没有必要。选择其中的二三十本书加以精读，则是有必要的。你既要看中国刑法学者的著作，也要读国外学者的著作；既要读对刑法制度进行具体分析的著作，也应该读读与刑法有关的哲学、社会学作品。阅读这些著作，对于大家分析刑法问题，形成刑法思维和刑法学眼光，会有实际帮助；对于开阔各位的知识视野，形成广泛的知识视域，也一定会有意义。如果时间允许，建议各位精读这些著作。

桑磊：对于刑法在四年中的学习规划，您觉得应该怎样做？

周光权：很多学校大学第一年并不开设刑法课程。大学第二年，主要学习刑法总论、各论；大学第三年主要学习外国刑法；第四年，有的学校会开设模拟刑事审判、刑法疑难案例研讨等课程。从学习规划上看，我认为，按照学习的教学进度，安排必要的阅读即可。

桑磊：您能谈一谈刑法的学习方法吗？

周光权：在学习刑法过程中，要随时注意以下几点，才能将刑法学这门课程学好、学透彻。

首先，刑法学和民、商法学思考问题的方法并不相同。民、商法学重在通过各方都能够接受的、比较缓和的方式调整社会关系，强调利益平衡，法律解释方法多样化。刑法对犯罪进行处罚，法律反应强烈，被告人一旦被确认有罪，会有重大的权利丧失，法律解释方法受到很多限制，刑事法官的自由裁量范围也不如民商事法官的裁量权大。

其次，刑法学与犯罪和刑罚有关，但并不意味着它就只强调惩罚。现代刑法制度已经从过去的单纯主张惩罚转向对被告人权利的保障，只要法律对个人的行动自由未加以限制，刑法就不能对这种行为进行惩罚；同时，不能为了从整体上保卫社会而对个人施加惩罚。

再其次，为了确保利用刑法的惩罚是妥当的，防止错案的出现，对刑法的解释必须十分精巧，你必须注意观察各种不同解释方法得出的结论的差异性，在不同的解决方案中寻找最合理的案件处理方法。

最后，在刑法学中不存在某种观点绝对正确或者绝对错误的问题。任何一种刑法主张，都是站在特定立场，根据观点持有者本人的兴趣逐步形成的，都只是一种"相对合理主义"的产物。在刑法学中，存在大量的学派对立，对各种学派的合理性，都要充分看到；对大量存在的此罪与彼罪、罪与非罪界限模糊的情况，也要有充分的思想准备。换言之，在刑法学中，不存在"非黑即白"的现象。观点没有对错，只有谁比谁更合理，谁比谁在当下更说得通的问题。

桑磊：能否请您推荐一些专业书？

周光权：入门阶段的刑法书主要是高铭暄、马克昌教授主编的《刑法学》，这本书介绍了我国通说刑法理论的基本观点，学生可以从中了解刑法知识的总体结构、主要知识体系。

进阶的刑法书有陈兴良教授的《教义刑法学》、张明楷教授的《刑法学》（第5版）、黎宏教授的《刑法学总论》《刑法学各论》（第2版）以及我的《刑法总论》《刑法各论》（第3版），这几本教科书都是个人独著的教科书，各自的特色都很鲜明，也有很多创新的地方，对刑法难题的分析和解决有深度，对于开阔视野、提高刑法学整体水平会有实际帮助。

如果你还有时间，可以进一步深入阅读德国罗克辛教授的两卷本刑法教科书、金德霍伊泽尔的《德国刑法教科书》，以及日本的山口厚教授、西田典之教授的刑法教材，这四本书都有中文译本，它们介绍了各自国家的刑法制度、刑法理论，尤其是展示了对相同问题的不同争论，将这些著作和中国学者的教科书对照起来看，能够给你很多启发，使得你的刑法学知识结构更完整。

法律人应该内心阳光、理性平和

桑磊： 法学专业的学生如果学习一门辅助学科，学什么比较好？

周光权： 不可一概而论。如果你对经济法感兴趣，可以辅修经济管理的课程；如果你对法理、宪法学感兴趣，可以辅修哲学、历史学；如果你对刑法学感兴趣，则最好辅修社会学等。

桑磊： 像大数据、人工智能这些社会热点问题，法律专业学生有无学习、了解的必要？

周光权： 有必要。但是，必须明白，法律要裁决的社会纠纷，是最为复杂的社会难题，例如，定罪和量刑都极其复杂，不同案件的情节稍有变化，处理上就有巨大差别，这样的判断任务交给大数据、人工智能去独立完成是不可能的，这些技术只能为司法上的判断提供很有限的辅助和支撑。

桑磊： 如果能够时光倒流，您重新回到大学本科的校园，您会怎样度过大学四年？

周光权： 多看书，尽可能阅读与法学有关的书籍，了解人类思想；多思考，形成自己的独特看法；多走走，到处看看，了解社会。

桑磊： 您能否送给所有的法学本科生一句话？

周光权： 法律人应该内心阳光、理性平和，要学会论证，善于讲道理，持之以恒地向前辈和实践学习。

周光权教授简介

清华大学法学院院长、教授、博士生导师。教育部长江学者特聘教授，全国人大宪法和法律委员会副主任委员。曾挂职担任最高人民检察院公诉厅副厅长。主要研究领域为中国刑法学、比较刑法制度等。

扫码进入周光权专栏

追寻心目中的正义

——中国人民大学陈卫东教授访谈录

我国法律体系总体来看，既庞杂又不完善，有时遇到具体问题，难以用一条明确的法律规定予以解释，这就需要用法律最根本的原理来分析、透视具体事件方能解决实践问题。

要注重培养问题意识。在重视理论学习的同时避免"盲目空想"的学习方法，无论是理论研究还是实务教学都应该注重引导学生养成"从问题出发，发现问题—思考问题—解决问题"的问题意识。

基础知识的积累和宽广层面的内容涉猎是从书本中获取的；对于答疑解惑和相关知识的融会贯通，以及法律思维的培养是从课堂上培养的；而对于实践经验的探索和总结，以及问题的发现是从课堂和书本之外去体验的。

要想从最本质的意义上了解和研究这些理论与制度，直接从国外的一手资料中进行学习显得尤为重要，这是为了防止在理论研究中出现"以讹传讹"的误区。

从细小的规则往往能看到法学最美丽的闪光点

桑磊： 怎样才能培养起对法学专业的兴趣？

陈卫东： 法学是一门很古老的学科，有着自身独特的魅力和气质。例如，民法最能让你体验到哲人们如何归置纷繁复杂的社会生活，而刑法则能让你体会智者们是如何保护人们不被权力无端迫害。

就培养兴趣而言，一方面，问题意识的培养很重要，只有这样才能在法学学习的过程中发现问题、思考问题和解决问题，而知识的积累是开阔一个人思想和视野的最佳选择，多读专业著作会有所帮助；另一方面，学习社会科学，必须静下心来，从一些细小的规则出发，往往能看到法学最美丽的闪光点，那些都是哲学家、法学家们智慧的闪耀。

桑磊：您认为法学专业的学习目的在于培养学生的什么能力？

陈卫东：法学专业是应用性非常强的专业，法学教育的生命力应在于其实践性。它应当以对人才的从业技能，至少是依法行为以及分析问题和解决问题的能力之培养为不可或缺的重要目标。

因此，高校法学教育不仅要"授人以鱼"，更要重视"授人以渔"。然而，我国法学教育长期以来缺乏对学生法律思维养成的自觉，导致法学教育型塑法律思维的功能不能很好地实现。由之，我们必须努力改革现有的法学教育模式，实现法学本科教育教学观念由偏重视知识传授向注重学生法律思维养成的转型，以培养学生在复杂的法律问题面前干练而妥当地做出法律反应的能力。

桑磊：法学专业的学习应侧重于理论学习还是实践操作？

陈卫东：理论和实践同样重要。我们在长期的法学教学和律师办案中发现，法学教学离不开理论和实践的相结合。

一方面体现在，用实际案例授课可使学生对有关法学理论理解得深，掌握得快，记忆时间比较长久。任何再完美的理论都来自于实践，法学也不例外，可以说所有的现行法律都是长期实践的结晶，都是法学家们经过长期实践、千锤百炼最终形成的，所以说，理论是对实践的高度概括。但是，实际的东西一旦上升为理论又是概括的、抽象的，甚至是难以理解的。所以在讲课时，如果能用案例对抽象的理论加以说明，则可达到深入浅出的效果。

另一方面则体现在，用法学理论来指导实践、解释条文、宣传法制能起到生动深刻、极易接受的效果，二者之间相得益彰。法学理论源于实践，又高于实践。我国法律体系总体来看，既庞杂又不完善，有时遇到具体问题，难以用一条明确的法律规定予以解释，这就需要用法律最根本的原理来分析、透视具体事件方能解决实践问题。

桑磊：如何判断专业课程的重要性？

陈卫东：判断一门课程是否重要有很多的判断标准，其中很重要的一个就是看它与自己所学专业或所研究方向的相关性程度。如果相关性比较高，那么就应该着重学习，以刑事诉讼法为例，与其相关的比较重要的专业课程包括但不限于：刑法、证据法、法理学和宪法等。当然这只是其中的一个判断标准，如果说课程与其专业或研究方向的相关性不高，但是学生很感兴趣，那么也可以说它是一门重要的课程，这是因为，法学是自成体系的学科，各个部门法之间都有互通之处和可以相互借鉴的地方，可谓"兴趣是最好的老师"。

从问题出发

桑磊：您是如何选择刑事诉讼法作为研究对象的？您认为这个学科的重要价值或魅力在什么地方？

陈卫东：把刑事诉讼法作为研究对象是因为它具有很大的研究价值，长久以来，我国的刑事司法实践秉承着"重实体轻程序、重打击轻保护"的观念，导致了无论是刑事立法还是司法都存在着重大弊病，程序法治的理念得不到重视，人权保障的理念得不到弘扬。刑事诉讼法作为程序法，其对于实现公正价值尤其是程序公正的价值可谓"功不可没"，而作为"小宪法"和"行动中的宪法"，其对于人权保障的功能更是无可替代。从理论上而言，刑事诉讼法的重要价值是程序公正，即在贯彻程序法治的条件下实现对于犯罪行为的司法问责，现实打击犯罪和保障人权的双重目的。从司法实践而言，刑事诉讼法与当下的司法改革联系最为密切，研究刑事诉讼的一般规律，确保司法改革在正确的道路上运行，这也是该学科所具有的独特魅力。

桑磊：对于大学刑事诉讼法课程的学习，您有何建议？

陈卫东：要注重培养问题意识。在重视理论学习的同时避免"盲目空想"的学习方法，无论是理论研究还是实务教学都应该注重引导学生养成"从问题出发，发现问题—思考问题—解决问题"的问题意识。其中，"发现问题和思考问题"更为重要，这对于形成科学的法学学习方法尤为重要，也是在理论学习中最容易忽略的一点。而"解决问题"的研究方法应该退居其次，这是因为，法科学生不具备法学专家的理论功底，也不具备立法专家的宏观思维，如果动不动就在学习过程中提出"解决问题"的方案，那么很容易养成"好高骛远"和"盲目空谈"的思维定式。

刑事诉讼法的学习尤其需要注重问题意识的培养，在了解刑事诉讼原则、制度的基础上，发现问题、提出问题、思考问题是学习刑事诉讼法最为有效的方法。除此之外，刑事诉讼法是实践性较强的法律学科，在理论基础的学习之外，还应当时刻关注司法实践的情况，有条件、有兴趣的同学可以去公安机关、检察院、法院实地调研，这非常有助于大家了解司法制度在实践中是如何运行的。当然，司法实践中也存在许多尚待解决的问题，实践学习能够帮助大家发现问题、了解问题，再经过自身的独立思考以及与老师、实务人员相互交流，对于深入研究制度本身的内涵、解决实践中的问题有着重要的意义。

桑磊：对于刑事诉讼法在四年中的学习规划，您觉得应该怎样做？

陈卫东：首先，应当积累扎实的法律理论基础，法理学、宪法学甚至法制史的学习至关重要，刑事诉讼法的学习也离不开对刑事实体法的研究，因此学好刑法学也十分重要。其次，大学期间要做好对于法律条文的研读，这是学好刑诉法的起点和归宿。再次，要多研读相关法律专业著作，积累理论知识，开阔理论视野，为更加深入的研究打下基础。最后要多关注司法实务工作，包括律师和公检法的实践经验，实现理论学习和实践操作的恰当结合。

桑磊：能否请您推荐一些专业书？

陈卫东：入门阶段的图书：我主编的《刑事诉讼法》（高等教育出版社 2017 年版）；我和谢佑平主编的《证据法学》（复旦大学出版社 2016 年版）；《刑事诉讼讲义》（王兆鹏著，元照出版公司 2006 年版）。以上三本书从刑事诉讼与证据的基本框架和基本理论出发，系统梳理了刑事诉讼的基础性知识，对于入门阶段的学习具有很大帮助。

深入阶段的图书：我的《转型与变革：中国检察的理论与实践》（中国人民大学出版社 2015 年版）与《反思与构建：刑事证据的中国问题研究》（中国人民大学出版社 2015 年版）；《刑事诉讼法》（林钰雄著，中国人民大学出版社 2005 年版）。以上这些图书对于理论的研究和对司法实践的考察更为深入，对于相关问题的探讨也更为透彻。

工具书：《中华人民共和国刑事诉讼法释义》（郎胜主编，法律出版社 2012 年版）。作为立法机关人员编写的法律释义书，具有权威性，且对应刑事诉讼法各个条款，查阅方便。

桑磊：以案学法是一个值得推荐的学习方法，您有哪些刑事诉讼法案例书可以推荐？

陈卫东：案例教学法本身是一个好的学习方法，但需要运用得当。推荐我主编的《刑事诉讼法案例分析》（中国人民大学出版社 2005 年版）；李奋飞的《正义的救赎——影响中国法治进程的十大刑案》（人民出版社 2016 年版）。值得好好研究的案例包括但不限于：赵作海案、李昌奎案、张氏叔侄案、呼格吉勒图案、聂树斌案、辛普森杀妻案等。

追寻自己心目中的正义

桑磊：您觉得从您的专业角度而言，应当告知法科生哪些法学知识是从大学课堂获得的，哪些是需要通过阅读获得的，而哪些又在课堂和书本之外？

陈卫东：基础知识的积累和宽广层面的内容涉猎是从书本中获取的；对于答疑解惑和相关知识的融会贯通，以及法律思维的培养是从课堂上培养的；而对于实践经验的探索和总结，以及问题的发现是从课堂和书本之外去体验的。

桑磊：学习哪些社会科学的知识对学好法律最有帮助？

陈卫东：法学不是一个在绝对意义上独立的学科，作为社会科学的一种，法学与其他社会科学的联系较为密切。学好那些相关性较高的社会科学对于学好法律是有很大帮助的，可以帮助我们在学习法律的过程中实现某种层面的突破。例如，学习经济法学应该多关注经济学的相关知识，学习刑事法学也可以适度关注心理学的相关内容。

桑磊：法律专业的学生如果学习一门辅助学科，学什么比较好？

陈卫东：优先推荐辅修一门外语。这是因为，比较法研究是当下法学研究的一个重要方法，这要求学习者具备一定的外文研读能力，学好一门外语对于帮助我们更好地研究国外的法律制度和理论知识能起到很大作用。

桑磊：像大数据、人工智能这些社会热点问题，法律专业学生有无学习、了解的必要？

陈卫东：如果想要更加深入地研究法律问题，对于这些社会热点的关注是必要的。以大数据为例，当下的法学研究较为关注实证化分析，而实证研究需要借助一定的统计、分析和测算方法，如果能够合理地研究和利用大数据这一智力成果，那么相关的法律研究便能够"事半功倍"。

桑磊：很多同学反映，在外语学习上花费了很多时间，近期社会上也有质疑学习外语的价值的不同声音。您觉得对待外语学习的正确态度是什么？

陈卫东：外语虽然是一门工具性学科，但是它对学习法律专业是比较重要的。中国的法律制度的构建以及法律理论的研究在一定程度上借鉴于西方国家，要想从最本质的意义上了解和研究这些理论与制度，直接从国外的一手资料中进行学习显得尤为重要，这是为了防止在理论研究中出现"以讹传讹"的误区。因此，学好一门甚至多门外语就比较重要。当然，外语的学习不应该是盲目的，应当协调好与专业课的时间比例，并且在重点上多关注于有关法律内容的外语知识。

桑磊：如果能够时光倒流，您重新回到大学本科的校园，您会怎样度过大学四年？

陈卫东：首先，打好专业基础知识，广泛阅读相关著作，努力拓展自己的涉猎面。其次，学好一门外语，实现与专业知识的良性互动。最后，多参与社会实践，尤其是要多学习、总结和借鉴司法实务经验，从实践中发现问题、分析问题，做到理论与实践相结合。

桑磊： 您能否送给所有的法学本科生一句话？

陈卫东： 法学是关于正义和非正义的科学，希望所有法科学生都能学有所得，追寻自己心目中的正义。

陈卫东教授简介

1960 年 7 月生，山东蓬莱人。中国人民大学法学院教授、博士生导师。长江学者特聘教授，CCTV2012 年度十大法治人物。兼任中国刑事诉讼法学研究会常务副会长、中国法学会审判理论研究会副会长、国际刑法学会中国分会副主席。受聘最高人民法院、最高人民检察院专家咨询委员会委员、公安部特邀监督员。

扫码进入陈卫东专栏

研究方向为刑事诉讼法学、证据法学、律师制度、司法制度等。代表性成果有《模范刑事诉讼法典》《刑事诉讼法再修改的基本理念》《中国律师学》等。承担国家社科基金、欧盟、美国律师协会、福特基金会、耶鲁大学、司法部、教育部等研究项目。

健全的刑事诉讼法是正义的实现方式

——北京师范大学宋英辉教授访谈录

　　在大一的时候老师会在基础课程上推荐阅读书目，在上课过程中以及在课外阅读中可找到自己的本科学术兴趣、未来志向及终身学术兴趣的大方向等，例如在《乡土中国》的阅读中发现自己对法社会学相当有兴趣，便可以选修一些社会学以及社会科学方法论的课程。

　　刑事诉讼法学科最大的魅力在于学习者有机会见证诸多要素在理论与实践中碰撞出火花，最终达至一种微妙的平衡状态，例如惩罚犯罪与保障人权、实体正义与程序正义、公正与效率、控辩审三方关系等要素。

　　在我的大学时代，最有价值的收获是学习思路与方法的锻炼与育成，除了基础知识的教授之外，不同的老师分享给学生不同的思维方式和视角，"工欲善其事必先利其器"，发现问题、分析问题的思路方法与能力是相伴学习与成长的终身财富。

法律英语是未来超越同龄人的重要利器

　　桑磊：法学专业的学习应侧重于理论学习还是实践操作？

　　宋英辉：理论学习和实践操作在法学专业的学习中都很重要，不能偏废。就个人而言，还要综合考虑将来的职业规划，如果倾向于留在高校进行科研工作，应该更注重理论学习与研究；如果准备从事实务工作，应在打好理论基础的同时多接触司法实践。事实上，法学理论和实践是互通的，理论学习是根基，这个根基必须足够牢固，才能够支撑你从事这一领域的相关工作。但是，如果不了解实践，理论就成了空洞的理论，这样的理论也难以发展。

桑磊：如何判断专业课程的重要性？

宋英辉：首先应当摒弃专业课程有些重要有些不重要的想法，而应当从课程选择的角度思考问题。可以从以下几点考虑：

第一，学校安排的必修课程均是十分重要的，这是由经验丰富的教师或者教委会共同决定的，例如法学16门核心课程；另外，有些通识必修课程虽然看似与自己所学的专业无关，但是功利地考虑这些关系到自己的绩点，所以还是要好好上课的。

第二，个人兴趣。在大一的时候老师会在基础课程上推荐阅读书目，在上课过程中以及在课外阅读中可找到自己的本科学术兴趣、未来志向及终身学术兴趣的大方向等，例如在《乡土中国》的阅读中发现自己对法社会学相当有兴趣，便可以选修一些社会学以及社会科学方法论的课程。

第三，本学科的史学和哲学课程。在社会科学内，思想史以及哲学基础均是重要的课程，哲学对于人的价值观及思维方式的养成十分重要。法学的最后争论基本上都是价值判断的问题，这便要回归到哲学的探讨中。

第四，重要的技能课程。例如法律英语等，这是未来超越同龄人的重要利器。

桑磊：遇到一门重要但是自己不感兴趣的专业课程，该怎么办？

宋英辉：对一门课程没有兴趣可能有如下四个原因：其一，课程本身枯燥乏味难以提起兴趣；其二，课程学习难度大，难以在短期内取得相当的成效；其三，课程的授课方法与同学的水平、理解和接受能力不匹配；其四，个人对于课程实质重要性认识和学习努力的程度不够。此外，可能还有其他原因，但以上述四个原因为主，且有交叉。

针对兴趣缺失的问题，可以尝试从以下四个方面予以改善：其一，向擅于该课程的同学请教，从各方面了解课程，尽量改善课程在自己心中乏味无趣的形象；其二，针对难度大的课程，应当制定长期的学习计划，降低短期的预期；其三，多和任课教师沟通，委婉建议任课老师调整教学方法；其四，努力学习，兴趣和爱好都是培养出来的，而这些需要努力学习和钻研，多从自身找问题，这也是解决该问题的关键与核心。

最终达至一种微妙的平衡状态

桑磊：您认为刑事诉讼法学科的魅力何在？

宋英辉：汉密尔顿在《联邦党人文集》中指出"正义是人类社会的目的"，而哈耶克说"只有程序正义是可能的"。健全的刑事诉讼法既是正义的代名词，也是正义的实现方式。

刑事诉讼法学科最大的魅力在于学习者有机会见证诸多要素在理论与实践中碰撞出火花，最终达至一种微妙的平衡状态，例如惩罚犯罪与保障人权、实体正义与程序正义、公正与效率、控辩审三方关系等要素。"虽有佳肴，弗食，不知其旨也。虽有至道，弗学，不知其善也。"在刑事诉讼法的学习过程中，会获得越来越多的乐趣。

桑磊：对于刑事诉讼法在四年中的学习规划，您觉得应该怎样做？

宋英辉：可大致划分为三个阶段。

第一阶段主要是教材和法条的基础学习。以刑事诉讼法及司法解释为根据，辅以相关书目的课外阅读，系统学习刑事诉讼制度与基础理论。

第二阶段主要是理论知识与司法实践的交互学习。通过案例研讨，观看庭审、暑期实习或模拟法庭等形式了解刑事诉讼法在实践中的运用与实施。

第三阶段主要是阅读思考与发现问题的自主学习。立足中国刑事诉讼法制，了解外国立法、司法实践经验与联合国公约中的刑事司法准则，进行独立思考并尝试写作"输出"，发掘并培养对刑事诉讼法学术研究的兴趣。

桑磊：您能谈一谈刑事诉讼法的学习方法吗？

宋英辉：首先，先把基础理论掌握好。充分利用好学习资源（包括课堂教学和图书馆等），将刑事诉讼法学教材吃透，建立起最基本的知识体系。

其二，多看法条。通过了解法条的增删帮助理解刑事诉讼法基本理念与司法实践的变迁，在掌握基础理论的前提下去掌握相关法条并非难事。

其三，学以致用，注重理论联系实际。多看案例书，尝试自己分析实际问题。

其四，既品味经典，又接触前沿。一方面，可利用课余时间阅读相关名著，最好是法学大家的经典之作；另一方面，多关注学科前沿，及时更新知识，积极进行研究。

桑磊：能否请您推荐一些专业书？

宋英辉：在入门阶段，建议阅读一些有关刑事诉讼基础理论的书，如美国的米尔伊安·R.达马什卡所著的《司法和国家权力的多种面孔——比较视野中的法律程序》（郑戈译，中国政法大学出版社 2015 年版），在这部启人深思的著作中，一位卓越的法学家对世界各地的法律制度如何管理司法以及政治与司法的关系作了高度原创性的比较分析。再如综述类的书籍，如《刑事诉讼法学研究述评（1978 ~ 2008）》（北京师范大学出版社 2009 年版），该书较为全面和客观地总结 1978 年至 2008 年，尤其是 1996 年《刑事诉讼法》修订以来我国刑事诉讼法学研究的成果，便于读者系统地了解 30 年来我国刑事诉讼法学研究中的主要问题、争议观点及其论据，把握我国刑事诉讼法学研究的状况，明确研究方向和重点。

在深入学习阶段，建议阅读一些有关中国刑事诉讼立法与实践的书。如陈瑞华的《问题与主义之间——刑事诉讼基本问题研究（第二版）》（中国人民大学出版社 2008 年版），该书以"中国的问题，世界的眼光"为研究主旨，对司法权的性质、司法裁判的行政决策模式、"义务本位主义"的刑事诉讼模式、未决羁押制度、法院变更起诉问题等问题，作出了全新的探索。再如樊崇义主编的《刑事诉讼法实施问题与对策研究》（中国人民公安大学出版社 2001 年版），该书针对刑事诉讼法实施的过程中所遇到的实务和理论问题，特别是遇到的一些深层次的理念和法律观方面的问题，进行分门别类，并开展了专题研究。

兴趣是最好的导师

桑磊：从您的专业角度而言，能否告知法科生哪些法学知识是从大学课堂获得的，哪些是需要通过阅读获得的，而哪些又在课堂和书本之外？

宋英辉：对于法科生而言，对法律知识的最初接触还是来自于课堂，从老师的讲授中对法律的概念、内涵、体系逐渐形成框架，框架的搭建是基础也是前提。在课堂之外，应通过系统的阅读，尤其是阅读经典的法学类著作，增强法学学习的深度和广度。当然，课堂和书本带给你的知识还需要通过实践进一步内化，才能够成为得以运用的工具。实践中的很多问题是书本和课堂无法带给你的，只有亲自接触实践，才能看到中国司法真正面临的问题是什么，才能发现产生这些问题的根源在哪里，才能给出合理的改革思路和方向。

桑磊：作为法学本科生，应在什么阶段确定毕业后继续深造还是直接就业？如继续深造，应如何选择专业？

宋英辉：大三的时候应该对将来的人生规划有一个大致清晰的方向了，因为大三结束时基本上所有本科课程都已结束，大学教给你的知识基本已经完成，此时你应该了解自己对于学术是否有所追求，如果对学术有所追求，选择继续深造可能是更合适的选择。在选择深造的同时，对哪一门部门法更感兴趣，应该选择哪个领域作为自己的专业，兴趣是最好的导师。

桑磊：您认为法学专业的学生参加什么样的实践活动能帮助自己更好地理解法律知识？

宋英辉：通过实习或者一些学校组织的交流活动参与司法实践，譬如在法院、检察院、律所这些地方跟随老师办案，了解这些案件的运转流程，能够帮助你更好地理解实践中办理案件需要注意的问题，将法律知识运用于案件中，做到学以致用。再比如，参加辩论赛，培养自己的逻辑思辨能力与口头辩论技巧，不仅有助于更好地理解法律知识，也为将来的就业（如打算从事律师行业）打下良好的基础。

桑磊： 回忆您的大学时代，您觉得有哪些最有价值的收获？有哪些遗憾？

宋英辉： 在我的大学时代，最有价值的收获是学习思路与方法的锻炼与育成，除了基础知识的教授之外，不同的老师分享给学生不同的思维方式和视角，"工欲善其事必先利其器"，发现问题、分析问题的思路方法与能力是相伴学习与成长的终身财富。

遗憾主要是当时并没有像现今如此丰富的学习资源与便捷的获取途径，学习与研究受到客观条件的诸多限制，因此建议同学们充分利用可获得的国内外资源进行学习与研究。

桑磊： 您能否送给所有的法学本科生一句话？

宋英辉： 成功＝诚实认真＋勤奋刻苦＋正确方法。

宋英辉教授简介

北京师范大学教授、博士生导师，少年司法与法治教育研究中心主任。兼任中国刑事诉讼法学研究会副会长、国际刑法学协会中国分会副主席。曾挂职担任最高人民检察院法律政策研究室副主任。

扫码进入宋英辉专栏

研究领域为刑事诉讼法学、证据法学、司法制度、少年司法。代表性成果有《刑事诉讼目的论》《刑事审判前程序研究》《刑事诉讼原理导读》等。曾参与 1996 年、2012 年《刑事诉讼法》、最高人民法院《刑诉解释》、最高人民检察院《高检规则》等司法解释的修改论证工作。所提出的决策咨询建议、立法建议等多次被决策、立法部门所采纳。多次承担中央政法委、全国人大法工委、国家社科规划办、最高检察院、司法部、中国法学会等组织的研究项目。

高素质的法律人应做到情、法、理的有机结合

——中国政法大学前校长黄进教授访谈录

　　我们建立了同步实践教学课程，法科生可以在校园里看到法庭直播；我们建立了各类法律诊所，开设了大量的案例课与研讨课，这些课程的设置，有力地推动了实践与理论学习的有机融合。

　　如果说，语言是法律人的武器，那么，一门国际通用语言，就是国际法律人的利器，有之，如虎添翼，无之，将举步维艰。

　　现在的时代与我读书的时代相比发生了很大的变化。但如果能重新回到校园，我依然会选择多读书、多思考、多研究、多练笔。我想，时代再变，对于法科生而言，这些是永恒不变的。

兴趣会随着年龄的增长与知识的积淀而不断发生变化

　　桑磊：您认为法学专业的学习是为了让学生成为怎样的人？

　　黄进：法学专业的目标是培养职业法律人。除具备法学知识、法学思维与法律职业道德以外，职业法律人还应该是人格健全的人，在品德、学识、能力、智慧与身心各方面全面发展。

　　桑磊：您认为法学在思维模式上，和其他学科有何不同？

　　黄进：法学思维模式重在逻辑推理，需要具备以事实为依据、还原原始事实的推理能力；同时，作为高素质的法律人，还应当做到情、法、理的有机结合，反对文本主义、机械主义与庸俗主义。

桑磊：法学专业的学习应侧重于理论学习还是实践操作？

黄进：习总书记在 2017 年五四青年节前夕视察中国政法大学时指出，法学是一门实践性很强的学科，必须处理好理论与实践的关系。所以，学好法律，必须处理好理论与实践的关系，两者不可偏废其一。在学习的过程，必须始终将理论与实践相结合。首先，从学校的角度来说，应加强实践教学、课堂案例教学。在这一方面，中国政法大学做了诸多有益的尝试。例如，我们建立了同步实践教学课程，法科生可以在校园里看到法庭直播；我们建立了各类法律诊所，开设了大量的案例课与研讨课，这些课程的设置，有力地推动了实践与理论学习的有机融合。从学生的角度来说，同学们应有计划地选修实践性课程，重视社会调查，积极参与各类模拟法庭及仲裁庭竞赛，有意识地在学习的过程中将理论与实践结合起来。

桑磊：如何判断专业课程的重要性？

黄进：一般而言，专业课程分为必修课与选修课。必修课是同学们必须上的课程，在整个课程体系中居于核心地位，这些课程对于法学本科生系统掌握法学学科体系、培养法学思维能力、积淀法学理论基础至关重要。选修课通常是围绕各必修课展开的相关支撑与配套课程，有助于拓展特定学科的知识深度并开阔同学们的视野。同学们可以结合自己的兴趣与今后的职业发展目标，有目的地选择选修课程，修满学校要求的学分。

桑磊：遇到一门重要但是自己不感兴趣的专业课程，该怎么办？

黄进：刚才已经谈到，大学的课程分为选修课与必修课，所以，如果遇到的不感兴趣的课程是必修课，那么，同学们依然需要尽可能地培养兴趣，学好它。作为本科生，同学们对某一门课程是否有兴趣，往往具有一定的随意性，会随着年龄的增长与知识的积淀而不断发生变化。必修课是本科学习经过长期发展而确定的，其设置具有科学性与相对稳定性，所以，我建议，对于必修课，如果同学们不感兴趣，也应当从积极的一面培养兴趣，不能仅因一时的喜好与否而决定是否放弃之。当然，对于选修课，这类课程本身就是可选择的，所以，对于这类课程，同学们可以选择自己感兴趣的选修；而对于没有兴趣的，则可以不选。

国际私法与日常生活的关联度更高

桑磊：您是如何选择国际私法作为研究对象的？

黄进：自青年时代，我就对国际法问题很感兴趣，只要是跨国性的问题，包括国际公法、国际私法与国际经济法，我都有浓厚的兴趣。之所以后来选择了国际私法作为专攻方向，应该说，主要源于两个方面的因素：首先，国际私法是调整涉外民商事关系的法律部门，与国际公法相比，它与我们的日常生活的关联度更高。其次，国际私法是一个具有悠久历史的学科，与国际经济法相比，它的历史底蕴更加深厚。此外，当年我在武汉大学学习时，国际私法是武大的王牌专业，韩德培先生是公认的国际私法的大家与巨擘，因此，选择读国际私法方向的研究生，自然成为我当年的第一选择。

桑磊：对于大学国际私法课程的学习，您有哪些具体建议？

黄进：国际私法是一门高阶法学学科，学好国际私法需要具备扎实的民商法、诉讼法及国际公法基础，所以，国际私法这门课程通常放在大三才开设。所以，为学好国际私法，同学们应培养扎实的法学基础，尤其要学好民商法与国际公法。此外，作为一门国际法学类课程，学好国际私法，还要求有良好的外语能力，所以，对于今后想走国际化发展道路的同学，学好外语，尤其是作为通用语言的英语十分重要。

桑磊：能否请您推荐一些专业书？

黄进：对于国际法的学习，我推荐同学们认真阅读以下几本书：

周鲠生：《国际法大纲》（商务印书馆 2013 年版）。周鲠生先生是我国国际法的泰斗，这本书是他的代表作之一，也是对我影响很大的一本国际法著作。该书脉络清晰，可归纳为从理论到历史现实的写作方法。导论部分从宏观层面界定了国际法意义、性质、历史渊源等基本概念。本论部分分为实体法、程序法上下两卷。上卷说明了国际法的主体、客体、国际交涉和国际机关交涉，下卷分析了国际争议、外交手段以及战争手段的使用。该书突出了国际规则在国际关系领域的巨大作用，如想了解或研究中国的外交理论，该书也应被列入必读书目。

韩德培：《韩德培文集》（武汉大学出版社 2007 年版）。韩德培先生是我国国际私法的奠基人，也是我的老师。这本文集全面而系统地收集了反映韩德培先生一生法学思想与学术精神的论文、书评，内容涉及国际私法、国际法、环境法、法学教育及法制建设等法学领域，值得大家阅读。

李浩培：《李浩培文选》（法律出版社 2000 年版）。李浩培先生是我国当代著名国际法学者，曾当选为联合国前南斯拉夫问题特设国际刑事法庭法官。该书所选论文是李浩培先生在国际法各领域发表的重要文章，内容丰富，见解精辟。

黄进：《宏观国际法学论》（武汉大学出版社 2007 年版），这本书是我这些年从事法学研究与法学教育的文集，全书共分五编，内容包括：法学理论探幽、国际私法探析、国家豁免探讨、区际私法探究、名家法思探寻。推荐有兴趣致力于国际法学学习与研究的同学阅读。

我依然会选择多读书、多思考、多研究、多练笔

桑磊: 很多同学反映,在外语学习上花费了很多时间,近期社会上也有质疑学习外语的价值的不同声音。您觉得对待外语学习的正确态度是什么?

黄进: 人类今天已经进入全球化时代,掌握一门国际通用语言,尤其是英语,确实十分重要。韩德培先生说过,学好一门外语,就好比多开了一扇窗。学习外语,目的是借助这扇窗,更好地了解认与知世界,从而有助于我们从更深层次上认知中国与我们所处的时代。对于法科生而言,学习外语,重在能够将外语作为工作语言,能够运用一门国际通用语言与外界展开交流,而非在于强调发音的标准或语法的精准。对于国际法专业的法律人而言,掌握外语更具重要性。如果说,语言是法律人的武器,那么,一门国际通用语言,就是国际法律人的利器,有之,如虎添翼,无之,将举步维艰。

桑磊: 作为法学本科生,应在什么阶段确定毕业后继续深造还是直接就业?

黄进: 首先,作为法科生应尽早确定自己今后的发展道路。选择了不同的道路,自然有不同的规划。如果你选择本科毕业后创业或者直接就业,那就格外珍惜大学四年时间,充实自己、提升自己。如果你选择今后继续深造,那么就应该尽早为此而制定规划并为之努力。就我的经历而言,我在上大学本科时,就立下了今后走法学研究之路,为此,我很早就决定继续深造,并一直读完博士。后来,我也是这么做的,一步一步地实现了自己的人生与事业规划。

桑磊: 您认为法学专业的学生参加什么样的实践活动能帮助自己更好地理解法律知识?

黄进: 前面我谈到,法学的学习必须注重理论与实践的结合。霍姆斯也说过,法律的生命不在逻辑,而在于经验。所以,除通过课堂学习法律与通过阅读书籍理解法律外,同学们还应多参加实践活动,包括法律诊所、到法律实务部门实习、参加模拟法庭竞赛与模拟仲裁庭比赛等。这些实践活动对于大家在大学阶段理解法律的精髓非常重要。

桑磊: 如果能够时光倒流,您重新回到大学本科的校园,您会怎样度过大学四年?

黄进: 现在的时代与我读书的时代相比发生了很大的变化。但如果能重新回到校园,我依然会选择多读书、多思考、多研究、多练笔。我想,时代再变,对于法科生而言,这些是永恒不变的。

桑磊: 您能否送给所有的法学本科生一句话?

黄进：勤学、敏思、立志、笃行。

（本文由中国政法大学霍政欣教授协助采访并整理而成，特此致谢！）

黄进教授简介

中国政法大学教授、博士生导师，兼任中国法学会副会长、中国国际法学会会长、中国国际私法学会会长。主要研究领域为国际私法、国际商事仲裁。

扫码进入黄进专栏

黄进教授是我国自己培养的第一位国际私法学博士，曾任武汉大学国际法研究所所长、武汉大学副校长、中国政法大学校长等职，曾获首届"中国十大杰出青年法学家"称号、国家首批"新世纪百千万人才工程国家级人选"等称号，在《中国社会科学》《中国法学》《法学研究》《荷兰国际法评论》、美国《杜克国际法与比较法杂志》等中外刊物上发表中英文论文、译作200余篇。

根深深地植入泥土，而花苞和花瓣向天空伸展

——西北政法大学副校长王健教授访谈录

把各朝代所有重要立法的内容汇集起来，比较和提炼出它们之间各自具有的一般问题，这就叫提取公因式。立法如此，司法如此，其他各类专门问题也是如此。这是总体上把握中国古代法的一个最便捷的办法。

要注意审查和甄别阅读材料。除教科书外，阅读什么样的研究论著和经典史料，都应讲究，不能随便从网上看到什么就是什么。道理也很简单：一流材料做一流学问。二流、三流的学习材料是不可能做出一流学问的。

一个人到底适合做什么、不适合做什么，这两者之间，一定有一个很大的可塑性空间。在人成长的过程当中，由于社会流动性机会的增加，社会分工专业化、职业化程度的加深以及人们对职业的观念和认识上的不断变化，这些也都增大了择业时的不确定性。

近代中国历史上有一位闻名世界的法学家叫吴经熊。他对法律作了一个形象比喻。他说：法律是理想和现实的契合点，就仿佛莲花，它的根深深地植入泥土，而花苞和花瓣向天空伸展。

把"不感兴趣的课程"作为一种挑战自我能力的训练机会

桑磊：您认为法学专业的学习目的在于培养学生的什么能力？

王健：第一，要有良好的认知和分析判断能力。第二，要有比较广博的专业知识和视野，具有丰富的人文社会科学知识，像哲学、逻辑学、宗教学、历史、政治

学、社会学、经济学、伦理学、民族学等方面的基本知识，最好都能略知一二。第三，要有比较好的口头表达和文字写作能力。有人说：法律是语言文字的职业。还有人说：法学研究实质是文本研究。这些话都表达了对学习法学的人一定要有良好的语言文字能力的要求。第四，要有良好的组织沟通协调能力，法律工作就是要和各种各样的人打交道，安排事务、协调沟通是非常重要的基本素质。如果一个人不喜欢跟人打交道，那是肯定不适合从事法律工作的。

桑磊：法学专业的学习应侧重于理论学习还是实践操作？

王健：理想的法学专业训练，应当是两者并重，而不应有所偏颇。因为学理与实务是法学的两个基本属性，法学在长期发展中既积累了深厚的并且成熟发达的知识理论体系，又无时不在现实中面对和解决各种各样的具体问题。但在学习法学的实际过程中，理论学习和实践操作往往不能协调兼顾，或者因为个人兴趣的原因，或者因为学习制度的影响而有所偏重。

一般来讲，先相对集中地进行一段时间的法学理论知识的学习，然后在实务环境下体验或检验法律的实际运作。我国目前的法学院校，就四年制法学本科专业学习来看，越来越强化实践教学或实际能力的培养。不仅课堂教学中引入更多的案例素材，而且还不定期地组织庭审观摩或模拟法庭之类的活动，此外在高年级阶段，还要参加三个月左右的专业实习等。这些都是努力将法学理论与实际结合起来的常见办法。

现在有的法学本科生不重视实习，有的法学院校集中实习的比例不到百分之三十，其余自行联系实习，但实际上这是"自欺欺人"的实习，实际上是逃避实习，还有的以影响复习法考等理由，不想实习。我希望法科生一定要重视实习，无条件地参加学校组织的集中实习。到法院、检察院和律所，去看一看实践中法官、检察官和律师们，每天都在做什么，他们怎样工作。

桑磊：如何判断专业课程的重要性？

王健：我国目前的法学本科专业，根据法学界的共识，规定了"10+X"的课程设置模式。这 10 门课程包括法理学、宪法学、中国法律史、刑法、民法、刑事诉讼法、民事诉讼法、行政法与行政诉讼法、国际法、法律职业伦理，是法学本科专业的必修课。"X"则是经济法、知识产权法、商法、国际私法、国际经济法、环境资源法、劳动与社会保障法、证据法、财税法。法学专业学生应当必修 X 当中的任意 5 门。

显然，这些课程都同样重要。可能有人觉得宪法和法律史没那么重要，但这只是见仁见智的问题，作为法学本科阶段的学习，上述课程都是基础性的，都是重要课程。

桑磊：遇到一门重要但是自己不感兴趣的专业课程，该怎么办？

王健：首先应该判断一下对这门课程不感兴趣的原因是什么？是授课教师的长相引起了自己过去痛苦的回忆？还是因为对这门课程所包含的知识内容没有兴趣？如果是前者，那就需要解决自己的心理障碍问题，如果是后者，我想，硬着头皮先坚持一段时间再说，看看自己是不是真的不喜欢这门课，是真的不喜欢，还是因为暂时的、表面的心理状态。

作为高中文化起点的大学本科生，对社会现象和社会各领域生活内容的观察和认识，都刚刚开始，在缺乏一定社会经验的情况下，骤然接触作为社会现象复杂体集中表现的法学知识，肯定会遇到这样那样的困难。我在多年学习过程中，也注意到的确有的同学天生对自己所学的专业不感兴趣。比较典型的一个例子是我的一位学长，他对法学专业大部门课程都不感兴趣，而沉迷于自然哲学和工程技术方面的知识，他非常地刻苦和勤奋，记忆力和自学能力超强，在法学专业课程密集开设的二三年级，大量逃课而去独自钻研自然哲学和数理知识，他毕业论文的思想性和方法论都非常强，毕业不久就发表在法学专业核心期刊上。这样的情况应该是比较极端的个案。我想对于绝大多数同学来讲，暂时耐着性子跟着课程计划听一听，尽心去阅读那些排满教科书上文字，不要轻易就得出不感兴趣就不再学下去的结论。把自己"不感兴趣的课程"作为一种挑战自我能力的训练机会，这样学了之后，即便仍不感兴趣，也能说出自己为什么不感兴趣。何况，有时候兴趣还是慢慢培养出来的呢。

一流材料做一流学问

桑磊：您是如何选择法律史（比较法）作为研究对象的？您认为这个学科的重要价值在什么地方？

王健：一个人对学习某个知识领域的兴趣，跟个人性向有关，这是内因，也跟时代背景有关，这是外因。我报考大学时，正是召开党的十一届三中全会的历史转折时候，那次会议有一项重要决定就是重新恢复和强调了民主和法制的价值。司法机关纷纷恢复设立，法学院校也积极复办，招生规模逐年扩大，法学成为报考专业的一个热点。我对法学的兴趣正是在这样一个时代背景下慢慢形成的。

在本科阶段，随着学习程度的逐渐深入，各门法学课程大致都呈现出来之后，彼此比较，我发现自己的兴趣主要在法学思想理论方面，包括法律史，因为史论不分家。除了中国法制史这门必修课外，我还选修了外国法制史、罗马法、中国法律思想史和西方法律思想史，学校所开设的法学史论类的课程全学了。这反映了我在大学阶段对法学史论一类课程的浓厚兴趣。只是当时还没有比较法学，这门课是20世纪90年代以后才逐渐进入大学课程体系的。

大学阶段本来就有的学业兴趣，在毕业之后的学习过程中仍然持续着。在攻读硕士学位时，我又比较系统地学习了比较法。除了选修这门课程外，还阅读了大量比较法一类的书籍，包括 K·茨威格特、H·克茨《比较法总论》、勒内·达维德的《当代主要法律体系》、格伦顿·戈登、奥萨魁《比较法律传统》、艾伦·沃森《民法法系的演变及形成》等大量译作。这些书都是当时最新出版的中文译作。比较法学兼有法学理论、法律思想和法律史，且纵横各主要法律文明国家，知识性极强，所以非常适合学生阅读。

关于法律史学科的价值，我想所有人对此问题的回答都会不同。一般来讲，法律史是一门涉及各法律分支领域知识的综合性学科，任何部门法都有其历史。如果一个人仅仅从事初级法律工作，也许不必学习太多法律史，但如果作为一个法学科班毕业生，我认为还是有必要了解一些中外法律史知识的。

一是增进法律智识，不仅熟悉和了解现行法律体系之其然，还能知其所以然，必有助于提高解读现行法律制度的解释力，增进对法治现实状况的认识和理解。

二是法律史在延续和传承中华法律文明方面具有不可替代的作用。中华法系、中国法律文明如何延续，关乎中国文明的存续。在大学设置这门课程，是实现这一目标的基本方式。如果大学法科不开设，学习法学的学生也不学习这门课程，可以设想几代人下来，中国固有法治文明将何以为继。

桑磊：如何判断自己在专业课程上是否合格？

王健：以下可作为简便的检验办法：

1. 你是否在开始学习前就对这门课程抱有学习的期待？

2. 在学习过程中，这门课程是令你兴趣盎然还是枯燥乏味？或者说你是否能集中注意力，紧紧跟随老师用心听课和记笔记？

3. 你是否愿意在课后去图书馆查找书刊，扩展课堂上涉及的相关内容？

4. 你是否愿意在做好课堂内外学习笔记的同时，还愿意记录自己的学习心得和体会？

5. 你是否有信心在这门课的结业考试中充分展示自己学习所得？

我想，如果这些都能做到的话，这难道不是一名合格的法科生么！

桑磊：对于中国法律史课程的学习，您有哪些具体建议？

王健：就大学法学本科学习和我个人经验来讲，学好中国法律史应注意以下几点：

1. 以教材为中心，用心攻读教材。阅读教材和上课听讲要结合起来，上下对照，弄通一本教材的基本内容。阅读教材一定要系统，不要有的看，有的不看。尤其是初学者，要尽可能全覆盖地阅读，否则得到的知识支离破碎，不系统，这是本科阶段学习的大忌。

2. 做好学习笔记，凡感兴趣的内容、感觉表述精彩的段落就直接抄录，并尽可能写下自己的看法和评价。千万不要认为自己的意见未必重要就干脆不写。这里有一个良好学习习惯养成的问题。记录有两个好处，一是通过复写，加深对学内容的理解，二是积累素材，为写作时引用提供方便。现在很多同学上课，没有做笔记的习惯和意识，我觉得这可能不行。

3. 注意通过对比分析提取公因式。举一个例子来说明，中国历史上各个朝代都有立法活动，自秦汉以后，每个王朝都有一个标志性的法律文件，例如秦律、汉律、魏律、晋律、北齐律、隋律、唐律、宋刑统、大明律、大清律例，这就是一个法律的沿革脉络。那么这些律，有没有贯穿如一的主导思想、前后之间有没有继承关系、内容结构有什么变化，把这些问题集中起来，就可以对中国古代的立法问题做出一个宏观概括和判断。把各朝代所有重要立法的内容汇集起来，比较和提炼出它们之间各自具有的一般问题，这就叫提取公因式。立法如此，司法如此，其他各类专门问题也是如此。这是总体上把握中国古代法的一个最便捷的办法。

桑磊：您能谈一谈中国法律史的学习方法吗？

王健：在前面所提的学习建议当中，已经谈了学习中国法律史的学习方法。主要是读教材、做笔记和运用归纳概括的办法掌握知识体系这三条。这些对于初次接触这门课程的同学来讲，应该都是简便易行的。

除了对于初学者的学习方法外，如果从学术探究的意义来讲，我以为学习中国法律史的方法还应当注意以下几点：

其一，要学会提问，这是需要在读书过程中留心观察和思考基础上出现的情形，所谓"读书得间"，意思就是读书所得到的收获，是通过留意书中字里行间的疑问（起疑）并就此锲而不舍的探索实现的。其二，要注意审查和甄别阅读材料。除教科书外，阅读什么样的研究论著和经典史料，都应讲究，不能随便从网上看到什么就是什么。道理也很简单：一流材料做一流学问。二流、三流的学习材料是不可能做出一流学问的。其三，应当注意基本的学术规范，这方面从大学一开始就养成良好的习惯，将会终身受益。我常常遇到这样的情况：问同学读的书哪个版本不知道、作者是谁也不记得，内容结构概括不出来，令人郁闷。通常拿到一份材料，首先要看材料来源是否可靠，作者介绍如何，然后要看目录和前言、后记等说明性文字，还要观察论著尾部的参考文献目录。通过这些，我们可以大体判断这份材料的价值如何。这方面还包括引证和注释的一些基本规范，都需要仔细地观察和留意。

桑磊：您能推荐一些专业图书吗？

王健：法律史或相关领域的著述，品种实在繁多。推荐好书书单，一定因人而异。以个人学习经验和不一定合理的眼光，各位刚步入法学殿堂的学子们，可参考以下书籍：

首先是传记类作品。阅读法学家传记，对新生增进对法律职业的感性认识，形成良好的专业兴趣，开阔法学专业视野，都是一个很好的途径。现已出版的《沈家本传》（法律出版社）、《淡泊从容莅海牙》（法律出版社）、《超越东西方》（社会科学文献出版社）、《颜惠庆自传：一位民国元老的历史记忆》（商务印书馆）、《沈钧儒传》（人民出版社）、《覃振传》（中华书局）、《曹汝霖一生之回忆》（中国大百科全书出版社）等都比较容易找到。

《沈家本传》的作者北京大学李贵连教授，还出版有类似的《沈家本年谱长编》（山东人民出版社）、《沈家本评传》（南京大学出版社），选读这些当中的任何一本都可以。它们记述了中国古代法向近现代转折的关键人物之一、清末修律大臣沈家本的生平事迹，透过传主的一生，尤其是他在20世纪最初十年间推动法律改革的重大活动经过，大致可以掌握晚清修律的主线，值得一读。

《淡泊从容莅海牙》是作者倪征燠（1906年~2003年）对自己一生从事法律职业生涯的回忆录，他是我国著名的法学家，一生横跨整个20世纪。书中描述了他本人从早年在东吴法学院、斯坦福大学攻读法科，回国后执教法学院和从事律师业、司法等业务，参加东京审判追诉日本战犯，一直到新中国成立后接受思想改造、改革开放后又出任海牙国际法院法官的极不平凡的经历。书中涉及很多中国近现代法律和政治人物，从中可了解到很多事件的来龙去脉。

《超越东西方》则是吴经熊的个人忏悔录，反映出在东西文化交汇时代背景下最早接受西方法学教育的一代法律人思想、心灵和精神状态的演变过程。颜惠庆、曹汝霖、覃振、沈钧儒都是特定时代条件下活跃于政治、外交和法律界的著名人物，他们的传记，从不同侧面展现了近代中国丰富立体的人物性格和境遇沉浮，也可从中观察在一个复杂、动荡的时代背景下个人如何应对和选择的经验和启示。

在法学知识、思想和理论性著作方面，梁治平的《法辨》和《寻求自然秩序的和谐：中国传统法律文化研究》值得一读。梁治平可以说是改革开放后的一代人反思中国传统法律文化并进行跨文化比较和深入思考取得突出成就的代表性学者，他的著作充满思想性和现代感，文字隽永清秀。《法辨》一书，用作者本人的话讲，旨在"用法律去阐明文化，用文化去阐明法律"，各篇作品因饱含锐利的思想、清新的文风而引人瞩目，不但令众多外行一窥法理堂奥，因得以亲近法理，同时也使法律学子领略了法律写作的另一种样式，耳目为之一新。《寻求自然秩序的和谐》是把传统的法制史和法律社会学作为背景，以文化解释的方法系统梳理剖析了中国古代法，把研究对象置于广阔的历史和文化背景下，以令人耳目一新的方式进入和讨论传统制度和行为的意义，表明法律的文化解释的方法论。

对于梁治平所关注到的主题，之前就已有学者进行过探索，只是不同时代，人们表达这些问题的方式有所差异。如今，这些著作又得到了重新整理，受到人们的关注。清华大学许章润教授主编的"汉语法学文丛"就收录了这样的作品，包括吴经熊的《法律哲学研究》、蔡枢衡的《中国法理自觉的发展》和王伯琦的《近代法律思潮与中国固有文化》，这些论著都是在东西方文化大交汇时代背景下对中国传统法律文化进行现代性思考的重要成果。

最近四十多年来，随着文献史料的不断发掘和利用，有关中国法律史这一领域里的书单的长度一直在不断地延伸着。不过较为经典的著作，相对来讲总是少数的那么几种，有的甚至至今都没有更好的替代品。日本法学家穗积陈重的《法律进化论》正是这样一部著作。它在 20 世纪 20 年代出版后不久就被萨孟武、黄尊三等学者译成中文。2003 年中国政法大学出版社在出版"二十世纪中华法学文丛"时重新校勘出版了这部著作。尽管是原作者的未完成作品，但它堪称是历史法学派的一部经典，在法态（法律的存在形态）的历史演变方面的论述，尤为精彩，其内容是其他法律史著作当中从未涉及的。杨鸿烈的《中国法律在东亚诸国之影响》是直到目前都被公认的研究中华法系的一部杰作。该书有关中国古代法律如何影响朝鲜、日本、越南法律所依据的历史文献资料非常难得。杨鸿烈的另外两部著作《中国法律发达史》《中国法律思想史》也都是中国法律史学科发展进程中标志性的学术研究成果。

两者之间一定有一个很大的可塑性空间

桑磊：作为法学本科生，应在什么阶段确定毕业后继续深造还是直接就业？如继续深造，应如何选择专业？

王健：首先，人生职业规划肯定是一个因人而异的问题。我国的法学本科生以高中毕业为起点，不同于美国法学院以大学本科毕业为背景，因此刚入大学的学生年龄尚小，心智初开，人生观、世界观尚在变化和形成过程中，这时候最好多了解、多观察，多听老师们的意见，多看书学习前人经验，从间接经验中规划自己的未来可能会比较实际。

少数同学心智启发早，对自己的未来打算考虑得比较清楚，信念也比较坚定，从一进大学校门、甚至更早就做好了打算，进而有计划地进行各方面的准备，这也是完全可能的。我有一位大学同学，他的未来梦想是当驻外大使，他告诉我说他在中学时就有了这样的想法。为此他非常勤奋努力，毕业后按自己的计划先留校，在国际法教研室当老师，不久他就考取了中国政法大学国际法专业研究生，研究生毕业后就去了外交部，一直从事外交和法律工作，现在他已经是一名驻外大使。是什么原因促使他产生了当外交官的想法，已经记不清了，但这的确是我遇到的一个完全按照自己意愿实现人生理想的典型例子。但这肯定不是大多数情况。

第二，现在回过头来看，一个人到底适合做什么、不适合做什么，这两者之间，一定有一个很大的可塑性空间。在人生成长的过程当中，由于社会流动性机会的增加，社会分工专业化、职业化程度的加深以及人们对职业的观念和认识上的不断变化，这些也都增大了择业时的不确定性。基于这两点，我个人以为，作为一名法科生，选择无非是这么三种选择：

一是从事法律实务，无论是在法院、检察院、律所，还是在人大、政协、政府或社会管理机构、企业经济组织，本科毕业参加法考或公务员考试，直接参加工作，这是没有疑问的。如果还有攻读硕士、博士的意愿，可以在工作后，根据实际工作的需要相机行事。现在有一种叫"法律硕士（非全日制）"类型的学位，无论法学本科毕业，还是非法学本科毕业，都可以报考。所谓"非全日制"，意思就是可以在一边工作的情况下，利用工作之余，就近攻读法律硕士学位。年轻人精力充沛，白天工作，晚间或双休日去学校上课，还可以把工作中的问题带到学校去请教教师，和同学交流，这不是很好的一种选择么！

二是当教师，无论是在专门的法学院校的教师，还是普通高校的公共课教师，总之，是在高校从事教育教学工作。如果选择这条道路，则必须继续深造，深到什么地步呢？大体上讲，如果是在中东部地区的高校，应当经硕士进而取得博士学位，这一点现在已经成了大学的准入条件。反过来讲，也只有希望在高校当老师的，才有必要去读硕士、读博士，不必人人都作文凭爱好者，去拥有很多的学位。那么在西部或边疆地区的高校，当然也需要博士，但由于众所周知的原因，硕士也能到高校当老师。最近看到一条招聘消息，刚刚由"学院"升格为"大学"的甘肃政法大学，因为急需教师，招聘教师的学历条件是硕士以上。内陆和西部地区的高校，如果招聘条件也是博士毕业，招聘教师的计划就很容易落空。

三是既不想当法学教师，又不愿意去从事运用法律知识服务社会的实务工作，而想改行去做别的工作，出现这样的情况，我相信，他一定会有自己的梦想和计划；无论直接就业，还是继续深造，他一定会有自己的办法和打算。但这应该不是大多数情况。还是回到前面提到过的我的那位学长的例子，看看网上对他的介绍：

中国航天社会系统工程实验室（CALSSE）理事、教授，中国政法大学知识产权研究中心研究院，西北工业大学资源与环境信息化工程研究所教授，北京实现者社会系统工程研究院院务委员、研究员、首席社会系统工程专家，世界社会系统工程协会（WISSE）常务理事、副主席等。他开设的课程有"文明的系统结构与文明演化法则""系统科学与系统工程入门""计算机基础与应用""《道德经》与东方系统思维"等。

从这个介绍里面，谁会想到这样一位取得成就的高端专业人员，他的本科竟然是法学呢?!

第三，法学本科毕业后如果选择继续攻读，那么报考专业时，可以有几个选择，一是选择法学硕士，即报考自己有专业兴趣的那个专业，如刑法学、民法学、经济法学、国际法学等，具体应当查看报考那个学校的招生简章，看看那个学校都招收哪些专业的研究生，这一类专业的研究生通常要读三年。二是选择报考"法律硕士（法学）"，这是为法学专业本科毕业报考的，学制为两年。理论上讲，前者与继续攻读法学博士学位相衔接，硕士和博士的专业设置也是一致的。后者则是为了培养高级法律实务人才，偏重于法律应用方面的训练。但实际上，报考专业的选择往往受个人学业成绩、报考的那个学校的专业水平和声誉以及招收名额等复杂因素的制约，因而造成如何选择报考专业成为一个问题。由于研究生招生考试是一项选拔性考试，意味着要淘汰考生，并不像法考那样，只要达到通过分数线，就能取得职业资格。由此出发，只能根据自己的学业成绩条件进行选择，这是一条基本原则。按照学业成绩上中下的情况，对照法学类专业所在高校的排名和历年招生录取的实际情况做进一步的分析对照，确定自己报考的学校和专业。在这个过程中，充分的信息检索和分析非常重要。对于学业成绩并无明显优势的学生，原则上，建议选择能够适合自己职业发展的地方和学校的专业，包括通过初试之后的调剂。

桑磊：如何看待大学本科阶段的法学教育与法官、检察官、律师等法律实务工作的关联？

王健：现在越来越强调法学教育中的实践教学，或法科学生实践能力的培养。从法学本科教育角度来讲，在系统进行法学专业知识学习的同时，为法科生提供实践能力方面的训练，已成为一项教学的制度性安排。法科学生在学习应用法学课程时，间或插入法官、检察官或律师的专题讲座，或与专业教师共同进行案例分析研讨，这些已不是法学院的新鲜事。除了这些常规教学外，特别是在专业实习环节，学生在实习单位（法院、检察院或律所）更要接受实务专家的指导。这些都早已纳入党和国家对法律人才培养要求的方针政策当中，并持续进行推动。例如卓越法律人才教育培养的 1.0 版和 2.0 版，法学院校和政法实务部门合作实施的"双千计划"，以及法学院校自主开展的与政法实务部门的横向交流合作计划等。

过去多年来，法律教育与法律实务之间的深度合作，一直缺乏明确的制度保障。这给许多法学院校积极开展与法律实务部门的合作，特别是在支付必要报酬的时候造成障碍。2019年最新修订的《法官法》（第37条）、《检察官法》（第38条），明确了法官、检察官因工作需要，经单位选派或者批准，可以在高等学校、科研院所协助开展实践性教学、研究工作，并遵守国家有关规定。这就彻底解决了这个问题，打破了理论与实务部门的壁垒和瓶颈。

根深深地植入泥土，而花苞和花瓣向天空伸展

桑磊： 回忆您的大学时代，您觉得有哪些最有价值的收获？有哪些遗憾？

王健： 我于1983年到1987年读法学本科。在这四年中，最后收获的是课外学习活动，当时几个有兴趣新学科的不同年级的同学，组织了一个《探讨》编辑部，不仅学习和交流当时流行的科技革命和各种新知识，如新"三论"和老"三论"，还编辑印刷杂志。这是一个学生刊物，完全由同学们自己向高年级同学和老师征集稿件，然后自己刻蜡版和推油墨印制。乐此不疲。通过这个平台，密切了跟校内有关老师的联系，得到了老师的指点和鼓励，还间接认识了许多校外老师。这对锻炼学习能力，特别是自学能力极有帮助。不仅开阔了思维视野，这种开阔的视野对后来影响很大，后来时常比较自然科学和社会科学的习惯性思维，就是这个时候建立起来的。另外就是在如何获取知识的途径上得到了初步的经验积累，在方法论上对教条式、僵化式的研究和轻松活泼的实证分析有了比较，这对后来喜欢直截了当的写作风格也产生了一定的影响。

本科阶段，我的精力几乎都投在了读书学习上面，开阔了眼界，学到了以前从未有过的知识，自由地阅读，享受了图书馆浩如烟海的书刊。如果说有什么遗憾的话，没能在这个学习阶段遇到令人震撼的老师，没能在心智上得到更多的开发，可能是最大的遗憾，尽管很多老师都很勤勉、朴实和认真。这是我所读书的学校历史积累薄弱造成的，所以也说不上是什么遗憾。

桑磊： 您能否送给所有的法学本科生一句话？

王健： 近代中国历史上有一位闻名世界的法学家叫吴经熊（在前面的书单里提到过）。他对法律作了一个形象比喻。他说：法律是理想和现实的契合点，就仿佛莲花，它的根深深地植入泥土，而花苞和花瓣向天空伸展。我觉得这句话，形象地表达了法律的内涵，并揭示了法律职业的特点，可以在未来的职业生涯中慢慢体味它的意蕴。因此，我将这句话分享给所有的法科同学们。

王健教授简介

西北政法大学法学教授、副校长。法学士（西北政法大学 1987 年）、法学理论专业硕士（中国政法大学 1996 年）、法律史专业博士（中国政法大学 1999）、北京大学博士后（1999 年~2001 年）。兼任中国法学会法学教育研究会副会长、全国法律专业学位研究生教育指导委员会委员、中国法律史学会执行会长。

扫码进入王健专栏

专业领域涉及法律史、法学教育、比较法学、边疆治理中的政策与法律等。著有《沟通两个世界的法律意义》《西方法学邂逅中国传统》《西法东渐》（编）、《中国近代的法律教育》《高级法律职业人才培养之路》《以法为教》等论著。

第三部分

各科指南

法学院苹果酒屋法则[1]

中南财经政法大学副教授　祁春轶

法则不是约束，而是能让你实现真正的自由。这是我最开始想说的。

希望你不要轻易为"法理学的阅读"止步，试着读一点，读得更多一点，再多一点。真正属于你的探索性的法理学阅读，将会为你打开一个不一样的世界，带给你不一样的四年法学学习（或者更多年），让你学到不一样的宪法、民法、刑法、行政法、诉讼法……

无论世界如何改变，你最后的栖身之所、安身之处都将是你对自己专业的理解和挚爱，以及随之磨炼和养成的专业素养、专业知识和专业技能。无论在任何时候，当这个国家因为国际争端陷入纠纷，甚至被无端起诉；当这个国家里的某个人，或者某些人因为小到手机流量计费黑洞、工资拖欠、花样翻新的各种诈骗、受教育权被侵犯，大到遭遇塑胶毒跑道、"霸王条款"、企业超标排污、爱子在收容所离奇死亡或者无端入罪，甚至被执行死刑等，陷入无助时，无论你从事什么具体的法律职业，希望你都能够对他/她（们）说："I can help!"

如果书中所说的"骤变"——在生活场域上，从中学到大学；在身心上，从少年到成人；在智识上，从记忆到创造正发生在你的身上，这本书就像一支带有导航系统的船，会带你穿越有航标的河流。

---

[1] 《苹果酒屋法则》（The Cider House Rules）是美国 Miramax Films 影业公司 1999 年的影片，由莱塞·霍尔斯道姆执导。影片改编自约翰·欧文的同名小说。

实际上，并没有什么法学院的苹果酒屋法则。

因为在法学院的四年里，是你自己在为自己制定法则。如康德所说：当我们依据自己制定的法则行动时，我们是出于目的本身来做某事；当我们自主行动时，我们不再是外来目的的手段，而是目的本身。这种自由行动的能力，赋予了人类特殊的尊严。

按照康德的指引，是理性，是我们作为人类共有的先天存在的实践理性，将我们引向作为自主存在而为自己制定的法则。法则不是约束，而是能让你实现真正的自由。这是我最开始想说的。

作为一个法理学老师，接下来谈谈法理学的学习。

这可能是你在法学院学习的第一门专业课。很快你会发现它的教材很抽象，甚至可能有些像政治课本。除了指定教材，在教学过程中，我还常常参考这几本书：第一本是舒国滢老师主编的《法理学》（中国人民大学出版社 2005 年版），这本书在编写中汇聚了很多"业有专攻"的青年学者，是一本用心之作。序言里说："一切初入法理学之门的人均渴望法理学极尽简明，要求作者删繁就简、抽丝剥茧，透露思想之光点"。这本书便是如此。正文前的名言警句，讲述中的案例引入，每章最后的"研习活动"，都可以激发对法理学理论和问题讨论的兴趣。第二本是刘星老师的《法理学导论》（中国法制出版社 2016 年版）。这本书从易于接触的实际案例、真实故事和文学作品出发，一步一步进入知识的讲解，见微知著，引人入胜。每一章的最后都有一幅"思维逻辑地图"，在你的寻宝之路上助一臂之力。所以，关于法理学是什么？法理学学什么？我就不赘言了。**Just read it!**

当你逐渐对法理学有所了解，你需要磨炼一种技能，这就是"提问的能力"，让问题来牵引你学习。在这方面进行有益尝试的一本书是张青波老师的《法学理论》（法律出版社 2016 年版）。当你在法理学每一章的学习中，不断提出并思考一个个问题时，你的学习就充满了探索的乐趣。例如：

"法的渊源"：法律人应该在什么地方、在多大范围内寻找法律适用中法律推理的大前提？

"法律责任"：法律为什么需要追责？不同于私力救济，法律是如何追责的？为什么要讨论责任竞合问题？在什么情况下可以免责？为什么？

"立法"：法律是否可以由立法者随意支配？立法是一种偏私模式还是中立模式？有没有必须由立法遵循的标准？如果立法不遵循这种标准，所立之法还是法吗？这里常常也会涉及法律与政治的关系。

"守法"：法律为什么能约束我们？它有效的理由和根据是什么？善良违法是否

会削弱对法律的尊重，动摇法律至上的传统？

"法律论证"：内部证成保证了结论是从前提中符合逻辑地推导出来，它对结论所依赖的前提是否是正当的没有任何的保障。那么内部证成的价值何在？又如何论证内部证成或者说逻辑推理所要依据的那些前提？

"法与道德"：法在本质上是否具有道德内涵？法的有效性基础是建立在符合道德上吗？法与道德在内容上的联系是否应有限度以及限度如何确定？如果联系到自然法和法律实证主义之争，当面对法课予我们的义务时——如作为法官，我们是否应该适用个人道德上不认同的法律？或者我们作为公民，应否服从某个我们认为不适当的法律？法效力的标准仅仅基于规范的来源或谱系吗？

当你的"问题意识"被调动起来，而你又不满足于教材中给出的答案，你想知道古今中外不同的人是如何回答这些问题的，你就需要进行深入的法理学阅读了。法理学阅读和上法理学课、准备法理学考试是完全不同的两件事。法理学阅读可能会伴随你的整个职业生涯。在法理学阅读中，"对提问的好奇和理解"仍然扮演着重要角色。你要明了"问题的提出"的历史背景、在法学理论脉络中的具体位置、问题/问题群的逐步推演和展开，才能更好地理解各种理论观点和学说派别究竟在回答什么问题，究竟在为了什么问题各抒己见，究竟在这种争辩中珍视并捍卫法的什么价值，从而才能真正参与思考和讨论，有所收获。在这方面，陈景辉老师的《法律的界限——实证主义命题群的展开》（中国政法大学出版社 2007 年）有非常精彩的展现。

那么，到哪里寻找阅读材料？怎么读呢？有一本"你一定爱读的法理学读物"是写过三部牛津通识读本（《法哲学》《隐私简论》《法律简论》）的瓦克斯（Raymond Wacks）教授的书——《读懂法理学》（杨天江译，广西师范大学出版社 2016 年版）。如果你不是一个天赋异禀又心无旁骛的学生，那么当你拿起卢梭的《社会契约论》或者哈特的《法律的概念》开始阅读时，你或许真的无法做到，像看刘慈欣的《三体》、村上春树的《1Q84》、桐华的《散落星河的记忆》那样，手不释卷，废寝忘食。如瓦克斯教授所言，"法理学的很多文献对大多数人来说还是过于厚重和晦涩"了，而他的书就是为了解决这个问题，"既要提供引导和鼓励，同时又不失法律理论的隐微和精妙"。每个章节的结尾处都提出了一些问题，归纳出某个领域的核心难题，并且附有大量进一步阅读的文献指引。当然，如果你想进一步提高挑战难度，那么可以推荐这两本进阶版导读书：一是布赖恩·比克斯（Brian Bix）的《法理学：理论与语境》（邱昭继译，法律出版社 2008 年版）；二是朱尔斯·科尔曼（Jules Coleman）、斯科特·夏皮罗（Scott Shapiro）主编的《牛津法学与法哲学手册》（杜宴林等译，上海三联书店 2017 年版）。

作为大一新生，还有几本书适合你们阅读：如皮特·萨伯（Peter Suber）教授的《洞穴奇案》（三联书店 2012 年版）；迈克尔·J. 桑德尔（Michael J. Sandel）教授的《公正——该如何做是好》（中信出版社 2011 年版）；沃尔德伦教授的《法律——七堂法治通识课》（北京大学出版社 2015 年版）等。它们都很具有可读性，带你领略在疑难案件的裁判中，法律思想的多样性如何具体体现；用很多现实的案例和事例，带你对不同的正义解读进行批判性思考；通过具体的案例分析，带你认识法治是什么。总之，希望你不要轻易为"法理学的阅读"止步，试着读一点，读得更多一点，再多一点。真正属于你的探索性的法理学阅读，将会为你打开一个不一样的世界，带给你不一样的四年法学学习（或者更多年），让你学到不一样的宪法、民法、刑法、行政法、诉讼法……

除了学会提问、学会理解所提的问题、用更多的阅读打开视野，还可以通过与案例结合来学习法理学。这既可以是身边的或者新闻报道中的纠纷，也可以是司法实践中的个案裁判，如"冷冻胚胎案""洛阳种子案""泸州遗赠案"等，甚至是人类历史上或者文学作品中的经典事例，如"安提戈涅""苏格拉底之死""纽伦堡审判""告密者案"等都可以从法理学的角度进行思考。从具体的问题争议出发，到拷问法学理论的不同回答，到形成你自己对法的理解和认识，这个过程有助于培养法律人特有的观察问题和思考问题的方式，形成对社会问题的职业判断和评价，也有助于培养理性认识能力、法律推理能力和理论思辨能力。

这里再推荐几本书：萧瀚的《法槌十七声：西方名案沉思录》（法律出版社2013 年版），任东来等人的《美国宪政历程：影响美国的 25 个司法大案》（中国法制出版社 2013 年版），邓冰、苏益群编译的《大法官的智慧——美国经典司法判例精选 50 例》（法律出版社 2012 年版）。林达夫妇的"近距离看美国系列"及后期其他的书都非常值得阅读。

当然，就方法而言，最后我还是非常认同张文显老师在《法理学》中的话："应当说，学习法理学与学习其他科学一样，并没有投机取巧的方法可寻，必须扎扎实实地下一番功夫"。在一本研究"蔬菜做法"的书中，我看到这样一句话："初心毋罔顾，玉石始无光；孰能生有德，精进当自强"（不必介意自己是初学者，如同未被打磨成为宝石的原石不会发光；没有人生来就无所不通，宝石需要琢磨，人也需要精进再精进才会绽放异彩）。

最后，无论世界如何改变，你最后的栖身之所、安身之处都将是你对自己专业的理解和挚爱，以及随之磨炼和养成的专业素养、专业知识和专业技能。无论在任何时候，当这个国家因为国际争端陷入纠纷，甚至被无端起诉；当这个国家里的某个人，或者某些人因为小到手机流量计费黑洞、工资拖欠、花样翻新的各种诈骗、受教育权被侵犯，大到遭遇塑胶毒跑道、"霸王条款"、企业超标排污、爱子在收容所离奇死亡或者无端入罪，甚至被执行死刑等，陷入无助时，无论你从事什么具体的法律职业，希望你都能够对他/她（们）说："I can help!"

怎么，还不能说"最后"，还有很多问题吗？关于学习规划、职业选择、文献检索、论文写作、国内外进阶……那就请看郑永流老师的《法学野渡——写给法学院新生》（中国人民大学出版社 2013 年版）。如果书中所说的"骤变"——在生活场域上，从中学到大学；在身心上，从少年到成人；在智识上，从记忆到创造正发生在你的身上，这本书就像一支带有导航系统的船，会带你穿越有航标的河流。

好了，最后，如果说有"法学院苹果酒屋法则"的话，那么不如分享一下传说中来自哈佛大学法学院的择偶标准：

敏而不疑，缜而不繁；（sensible, not sensitive；simply complicated）

娇而不横，求而不奢；（predictably irrational；kindly demanding）

诤而有益，谋而有断；（constructively critical；certain of uncertainty）

处危有度，历难有瞻；（managing risks；helplessly hopeful）

其节如松，其韧若竹。（persistent, yet flexible）

这也是对你们法学院"中国少年"的希望。

祁春轶副教授简介

中南财经政法大学法学院副教授。中国政法大学法学学士（2000 年）与法学理论硕士（2005 年），德国美因河畔法兰克福大学法学博士（2012 年），澳门大学短期博士后人员（2013 年）。

主要研究领域为法哲学和法律社会学。专著 Rechtstransfer in Chinas Produktionsregime? - Zur Kontrolle der Allgemeinen Geschäftsbedingungen im deutschen und chinesischen Recht，收入德国 Nomos 出版社"私法理论的国际研究"系列 15。在《中外法学》《法学》《法哲学与法社会学论丛》《Peking University Law Journal》等期刊发表论文、译文若干，参与翻译《魔阵·剥削·异化——托依布纳法律社会学文集》（贡特尔·托依布纳著，清华大学出版社 2012 年版）。主持教育部人文社会科学青年项目。

扫码进入祁春轶专栏

如何走进法理学的精神世界

北京师范大学法学院院长、教授　梁迎修

　　法理学透过各个具体案件的表象，揭示案件背后反映的深层次问题，如法律与经济、法律与道德、法律与政治的关系。如引发社会舆论热烈讨论的于欢案，刑法学关注的是于欢的行为是否构成防卫过当，但法理学更感兴趣的是其背后所反映出来的法律与人情、司法与舆论的关系。

　　高素质的法律人应当通晓法律条文背后的法理，知其然，也要知其所以然，这样才能成为一个法律家而不仅仅是一个法律工匠。学习法理学，有助于培养法律和法学工作者的见识和境界，有助于训练法律思维方式和能力。毫不夸张地说，法理学素养是判断一个人法学修养的重要标志。

　　在一些缺乏明确法律规定的疑难案件中，决定案件结果的往往是法官所信奉的法理学（法哲学）。正如美国法学家德沃金所说，法理学是判决的一般组成部分，是任何依法判决的无声开场白。

　　在大多数法学院，法理学是大一新生的第一门法学专业课，也是法学专业的学科基础课。学好了法理学，就为学习其他法学专业课打下了坚实的基础。然而对于刚刚步入法学之门的新生来说，法理学给人的往往是高冷的感觉，其抽象艰深的内容令人望而生畏。其实这只是一种表象。如果能够走进法理学的精神世界，你就会发现法理学实则是内心火热、充满激情。在此，我愿意作为一个过来人，谈谈学习法理学的经验，帮助同学们同法理学亲密接触，去感受法理学的魅力。我先谈谈法理学的功能和意义，然后分享一下法理学的学习攻略，最后推荐一些法理学的学习资源。

一、法理学的功能和意义

法理学作为一门法学的核心主干课程，其主要功能体现在四个方面：

第一，法理学为法学提供基础理论。法理学课程中的法律渊源、法律推理、法律解释、法律关系等内容是宪法学、民法学、刑法学等所有部门法学科都要用的知识。

第二，法理学为法学提供一般理论。法理学并不为具体的法律问题，例如某行为是否构成违约或者是否构成犯罪提供具体答案，但是它为分析法律现象提供一种整体性和一般性的视角。法理学透过各个具体案件的表象，揭示案件背后反映的深层次问题，如法律与经济、法律与道德、法律与政治的关系。如引发社会舆论热烈讨论的于欢案，刑法学关注的是于欢的行为是否构成防卫过当，但法理学更感兴趣的是其背后所反映出来的法律与人情、司法与舆论的关系。

第三，法理学为法学提供方法论指导。法理学为分析研究法律现象提供思考工具，会告诉我们如何进行规范分析和价值判断，如何借鉴经济学和社会学的方法来研究法律问题等。

第四，法理学提供法学的意识形态。法理学揭示出法学背后的价值立场和思维特征。例如法理学会告诉我们法律人为什么要信奉和坚守程序正义、法律至上、保障人权和权力制约等法治理念。

由此，我们不难看出法理学所提供的知识非常重要。学习法学，固然要精通法律条文的具体规定，但是又决不能满足于此。高素质的法律人应当通晓法律条文背后的法理，知其然，也要知其所以然，这样才能成为一个法律家而不仅仅是一个法律工匠。学习法理学，有助于培养法律和法学工作者的见识和境界，有助于训练法律思维方式和能力。毫不夸张地说，法理学素养是判断一个人法学修养的重要标志。

二、法理学学习攻略

法学体系可以分为理论法学和应用法学，法理学属于理论法学学科，具有抽象性和一般性的特征。在刑法学和民法学等部门法课程的学习中，对法律条文的分析往往伴随着大量生动的案例，丰富而又具体，容易激发学生的兴趣。但学习法理学通常要求学生具有相当的抽象思维能力，这可能就是为什么学生对法理学心存畏惧的原因之一。为了提高法理学课程的吸引力，一些大学的法理学教授也是蛮拼的，尝试了好多种方法，比如将法理学知识编成歌谣。尽管法理学难学，但也难不倒我们，这里我总结了一些法理学的学习攻略，与大家分享。

第一，阅读法理学的经典著作。我们可以从经典著作中去思考法理学的经典命题，体悟法理学的魅力。法理学与民法学、刑法学等部门法学课程不同，这些课程往往都有一些主干性的法律，如《民法总则》《合同法》《刑法》等，教科书一般都是围绕着具体的法律条文和制度进行注释，但是作为理论法学学科的法理学则不同，其关注的更多是思想、理论和学说。这些都需要在阅读大量的经典著作中慢慢领悟和体会，需要有下笨功夫的决心和耐心。

第二，结合生活实例进行法理学分析。大家可以尝试多结合现实生活中的事例或者案例来进行法理学的思考，提升自己运用所学法理学知识分析解决实际问题的能力，在此过程中也可以检验和反思法学理论，深化对理论的思考并在此基础上推进理论创新。生活中许多引发争议和热烈讨论的公共事件和热点案例，是锻炼法理学分析能力的绝佳素材，应当积极参与这些公共话题的讨论，在此过程中提升自己的理论分析和公共辩论能力。

第三，结合部门法学学习法理学。尽管法理学是一门独立的课程，但是法理学的知识不仅仅局限在法理学这门课程之内。实际上在部门法学学习过程中，经常会涉及对法理学问题的讨论，因此一定要将法理学与部门法学结合起来学习。我们在运用部门法学知识对某个案例做了分析之后，还应该超越个案，对其背后的深层次问题进行法理学分析。法理学同样具有很强的实践性。在一些缺乏明确法律规定的疑难案件中，决定案件结果的往往是法官所信奉的法理学（法哲学）。正如美国法学家德沃金所说的，法理学是判决的一般组成部分，是任何依法判决的无声开场白。在一些法律院校，将法理学这门课程拆成法理学导论和法理学专论，或者法理学初阶和法理学高阶两门课程，主要就是为了方便同学们在高年级时能够结合部门法学课程学习法理学。

第四，联系其他学科的知识来学习法理学。法学的立场和特征只有通过与其他学科的比较才能更好地把握，因此学习其他学科有助于深化我们对于法学的理解。此外还有助于拓展我们的学术视野，知道在法学视角之外还有其他的思考方式。现代学科发展的趋势是进行跨学科的研究，法学也在不断地从哲学、经济学、社会学等学科汲取营养，并催生出很多法学与其他学科的交叉学科，如法经济学、法社会学、法律心理学等。法律人在解决具体案件时，单靠法律知识是不够的，例如解决金融案件时，就需要了解相关的金融学知识。我们在学习法理学的过程中，也应当有意识地关注其他相关学科的知识。

三、法理学学习资源推荐

大学阶段不能局限于学习教科书上的知识，而应当通过自主性学习不断扩大学习范围。在此我推荐一些法理学著作供大家在课后学习。除此之外，还有一些法律类的期刊、报纸、网站、微信公众号、影视等学习资源也值得关注，借助于这些学习资源，能够迅速了解最新的和最前沿的法理学学术资讯。在课外时间充分利用这些学习资源，对于法理学的学习大有裨益。

（一）学术著作

1. 季卫东：《法治秩序的建构》，中国政法大学出版社 1999 年版。

2. 苏力：《法治及其本土资源》，中国政法大学出版社 2004 年版。

3. 舒国滢：《法哲学：立场与方法》，北京大学出版社 2010 年版。

4. ［美］E. 博登海默：《法理学：法律哲学与法律方法》，邓正来译，中国政法大学出版社 1999 年版。

5. ［美］波斯纳：《法理学问题》，苏力译，中国政法大学出版社 2002 年版。

6. ［古希腊］柏拉图：《理想国》，郭斌和、张竹明译，商务印书馆 1986 年版。

7. ［古希腊］亚里士多德：《政治学》，吴寿彭译，商务印书馆 1965 年版。

8. ［法］卢梭：《社会契约论》，何兆武译，商务印书馆 2003 年版。

9. ［法］孟德斯鸠：《论法的精神》，张雁深译，商务印书馆 1997 年版。

10. ［美］罗斯科·庞德：《法律史解释》，邓正来译，商务印书馆 2016 年版。

11. ［德］K. 茨威格特、H. 克茨：《比较法总论》，潘汉典译，法律出版社 2003 年版。

12. ［美］伯尔曼：《法律与宗教》，梁治平译，中国政法大学出版社 2003 年版。

13. ［奥］凯尔森：《法与国家的一般理论》，沈宗灵译，商务印书馆 2013 年版。

14. ［英］哈特：《法律的概念》，张文显等译，中国大百科全书出版社 1996 年版。

15. ［德］卡尔·拉伦茨：《法学方法论》，陈爱娥译，商务印书馆 2003 年版。

16. ［美］德沃金：《法律帝国》，李常青译，中国大百科全书出版社 1996 年版。

17. ［美］罗纳德·德沃金：《认真对待权利》，信春鹰、吴玉章译，中国大百科全书出版社 1998 年版。

18. ［美］R. M. 昂格尔：《现代社会中的法律》吴玉章、周汉华译，译林出版社 2001 年版。

（二）法律期刊

《法学研究》《中国法学》《中外法学》《法律科学》《法商研究》《政法论坛》《法学评论》《法学》《现代法学》《法学家》《法制与社会发展》《清华法学》《环球法律评论》《政治与法律》等。

（三）法律报纸

《法制日报》《检察日报》《人民法院报》《新京报》等。

（四）法律网站

北大法律信息网 http://www.chinalawinfo.com。

中国法理网 http://www.jus.cn。

中国理论法学研究信息网 http://www.legal-theory.org。

（五）微信公众号

中国法律评论、法学学术前沿、法意读书、法律思想、法学家茶座等。

（六）法律电影和电视剧

中国的法律影视剧：《秋菊打官司》《被告山杠爷》《马背上的法庭》《我不是潘金莲》《东京审判》《巡回法官》《人民的名义》《离婚律师》等。

外国的法律影视剧：《费城故事》《辩护人》《杀死一只知更鸟》《十二怒汉》《纽伦堡大审判》《因父之名》《法律与秩序》《波士顿法律》等。

梁迎修教授简介：

1976 年生，河南省登封市人。北京大学法学博士，北京师范大学法学院院长、教授、博士生导师。

主要研究领域为法理学、法社会学、法律方法论、法制现代化、司法改革、信访法治化等。代表作有《法官自由裁量权》《英美法系法律方法研究》《法学方法论问题研究》和译著《不确定状态下的裁判：法律解释的制度理论》等学术著作 4 部，在《法学研究》《政法论坛》等学术刊物发表文章数十篇，主持国家自然科学基金项目 3 项，司法部、教育部和中国法学会部级科研项目 3 项，横向课题 7 项。

扫码进入梁迎修专栏

民法学习漫谈

华东政法大学教授　金可可

大凡易学之事，常无门槛，某一职业之难处，常是其尊荣感之所在与保障。未越此困难门槛者，自不堪为登堂入室之法律人。故知民法应往难处学。

学习民法，须有长期艰苦战斗的心理准备，务以"每天学习一点点"为行动纲领，以"各知识点逐一细抠"为行动计划。唯有如此沉下心来，日积跬步，以此"似慢实快"之利，终至千里。

初学者之重心，首在"保本"，以法条解释适用能力之过关为首要目标，此前不论其余。当知令人"焦虑"之其他种种，皆如枝节，于根本强健时，或可锦上添花，若重末轻本，却是糊涂。且看校园中，总有不少此等"考级、考证达人"，甫出校门，看似"学富五车"，实非掌握核心技能之合格法律人，岂不可叹？

盖民法之存在乃为适用，具体要件、权利义务乃民法之"源头活水"，在具体要件、权利义务之探究中，方能体悟到某一制度之真实旨趣，真正掌握活生生的法律适用方法，照此逐一研习各制度，久而久之，各制度间之体系脉络自然显现，就民法之精神、价值才能真切把握。

初学者最好制作一张与读书笔记匹配之思维导图（树状图），学至何处，均须时时回顾其在思维导图之位置；就任一知识点，均须形成由概念、规范目的、要件、法效果、体系关联等因素组成之思维导图，就其中更细分之问题，进而形成下一层级思维导图；就任一知识点之记忆，亦须先记其体系框架，再往框架中填充内容。如此日积月累，心中自然形成一张思维导图，心中有此体系，可谓妙用无穷。

光阴荏苒，至华政任教已十六年，其中在德国四年，正式讲授民法诸课程，十有二年。其间常遇学生问及民法学习方法，仓促之间，唯能以片言只语，力见其一鳞半爪，言犹未尽之感，不免盘桓心头，久欲专文述之。今蒙王涌教授、桑磊兄相邀，得草成此文，聊以一偿夙愿。

心理建设篇

一、难与易

学民法，可往难处学，可往易处学。往易处学，学时不亦快哉，用时彷徨无计；往难处学，学时白头搔短，用时得心应手；此"学时易用时难，学时难用时易"的道理，其一也。学时轻易，或为进益微薄之兆；学时艰繁，常乃"神功"必经之途，其二也。其三，大凡易学之事，常无门槛，某一职业之难处，常是其尊荣感之所在与保障。未越此困难门槛者，自不堪为登堂入室之法律人。故知民法应往难处学。

二、快与慢

求速成之心，是民法学习之大忌。常有同学，天资聪颖，废寝忘食于一时，未见明显成效，即生罢手不学之想；亦有同学，研读民法经典著作，日读数十乃至上百页，来求教曰：读民法书为何如此之慢？试测其所阅知识点，关窍处全然不通，恍如未读；此等"似快实慢"之弊，即求进过切之害。

须知难学之事，自不能一蹴而就。学习民法，须有长期艰苦战斗的心理准备，务以"每天学习一点点"为行动纲领，以"各知识点逐一细抠"为行动计划。唯有如此沉下心来，日积跬步，以此"似慢实快"之利，终至千里。自本人从教经验看，学有所成者，未必为绝顶聪明人，但多为老实耐烦者，个中缘由恐即在此。

三、能力与兴趣

法律乃人类为规制现实世界所创设之独特精神世界，世间万事万物均于此间各得其位，井然有序（外部体系、内部体系）。其与社会现实之对应性，要求法律学习及适用者对世间物理人情有较好的体察；其近乎全景式对应，令法律知识图景包罗万象、极为复杂；其精神创造性质及其存在之目的，令法律知识常具高度抽象特征，需以抽象思维作演绎、归纳、体系架构。如此种种，均就法律学习及适用者之能力，提出较高的要求。

初学者在较为努力而未见其果时，不免质疑自身是否适于学习法律。笔者以为，大规模之高等教育，必适于智力正常之人，法学教育亦非例外，凡中人之资，以科学之方法，尽合理之努力，自应有成，故大可不必妄自菲薄。

杨绛先生似曾云：年少时易将兴趣误当天赋。此语诚然不谬，但兴趣虽非天赋之全部，却堪称天赋与能力中最重要、最弥足珍贵之组成部分。民法学习亦如是：若无兴趣，不肯致力其事，天纵奇才有何用？若有兴趣，念兹在兹，岂无水到渠成之日？故检验是否适合学习某学科，核心标准在兴趣之有无。

兴趣之有无，亦非天生，可后天培养。依笔者观察，兴趣之发生或培养，或有多种原因，其中重要者，乃成就感之获得。笔者高中时，英语成绩平平，某次测验，偶获第一，得老师数语表扬，此后背单词、记语法兴味盎然，不再如往日视为畏途，盖虚荣心爆棚，欲保持第一也。故为师者，应善用此种具积极意义之"虚荣心"，善于发现学生的优点与进步，多鼓励、肯定。笔者在此方面多有不足，对学生常疾言厉色、批评苛责，或有不少学生心中本即微弱的学习兴趣，就此湮灭，真是应当自责。同样，初学者在困难迷惑时，亦应多看自身进步之处。此外，做读书笔记、案例研习报告均要全力以赴、力求完美，就自身真正努力所取得之成果，易于获致成就感，如此，学习之每一步同时亦是兴趣之滋养。

认识篇：学什么？

一、目标之聚焦：法条解释适用之能力

（一）知识与能力

任何一门学科，学习之初，需尽力吸收其现有知识体系，否则不能入门，其余自是奢谈，法学学习亦概莫能外。但社会生活变化无穷，法学内部任一学科，其知识体系亦随之日新月异，至今已堪称浩瀚无际，以有涯之生恐不能穷之，初学者数年内尚需多科齐学，难免生力有不逮之惑。于此，须在学习目标上，注意知识向能力之转换。能力之初级者，指自主获取现有知识体系中未知部分之能力。能力之高级者，乃创造新知识、为现行知识系统提供新元素甚或改造现行知识系统之能力。现有知识无法尽学，跨出校门后，难免遇到师所未授之事，此时须能自行探求现有相应知识，方可谓达法学教育之初步目标。故初学者在汲取现有知识之学习阶段，须注重此种初级能力之养成。

以笔者观察，就民法学习而论，上述初级能力至少应具备如下要素：

1. 概念精准，体系完备周密，经纬阡陌，纲目分明；

2. 养成规范科学之思维方法：请求权基础检索之思维方法，及构成要件的思维方法。

3. 文献与案例检索能力。

至于上述高级能力之养成，则非一门深入、长期研习不可，于此不赘。

（二）核心能力与锦上添花

依笔者观察，常有学生或家长深陷"学习焦虑症"而无力自拔。此症患者，所思所想，大略如下：为规划中之法律生涯，法学之内各部门法、学科，必须学好，自理所当然；通识教育涉及综合素养，哲学、伦理学、美学、文学、社会学、经济学，总要都有所涉猎，否则恐受"档次不够"之讥；于此全球化时代，英语自然重要，托福、雅思、高级口译，均不能少，若有个第二外语，更是有备无患；于此商业社会，注册会计师、金融分析师、精算师等资格考试自应排上日程；于此互联网时代，掌握计算机技术方能如鱼得水，报班学编程刻不容缓……

之所以如此，在于不知法律人核心能力之所在，不知法律学习，何为根本，何为枝节。任一职业、学问，均有其他职业、学问所不能置喙之处，此即其核心能力之所在，亦系其尊严之所系。以某君"抢公章"事件为例，我等法律人倘从哲学、伦理学、社会学、经济学角度评论此事，且不论无以自别于此诸学科，尚恐受其"学艺不精"之讥，动辄颜面无存；但若就公司法、民法总则、婚姻法之法条，基于制度目的、体系关联等原理，解析公章与公司代表权之关系、公章在法人法律行为中之意义、一方名下股权由夫妻共同共有之意义，得出合乎现行法及其价值之结论，并提出法律适用之方案，未受法律专门训练者，多便噤声。据此不难得知，法律人核心能力与核心竞争力之所在，乃法条解释适用之能力，唯此种能力之获致，非以直接研读法条方式，而另有一套系统之训练方法。另须指出，法律人之能力尚有其他组成部分，如诸多实务技巧，亦不可谓不重要，但总不能与法条适用能力相提并论，且严格而论，其非大学法学教育之任务，而应在核心能力初步养成后，留待于专门的实务教育阶段培养为妥。

既知根本所在，初学者之重心，首在"保本"，以法条解释适用能力之过关为首要目标，此前不论其余。当知令人"焦虑"之其他种种，皆如枝节，于根本强健时，或可锦上添花，若重末轻本，却是糊涂。且看校园中，总有不少此等"考级、考证达人"，甫出校门，看似"学富五车"，实非掌握核心技能之合格法律人，岂不可叹？教育主管部门发文，常强调多科融合之"复合型"，以之为法学教育创新之道，又强调通识教育之重要地位，此固极为正确，但在现行大学法学教育之框架、学时限制内，此种"复合式"培养与大量通识课程，如何避免损及法科学生核心能力之培养，实为亟待研究之课题。

据此根本所在，纵在法学内部，学习亦须有所侧重，选取最适于培养此种核心能力之某一门类，多加用功。民法体系庞大，内容复杂，架构工巧精密，自属其列。当知能力之提升，最需用志不分、浸淫其中，至一定程度，自生一通百通之效，转学其他门类或亦不难。

二、内容之取舍：注重具体制度及其原理，适度兼顾比较法

为法条解释适用能力之养成，于民法之学习内容，初学者亦应有所侧重。

（一）注重具体制度及其原理，适度搁置理论争议

初学者学习之重心，应在于各种具体制度及其背后的原理，如规范目的、构成要件、法效果及其理据所在、体系关联。盖民法之存在乃为适用，具体要件、权利义务乃民法之"源头活水"，在具体要件、权利义务之探究中，方能体悟到某一制度之真实旨趣，真正掌握活生生的法律适用方法，照此逐一研习各制度，久而久之，各制度间之体系脉络自然显现，就民法之精神、价值才能有真切把握。

就具体问题的理论争议，若有适用上实益，可适度关注。若无适用上的差别，只是为将某一现象解释圆满，诸如权利之本质、代理行为之性质等，或可适度搁置，盖学植不厚时，若过度用力于此等问题，易事倍功半，或空手而返，甚而反受其害。

（二）虽以现行法为核心，仍宜适度兼顾比较法之视野

在国内学习法律，日后参加国内法考，亦在本国从事法律实务，自应以现行法为核心，一切所学，最终应落实到现行法的解释适用，为何授课教师却常要提及"德民、日民、瑞民"云云？此乃初学者常有之困惑。

须知法律规定与适用地域虽有国别，科学却无国界，此其一也。法学者，法条背后之学问。民法之具体制度、原理及其体系，各国自非无异，唯在科学层面上，其均系民法知识体系之组成部分。法条未必可照搬，各国民法科学中却多有共通之知识、原理、方法，学习上应予重视。如某种机器，各国均有制造，且各就本国环境而作调适，但制造机器之原理及如何使之调适于本国风土人情之方法，却可借镜互通。

各国法制与学说，固有文化国情之别，难谓无精粗高下之分。古人有云，取法乎上，得乎其中，取法其中，仅得其下，取法乎下，无所得矣。故知民法学习，切勿以中外之别而自囿，当以取法乎上为至要，此其二也。

依笔者经验，对域外规定、学说之关注，有助于就具体问题探求更优之解决方案，就具体法条获致更合理之解释路径，汲取制度背后可资适用之共通理据，洞察各制度间之体系关联。就法律实务问题之解决，若能以比较法为参照，常有关窍顿

通、如虎添翼之效。从历史上看，我国现行法制多系法律继受之结果，研习比较法更可知其由来，明了因继受所生之问题，或可稍免于以讹传讹所致的冤枉路。

方法篇：如何学？

一、方法与努力

常有初学者深感民法学习之难，向笔者求教轻松学习之方法，似如武侠小说中，授以"秘笈"，即可无往而不利。此种"方法论迷信主义"，实乃取巧之心，非破除不可。须知努力是最根本之方法，是一切方法之根基！一切学习方法，若不知努力，便无效用。依笔者从教经验，以民法之繁复，若未尽长期、充分之努力，天纵之才亦只如镜花水月。在努力基础上，方有讨论学习方法之余地。

二、方法之"王道"：自学

初学者甫入高等学府，常习惯于"依赖式学习方法"，即知识之获取，依赖于教师之讲授。其心理上常有不切实际之期待，诸如期待教师讲授知识点之全部，期待教师所讲授者均明白易懂，此种期待之不切实际，在于无视课时之限制，在于背离初学者思维转换过程之规律而超越教师之能力。此类初学者，因依赖教师讲授，易成"刷课狂人"，同一课程，同一教师或不同教师，各学期反复听，课课必到，以如此听课为主要学习方法；其志可嘉，其心可悯，唯其行殊非可取。

前已述及，学习之初级目标，在于培养自主探求现有知识之能力。听课，实乃被动式学习，教师所授，固其自主研习之成果，唯就听者而言，却纯系被动受之，非主动努力之所得；所授内容再精妙，听者再用心，均难以转化为其自主探求其他知识之能力。而此种能力，唯在自主学习中，方能养成。

所谓自主学习，乃就任一疑问，力求自行探究答案及其理据，就任一问题，力求形成自身判断及理据。就师所未授者，应先在经典著作中寻求答案及其理据，就其中难解之处，必努力思考求解，仍有不明，则与同学讨论，尽充分努力后仍未能理解者，方能求教于师长。就师所授，当与时人先贤、学说判决中之见解比较，究其立场理据之同异，检验其成立与否，形成何者为当之判断，此即"批判式学习"，批判者，检验、验证也。总之，凡有疑问，不到山穷水尽时，不轻易求教于人；任一问题，必经自主检验而形成自身判断及其理据。在此种自主学习之下，教师之授课，仅是学习之契机，只起到明眼人指引方向、提点关窍之作用。当然，诸如应阅读何种文献等，初学者则仍有赖于教师之指导，以免走弯路。

自主学习，实为一切教育之阶段目标，尤其是高等教育之核心。初学者须要明白，进入大学，知识之检验、寻求，乃至新知识之贡献，即为自身之使命。

三、自学之要诀："两动"学习法

依笔者治学、从教之浅显经验，自主学习之要诀，或可归纳为如下"两动法"，若能从之，或有成效。

（一）"动手"学

1. 做笔记

动手做笔记，系民法自主学习之支柱方法。略述其要如下：

（1）一门课程一个笔记，笔记须为电子文档，以具可扩展性。

（2）以该课程某一经典教科书为样本，建立初步之"章节目"体系。日后对某一制度或问题之体系位置，若有不同认识，可再行调整。

（3）初以一至两本经典教科书为基本内容，结合教师授课内容，逐步形成读书笔记内容。通常可按照如下步骤：① 就下次授课范围，预先将上述教科书中内容，初步整理进读书笔记。读书笔记之整理，并非将相关内容照搬进笔记，而是分解、归纳、提取其中所有问题点、作者观点（或比较不同观点）及其理由。归纳、提取时，应尽可能使用整理者认为最清晰简练之用语，并将诸问题点组合为最合乎逻辑之体系（可是原文之体系，亦可是整理者认为最合理之体系），此体系以上下级标题的形态，安置于笔记之相应部分，最后可以思维导图形式置于此部分之首。② 听课时或课后，将授课教师所述问题点、观点及其理据，整合进读书笔记；此时，若发现原有整理不当，便可作相应调整。遇有不同观点，须在笔记中呈现其内容、理由，尤其是其所举例证，并努力自行举例验证之。此种课后之功夫，尤为重要。

（4）若遇疑问，可进一步扩展阅读范围，补充进相应部分。学至后面，若对前面内容有新的认识，亦可随时补充进相应部分。该课程结束后，乃至走上工作岗位后，若有所心得，或遇相关案例，均可补充进相应部分。长此以往，此笔记可成为终身学习、点滴积累之工具，亦是工作之重要助手。

（5）为便利日后查找、验证或论文引注，笔记中之任何内容，最好均以规范之引注方式标明出处。

2. 撰写案例研习报告

就基础案型及变体写作"鉴定式"案例研习报告，有助于学生形成规范科学的思考方法（请求权基础检索与构成要件的思考方法），深入学习具体制度，在运用中把握法律适用之方法，有助于揭示各法条之体系关联而促进法律有机体之成长，更能检验初学者学习之成果而提高其信心与兴趣，乃不可或缺、不可替代之法学教育方式。现诸多学校均已开展"鉴定式"案例研习课程，初学者宜积极参与，认真写作研习报告，当有较大收获。

（二）"动口"学

笔者从教以来，常与学生谈一体悟，即某一知识点的掌握，是否透彻，有一简明检验方法：试讲予他人听，若不能一讲即懂，即说明尚有关窍不通，需作进一步梳理。此亦为极有效之学习方法，既要讲清楚，自须自身理解透彻，且梳理到极为清晰明白之程度，方能"一针见血"，此亦"以己昏昏岂能使人昭昭"之理。故"欲学即讲"，乃教师快速提升"功力"之妙法。做读书笔记时，亦须将自身置于讲授者之角色，以最为清晰易懂的方式呈现任一部分之内容。

就初学者而言，积极参与 Seminar 课程或教师业余主持的读书会，既须整理专题读书笔记，亦须作口头报告，动手亦动口，可谓一举两得。除此之外，初学者亦可组成互助小组或小规模读书会，分工负责、相互讲授。

四、学习之"两个注重"：体系与案型

民法体系广大、内容繁复，故其学习，应特别注重体系。全面把握及架构体系之能力，实为核心能力之重要组成部分。故初学者最好制作一张与读书笔记匹配之思维导图（树状图），学至何处，均须时时回顾其在思维导图之位置；就任一知识点，均须形成由概念、规范目的、要件、法效果、体系关联等因素组成之思维导图，就其中更细分之问题，进而形成下一层级思维导图；就任一知识点之记忆，亦须先记其体系框架，再往框架中填充内容。如此日积月累，心中自然形成一张思维导图，心中有此体系，可谓妙用无穷。

民法学习，亦应注重案型之运用。民法旨在适用，其规则实乃源于现实生活中之各种案型。学习知识点时，应尤其注意作者所举案型，听课时应尤其记录教师所举案型，并应举一反三，提出变化案型并寻求答案，此乃学习民法之重要方法。一则足以说明问题之典型案型，常是"一切尽在不言中"；借数个案型，常可轻松掌握一个知识点。就观点之验证或辩驳，应注重案型之构建，一则反例即足以推翻一个命题，故民法之论辩，常系案型之论辩；案型序列之建构，更是法律规则适用、推演之重要方法。即此而言，民法之学习，一定意义上是案型之学习，建构案型，是学民法者核心能力之重要组成部分。

上述文字，只如"野人献曝"，虽有殷殷之意，难逃鄙陋之讥，唯供初学者作一参考，亦期待学界师友批评指正。

金可可教授简介

　　1974 年生，浙江嵊州人。华东政法大学教授、博士生导师、民商法学科负责人、法律学院院长。第十四、十五届上海市人大代表。入选教育部新世纪优秀人才、上海市领军人才、德国洪堡基金会"联邦总理奖学金"等人才计划。在《中国社会科学》《法学研究》《中国法学》发表论文多篇，承担国家级、省部级项目多项。获全国高等学校科学研究优秀成果奖，连续十二届获华东政法大学"我心目中最佳教师"称号。

扫码进入金可可专栏

大学，有的不只是诗和远方

北京大学教授　杨　明

想要实现牢固掌握法学基础的目标，唯有下苦功夫认真读书、多读书。所以，入学之后你应当尽快给自己制定一个读书计划。读书计划包括两个方面，一是跟随课堂教学的阅读，二是扩展知识面的阅读。

在大学里，注重的是交流，让老师了解你，知道你都读了哪些书、在思考什么样的问题，这样有利于老师发现你的特点，给你指引最适合的道路（仍然只是参考），或者为你的兴趣提供更多的指导。可以说，交流能力也是大学生非常重要的一项素质，但往往年轻的学子并未意识到这一点。

本科生倒是应该尽早想明白一个问题，未来是走学术研究的路，还是做法律实务工作。如果是前者，那么你的书单上就应当以理论性的著作作为主，比如我前面推荐的那些名著；如果是后者，你要读的书可以更通识性一些、覆盖面更广一些。

经历了高中的拼搏，你终于进入了大学、进入了法学院，无论你对法学专业是否情有独钟，首先要祝贺你，这既是一个能培养技艺的地方，也是一个能实现情怀的地方。当然，刚刚进入大学的你，兴奋之余可能又夹杂着彷徨。该如何度过大学四年？作为一个过来人，我不敢说自己在法学的道路上取得了任何意义上的成功，但我的经历和经验也许能给你些许的启发。

进入大学，首先面对的就是完全不同于中学的学习方式，如果说理科专业的学习与高中还能有一定的延续性，法学专业则像是给你打开了一扇全新的窗户，几乎没有一门课程可以用到高中阶段的学习方法。曾经的我也陷入过迷茫，每天只是机械地上课听讲，几个月下来，对法学学科毫无感觉，好像也没有什么收获和积累。现在想来，正是因为缺乏学习规划，才导致了大学第一年学习生活的无序。当然，20多年前的大学生活与当今大学生所面临的竞争和压力是不可同日而语的，但是，看着一届又一届的大一新生依然被如何学习法学的问题困扰，我就想结合自己十余年的从教经验谈谈自己的一点建议。

虽说法学是一个应用性（理论法学除外）非常强的学科，但作为初入法学之门的新丁，你不能想当然地认为学习法学就是要多了解实践、必须紧跟社会热点事件。实际上，本科阶段的法学学习（其实也包括硕士阶段），最核心的任务就是要系统掌握法学基础知识，打下扎实的法学理论功底。大学四年，你要学习的法学专业核心课程以及其他专业课程门类繁多、覆盖宽广，但教学计划的安排是有规律的、循序渐进，从理论法学到应用法学，从基础到专业，唯有系统、全面地学习各门课程，才能算得上是一个合格的法科毕业生。

对于新进法科学生来说，一入门就对课程学习有所偏好是非常不值得提倡的，将全部精力只是投入那些自己喜欢的领域，而对自己不感冒的学科就完全放手，是得不偿失的，一方面，许多学科之间是有内在联系的，学好前面的课程才能为后面打下良好的基础，有些课程甚至是所有部门法学的基础；另一方面，刚进入大学的你也许并不知道自己真正喜欢什么，甚至包括法学专业，都未必是你最热衷的学科，过早将自己局限在某些领域，可能反而将自己的视野弄得狭窄了。

想要实现牢固掌握法学基础的目标，唯有下苦功夫认真读书、多读书。所以，入学之后你应当尽快给自己制定一个读书计划。读书计划包括两个方面，一是跟随课堂教学的阅读，二是扩展知识面的阅读。毫无疑问，课堂教学对于本科生来说尤其重要，是大厦的地基，而伴随着课堂教学的，就是学习某一门课程时应当阅读的重点教材以及专著，这是必须去读的，容不得任何的懈怠。扩展阅读则是在此基础上进一步地拓宽视野和增加深度。其实，扩展阅读与课堂教学阅读并不是绝对分开的，很多时候，它们只是数量上的差别，没有重要性的高低之分。坦白讲，中国的法学院学生在阅读量上是无法与美国的法学院学生相比的，根据我自己的经验，美国一流法学院给学生布置的阅读任务，每周达一千页以上（各门课程相加）。而在国内，鲜有学生能做到周阅读量超过一千页。差距非常残酷地摆在眼前，所以我特别不希望你把大学当成追逐诗和远方的田园，而应作为艰苦的修炼之地。

一般而言，无论是哪门课程，法学院的老师在讲授课程伊始都会为大家推荐阅读参考书。有的老师仅仅为本门课程的教学开具书目，这就是前面所说的跟随课堂的阅读，而有的老师喜欢开具长长的书单，里面涉及的书就不限于授课的范围了，往往会包括大量与课程相关的著述。如果很多门课的老师都习惯于开长书单，把这些书目合在一起，就是一份很好的大学期间的阅读计划。尤其是很多老师共同推荐过的书，一定是不能放过的经典。如果授课老师开出的书目并不长，此时就需要你主动向老师请教了。此外，法学专业的学习，阅读范围也不能仅限于法学类的书籍，还应当广泛涉及文史哲和其他社会科学领域的名著。这需要你主动和老师沟通，请老师们为你推荐经典著述，当然，这个时候你可以有所偏好，不必全面覆盖。大学与中学在学习上的一个最大区别，就是你需要积极主动地与老师交流，要善于沟通，中学生也经常向老师请教问题，但主要是解惑型的（个人经验，也许如今的中学生已经不一样了），而在大学里，注重的是交流，让老师了解你，知道你都读了哪些书、在思考什么样的问题，这样有利于老师发现你的特点，给你指引最适合的道路（仍然只是参考），或者为你的兴趣提供更多的指导。可以说，交流能力也是大学生非常重要的一项素质，但往往年轻的学子并未意识到这一点。

在这里，我想向法学院的新生们分类推荐几本我自己特别喜欢的名著，相信也深受许多法学学者的喜爱。以下远远谈不上书单，主要是为了引起激发新生们的兴趣。

1. 拉德布鲁赫《法学导论》（米健、朱林译，中国大百科全书出版社 1997 年版）。拉德布鲁赫被公认为一代法学大师，他的实证相对主义法律思想对全世界的法学界都产生了极其重大的影响。正如作者自己所说，该书是写给"处于职业选择阶段的未来法律工作者"的，作者用朴实的语言对法学领域的基本问题做了全面的论述，涉及的范围几乎涵盖所有的法律部门，书的最后还进行了法学方法论方面的思考。

2. 拉伦茨《法学方法论》（陈爱娥译，商务印书馆 2003 年版）。这本书可能是近 20 年来，对中国学生影响最大的一本来自大陆法系国家有关方法论的名著。拉伦茨最主要的贡献在于：提出了价值导向的思维模式，并在此基础上形成了一整套法律解释和法官造法的具体方法，从而实践法律规范的客观化过程。

3. E. 博登海默《法理学：法律哲学与法律方法》（邓正来译，中国政法大学出版社 2004 年版）。这既是一本极具学术价值的专著，也是一部非常好的法理学教材。博登海默兼有大陆法系和英美法系的教育背景，这使得他对各个法学派有着较为全面的切身体会。该书对西方法哲学历史进行了回顾，同时也对法学重要问题（包括法学方法论）展开了深入探讨。

4. 彼德罗·彭梵得《罗马法教科书》（黄风译，中国政法大学出版社 1992 年版）。彭梵得是当代最著名的罗马法学家，该书详细地对罗马法中的诸如权利主体、物权、债权以及家庭继承等基本概念作了正本清源的阐释。我国是大陆法系国家，很多部门法都承袭自欧洲大陆，学术研究方面更是深受大陆法系的影响，民法尤为突出。因此，在学习民法的过程中，阅读罗马法方面的文献是非常有必要的，有助于我们理解制度为何会诞生、是用来解决什么问题的、制度是如何发展成今天这个样子的。

5. 洛克《政府论两篇》（这本书有很多译本，个人推崇瞿菊农、叶启芳翻译的版本，商务印书馆 1964 年版）。该书充分展现了洛克的自然法思想，提出生命、自由和私有财产神圣不可侵犯，由此论及了政府的起源、范围和目的，这在当时来说是非常不容易的。洛克关于财产保护、自由、契约等方面的思想，直到今天都有着广泛而深远的影响。

6. 亚里士多德的《政治学》（吴寿彭译，商务印书馆 1983 年版）。该书作者是西方学术史上无论如何也不能绕过去的重要人物，他涉猎范围极广，且都给后世留下了浓墨重彩的一笔，而《政治学》可以算得上是他的代表作，是西方第一部体系化的政治理论著作。亚里士多德对城邦政制进行了比较研究，系统论述了什么样的国家对公民是最好的。

7. 马克斯·韦伯《经济与社会》（林荣远译，商务印书馆 1998 年版）。在这本书里，韦伯论及的领域包括政治史和政治理论、经济史和经济理论、法律史和法学理论、世界史和史学理论，等等。能够做到如此融会贯通、精炼深邃，实在是令人叹为观止。不夸张地说，该书是一部百科全书式的鸿篇巨制，尽管后续有不少学者批判过韦伯的观点，但丝毫不影响其在学术史上的地位。

8. 哈耶克《自由秩序原理》（邓正来译，三联书店 1997 年版）。该书作者获得过诺贝尔经济学奖（1974 年），但其著述所涉及的范围非常之广，这又是一个大百科全书式的学者。在书中，哈耶克并不是单纯地讨论经济，其实更是在型构政治与经济之间的关系，具体来说，就是市场经济、国家公权力和公民自由之间的互动。哈耶克传递出的最为重要的理念是，自由是人类无限制地探索一切未知世界的需要和条件，这不仅需要思想上的自由，也必须有实践的自由。

9. 亚当·斯密《道德情操论》（谢宗林译，中央编译出版社 2008 年版）。为什么没有提亚当·斯密的《国富论》一书，而是推荐该书呢？因为这本书是伦理学著作，讨论的是人性和人的情感，相对于《国富论》这一经济学著作来说，更接近人本身，为我个人所偏爱。斯密在书中讨论了正义、仁慈等道德情操的产生根源，对人类社会的演进基础给出了自己的阐释。

10. 熊彼特的《经济分析史》（朱泱、孙鸿敞等译，商务印书馆 1994 年版），该书被认为是经济史学界涉猎最广、分析最深刻的著述，作者对欧美发达国家的市场机制、竞争体制、企业创新、技术进步、自由贸易、保护政策、财政金融与货币管理等的特点和作用，以及有关学派人物的学说主张和分析方法的来龙去脉和发展过程，都有十分详尽而比较深入的分析。而且，特别要注意的是，该书是分析史、而不是思想史，因为熊彼特十分重视分析方法和分析工具，这一点是我个人尤其偏好的。

顺便说一句，如果有条件，上面这些书建议去读原版或英文版，即使有不错的中文版，读原版的收获也会多很多的。

至于读书的方法，我想送大家两句话；第一，读书应当非经典而不读；第二，读书不仅要走心，而且要手、嘴配合。首先说书的选择，哪怕是教材，也要认真挑选，目前市场上法学领域的书籍非常多、教材也是五花八门，但质量上就参差不齐了，如果不加挑选地阅读，那就纯粹是浪费时间了。在这个问题上，你要主动和老师多交流，听取老师的指导。至于读书走心，说起来容易做起来难，我自己采用的是笨办法——手和嘴配合，拿支笔、拿个本、口中念念有词，把精彩的句子和段落抄写下来。另外，心态需要调整好，很多同学常常十分焦虑，"我读了很多，最后却发现全都忘了！"其实仔细想想，书如果只读一遍怎么可能就记住了呢？读书对人本身就是一种潜移默化的影响，而不是"立竿见影"，读书要形成习惯，只有通过长期的积累，我们的学识才能越来越厚实；而且，经典内容也要反复诵读，这真的是令人享受的事情，以后在使用时也才能信手拈来。

最后说几句职业规划方面的话。实际上，我不太同意本科生过早进行职业规划，过早的规划就很容易出现前面所说的偏好问题。对于本科生来说，不仅要全面学习法学各学科的基础知识，夯实自己的法学基础，在有条件的学校，还要多听其他院系所开设的与法学知识相关的课程，例如哲学、经济学、社会学、心理学，甚至数学，另外也要多听讲座，国内外名家、大师的讲座绝对是令人心旷神怡的。多年的经验告诉我，无论是哪个方向，打造宽广的知识面对于未来的职业发展绝对是有十分有意义的。我个人的看法是，本科生倒是应该尽早想明白一个问题，未来是走学术研究的路，还是做法律实务工作。如果是前者，那么你的书单上就应当以理论性的著作为主，比如我前面推荐的那些名著；如果是后者，你要读的书可以更通识性一些、覆盖面更广一些。

总之，大学有的不只是诗和远方，更多的是埋头苦读。奔跑吧，小清新们！

杨明教授简介

　　北京大学法学院教授、博士生导师，北京大学国际知识产权研究中心副主任、互联网法律研究中心副主任、《科技与法律》副主编。受聘担任中国国际贸易仲裁委员会仲裁员。曾经在美国加州大学伯克利分校法学院、华盛顿大学法学院、阿克伦大学法学院做访问研究、授课。

扫码进入杨明专栏

　　主要研究领域为合同法、知识产权法、网络法、竞争法、经济法（市场规制）。在法学各类刊物上发表论文40余篇，出版学术专著3部，译著1部，主持国家社科基金、教育部、司法部、中国法学会课题多项。

以民法为业：抽丝剥茧、鲁钝致远

中央民族大学副教授　唐　勇

　　民事法律规范，源于约定，并可能被约定排除，这就意味着：其理论上说"天然"地缺乏"权威感"，而必须通过论证自身的科学性来赢得生存空间。换一个场景式的表达：当不能直接命令时，只能选择说服。而就民事主体的个人事务，如何能说服？需要使其确信：能比民事主体自己更熟悉其事务，比民事主体自己更能作出对其有利的决断。也因此，民法学论证民法的科学性，强于论证其权威性。换言之，因为法定与约定这种内在的紧张关系（甚至竞争关系，不同于刑法等公法），民法、民法学都倾向于高度说理。

　　不论对法条、对事实、对当事人意愿，均强调抽丝剥茧的民法思维。究其原因，冲突如病灶、法学如医学、法律如手术，我们不能因为手指某一小块流血化脓，即给整条手臂做截肢。民法不同于刑法，刑法发现真相，往往不计成本；民法则不然，原本主要就是利益纠纷，而成本昂贵、效率低下，会导致当事人启动一个民事诉讼，得不偿失。民法的整套技艺，都是为了以尽可能小的成本，化解当事人的利益冲突。而这"尽可能小的成本"，其所仰仗的，不是大开大阖的宣誓，而是将分析进行到最小单元，"将一根发丝再切分为十根细丝，再切分……"，以发现最为精准的冲突点，对症下药，或为裁判或为调解。

　　任何民事纠纷，不是需要我们一上来就判断谁对谁错，对者全赢，错者全输，而是需要判断程度，比如侵权责任法上的过失相抵原则。简言之，应当多一些"或多或少"（程度）的逻辑，少一些"非此即彼"（黑白）的恣意。民法、民法学，不是简单通过判定对错来解决冲突，而是需要通过抽丝剥茧的分析，发现解决双方利益冲突的"黄金分割点"。从这一点来看，民法学更像是经济学中的微观经济学。

方法自然有其用处，所谓"没有内容的方法是空洞的，没有方法的内容是盲目的"，方法要关注，但是最好在有了一定的知识积累之后，产生一种方法上的自觉。初学民法者，不妨少关注些方法、技巧，多下一些笨功夫。即便鲁钝，又哪怕是天资过人，初学时，下笨功夫，总归是好的。

一、引言：起初，他们是被什么吸引了？

德国民法学家维尔纳·弗卢梅（Werner Flume），1908 年生于卡门，2008 年度过了他的百岁华诞，其对德国民法贡献卓越，并延及公司法、税法和罗马法等领域，被誉为"法学大师""法学领域的哥伦布""古典自由主义者"和"激昂慷慨的勇者"。[1]弗卢梅终生以民法为业，据当时去波恩大学访学的国内学者米健教授回忆，直到 20 世纪 90 年代末（1997 年、1998 年），弗卢梅老先生已近 90 岁高龄，仍退而不休，除独自到大学上课（无人簇拥）、听课、参与讨论外，据说晚年还一直给报刊写文章；米健记录的一段趣闻，[2]尤其令人印象深刻，说及：弗卢梅退休后仍旁听他的得意门生雅克布斯（H. H. Jakobs）讲课，"那时的雅克布斯教授即将退休，已经是 65 岁开外的老教授了，一般人都会对他恭恭敬敬。可是，他的老师，已经是 89 岁的弗卢梅先生偏偏每次都来参与，并且确实犹如太上皇那样坐在他老学生的旁边"；虽然弗卢梅大部分时间都是安静并享受地听他的学生授课，但是逢有疑义，便不留情面，并大声发表不同意见，雅克布斯对老师的不同意见，"也有忍耐不住的时候，于是就会红着脸和他的老师争论，而这时候的弗卢梅也会固执坚决，旁若无人地大声争论。于是，两个老头，一个快 70 岁，一个快 90 岁了，便会像孩子一样面红耳赤地斗鸡般争吵"；据说，当时的争论，弗卢梅"从来没有错过"，而人之常情，雅克布斯对自己老师的在场，多少也有些为难甚至尴尬，也会悄悄地埋怨一下，"你们看，我都 60 多岁了，可我的老师还总是坐在我的旁边，让我觉得很不自由……"当然，弗卢梅的执着，雅克布斯的率真，都让人肃然起敬，而更为让人好奇的是：起初，是什么吸引了他们，让他们到了晚年仍不顾及师徒身份、像儿童般争吵。

我国台湾地区民法学家王泽鉴先生，1938 年生于台北，著有《民法学说与判例研究》《民法思维》《民法总则》《民法概要》《债法原理》《侵权行为》《民法物权》以及《人格权法》等体系书。王先生也是退而不休，张双根教授曾对王先生

---

〔1〕 参见［德］维尔纳·弗卢梅：《法律行为论》，迟颖译，法律出版社 2013 年版，第 1142~1143 页。

〔2〕 详见米健："百年身后论定百年——回忆弗卢梅先生"，载《比较法研究》2009 年第 2 期。

荣休后的一次访学，做过生动的白描：[1]2004 年王先生短期旅德，客居柏林自由大学附近，王先生当时"刚刚自台湾'司法院'大法官任上退休，旅德虽有访学之名，却未必真有什么具体的研修任务，本可享云鹤之闲适。但王先生除访客外，基本在自由大学法学院图书馆度过，查阅资料，凡遇所需者，即就馆复印。德国各大学图书馆之复印，要付费，且馆内不配备专门的复印工，复印机置于一角，一切自己动手，随取随印。有自由大学的同学告诉我，时常看见王先生在复印机前，一站就是半天。复印这个苦差事……其机械、枯燥与乏味，半天下来，两腿灌铅，双臂酸麻。王先生年近七旬，似乎未曾视此为苦，且乐此不疲！一个老人，伫立在图书馆角落的复印机前，一页一页地翻印，周围的一切似乎静止，伴随的仅是机器不尽重复的'咔嚓-吱——'……"王先生以民法为业，至今笔耕不辍，2015 年年底还系统修订了《不当得利》一书（该书初版于 1990 年），并且一直密切关注大陆地区民法典编撰：2017 年 3 月 15 日《中华人民共和国民法总则》颁布后，紧接着的四月份，王先生以年近 80 岁的高龄，在北京大学等高校举办了多场学术讲座，系统、透彻地分析民法总则，全程坚持站立讲授。同样，令人好奇的是：起初，是什么吸引了王先生，致使他功成名就、古稀之年，仍事必躬亲、终生研习。

2014 年 5 月，我短期参与国家知识产权局关于《专利代理惩戒规则（试行）》的一个立法评估项目，当时课题组组织了不同类别的问卷调查，其中包括与律师事务所座谈。当时，透过问卷调查和座谈，我除了关注律师对该规则可实施性评价外，也很关注专利律师的执业生态。多家律所参与座谈，其中有一家专利代理做得最好，在全国范围内业务也是数一数二，该所就座谈所做的准备工作乃至实际推进，也最为专业；尤其该所的一位资深合伙人，对专利代理的各项业务流程如数家珍、细节疑问均信手拈来，对我们调研的规则，不仅有批评、反思，更有建设性意见，甚为精彩，如没有长时间不间断的跟进，定难达至。座谈间歇，该资深合伙人提及一个很"有趣"的现象，说"不知从何时起，人们对于老律师的印象是不干活了。我经常被朋友，甚至自己的客户嘲笑，因为：到现在，我还亲自撰写专利申请书。他们说，你也算功成名就，平时不就应当打打高尔夫、吃吃饭、维持维持客户关系，具体干活的事情交给下边人去做吗？我的回答是：我不是商人，不是老板，我是律师，靠专业吃饭，必须亲力亲为，否则，我便不能最大限度地实现信任我的客户的利益"。该律所的这位资深合伙人，不论经济方面、还是名望，均可让他以相对安逸的方式执业，至少不必从事繁琐细碎的具体工作，然则，同样，令人

---

〔1〕 张双根："怀着敬意品先生"，载 http://blog. renren. com/share/221560306/2952815387，最后访问日期：2017 年 6 月 26 日；简版载法制网 http://www. legaldaily. com. cn/zmbm/content/2009-12/10/content_2003097. htm，最后访问日期：2017 年 6 月 26 日。

好奇的是：起初，是什么吸引了他，虽接近退休，却仍紧跟时事、亲力亲为。

起初，究竟是什么吸引了弗卢梅先生、雅克布斯先生、王泽鉴先生、该资深合伙人，更为确切地说是民法中的什么吸引了他们，以至于让他们终生追问、终生学习、乐此不疲？言人人殊，甚或"不可说"也。"不可说的，只可不说"[1]，我们"可说"的是：不只民法，一旦我们被吸引、被打动，该吸引、打动本身，便不可逆。以民法为业，不是以民法为商业，计较短期得失。即便以民法为商业，也并非简单的商业，而是谋百年企业，此一点，于学术如此，于实务亦如此。以民法为业，是以民法为学业、为职业、为事业。不只谋生，也谋道。

二、为何抽丝剥茧

以民法为业，毕生求索。那么，民法有什么特殊的呢？民法思维又表现为什么样的特点？如所周知：民法，是市民社会的基本法。所谓"根本法有二，一为宪法，一为民法，其他非宪法的附属法，即民法的附属法"[2]。从国家和社会区隔的角度，"民法是与宪法相并列的法律，宪法规定的是国家的基本理念和构造，而民法规定的是社会的基本理念和构造（constitution）"[3]。其重要性，不言而喻。

人类社会诸多进步，来自于区隔的智慧。比如，从政教合一，到政教分离，"上帝的归上帝、恺撒的归恺撒"，使得宗教不直接影响政治，相互得以保全。在宗教与政治分立的基础上，为减少政治生活与社会生活的互扰，又进一步区分为政治国家与市民社会，使得"小政府大社会"成为可能。政治国家的治理规则，更多体现为奥斯丁所谓主权者的强制性"命令"[4]；市民社会的治理规则，则更似哈耶克所谓的"自发秩序"，更多表现为授权性的、辅助性的。[5]

相较于法律是命令的刻板印象，民事法律规范则体现很强的授权性。民法，作为市民社会的基本法，其理念是私法自治。私法自治，常被称为民法的"自明之理"，一如数学中的公理一样，不需要去证明。当然，这一理念并非仅仅是抽象地存在于学理中，而具体表现为民法总则中的自愿原则，更在民法各部门法（合同

---

〔1〕 [奥] 路德维希·维特根斯坦：《逻辑哲学论》，王平复译，九州出版社 2007 年版，第 193 页。

〔2〕 黄右昌：《民法诠解总则编（上）》，商务印书局 1936 年上海增订第三版，第 1 页。

〔3〕 [日] 星野英一："日本民法典的 100 年"，渠涛译，载《环球法律评论》2001 年秋季号。

〔4〕 [英] 约翰·奥斯丁：《法理学的范围》，刘星译，中国法制出版社 2002 年版，第 17、18 页。

〔5〕 就奥斯丁之将法律定义为强制性命令，哈特从诸多角度提出了批评，而哈特更从一开始就指出法律规则并非都是强制性的，"有些规则，在它们要求人们以某种方式而为的意义下是强制性的，例如：不论人们愿意与否，他们都得禁戒暴力或缴纳税赋；而像规定了诸如婚姻、遗嘱或契约的程序、法定方式和条件的其他规则，则指示了人们要如何做才能使他们想要达成的事发生效果"；见 [英] H. L. A. 哈特：《法律的概念》，许家馨、李冠宜译，法律出版社 2006 年版，第 9 页。

法、物权法等)、民事特别法（婚姻法、知识产权法等）的具体条文中，时隐时现，其措辞表现为：比如"当事人应当按照约定全面履行自己的义务"（《合同法》第60条第1款），依照约定确定当事人之间的权利义务关系，属于典型的自治；再如，"处分共有的不动产或者动产以及对共有的不动产或者动产作重大修缮的，应当经占份额三分之二以上的按份共有人或者全体共同共有人同意，但共有人之间另有约定的除外"（《物权法》第97条），这属于约定排除法定，或约定优先于法定。

民法尊重当事人的意愿，意味着其出发点不是法律"父爱主义"（Paternalism），认为个体之上需要一位负责的、有爱心的慈父帮助个体决断；严格意义上，民法也不是基于一种精英主义，认为个体的偏好、品味应当以某类精英为标尺。民法的出发点，是首先认为每个个体是自己利益最好的判断者，个人事务应当由每个个体自己判断、自己决定并自己负责。民法这样的脾性，决定了民法也供给规则，甚至强制性规则，但民法供给的核心规则，主要应当是参考性的，即：如果当事人没有约定的情况下，则适用民事法律规范；即便有民事法律规范，原则上得依照约定排除。

如上所述，既然约定优先，那么民事活动完全按照约定不就可以了么，还需要民法作甚？事实上，民事法律规范与当事人约定的"冲突"，并没有想象中的大：一方面，往往人们并不会事无巨细地事先约定，而即便事先约定得再详细，根据"不完全合同"理论，合同约定永远也是不完备的；另一方面，民事法律规范本身并不是从天而降的，恰恰正是从当事人各种有效约定中长期积累、沉淀、生成的。这意味着，民事法律规范本身，即蕴藏人们的约定。同时，既有的民事法律规范，一直有其边界：即当其不符合人们的行为预期时，将被约定排除。

民事法律规范，源于约定，并可能被约定排除，这就意味着：其理论上说"天然"地缺乏"权威感"，而必须通过论证自身的科学性来赢得生存空间。换一个场景式的表达：当不能直接命令时，只能选择说服。而就民事主体的个人事务，如何能说服？需要使其确信：能比民事主体自己更熟悉其事务，比民事主体自己更能作出对其有利的决断。也因此，民法学论证民法的科学性，强于论证其权威性。换言之，因为法定与约定这种内在的紧张关系（甚至竞争关系，不同于刑法等公法），民法、民法学都倾向于高度说理。

所谓高度说理，无非是思辨的、分析的。而所谓重分析，通俗而论，即为抽丝剥茧的思维模式。其他法律部门当然也强调分析，不过是基于自治理念和法律规范特征，民法更为突出。不论是合同法上的要约、承诺机制，还是物权法上的善意取得、物权行为理论，都是高度论理的。我国婚姻法规定，离婚自由，但离婚的条件是夫妻感情确已破裂；我们不妨想象一下：夫妻之间感情是否破裂，民事法官如何判断；处理民事问题上，法官并不是"父母官"，不能通过强制性命令解决争端；

而离婚不仅涉及夫妻感情问题，还涉及子女抚养，以及财产分割，差之毫厘则谬以千里；偏偏法官又属于"外人"、从旁者，处理家庭问题，更没有宏大叙事、大政方针可依赖；不依靠对事实的条分缕析、不依靠对模糊法条抽丝剥茧的解释、不依靠对当事人意愿细致入微的探寻引导，依靠什么？

不论对法条、对事实、对当事人意愿，均强调抽丝剥茧的民法思维。究其原因，冲突如病灶、法学如医学、法律如手术，我们不能因为手指某一小块流血化脓，即给整条手臂做截肢。民法不同于刑法，刑法发现真相，往往不计成本；民法则不然，原本主要就是利益纠纷，而成本昂贵、效率低下，会导致当事人启动一个民事诉讼，得不偿失。民法的整套技艺，都是为了以尽可能小的成本，化解当事人的利益冲突。而这"尽可能小的成本"，其所仰仗的，不是大开大阖的宣誓，而是将分析进行到最小单元，"将一根发丝再切分为十根细丝，再切分……"，以发现最为精准的冲突点，对症下药，或为裁判或为调解。

民事纠纷的利益冲突，虽非显而易见，但往往比当事人想象得要小：因为冲突本身，容易放大情绪。而抽丝剥茧的分析，往往能首先将冲突利益予以合理限缩，进而有利于最终冲突的解决。通俗而论，民事活动中较少有大奸大恶之徒（即便有民法也不判断，交由刑法等公法），且往往双方均有不周之处，任何民事纠纷，不是需要我们一上来就判断谁对谁错，对者全赢，错者全输，而是需要判断程度，比如侵权责任法上的过失相抵原则。简言之，应当多一些"或多或少"（程度）的逻辑，少一些"非此即彼"（黑白）的恣意。民法、民法学，不是简单通过判定对错来解决冲突，而是需要通过抽丝剥茧的分析，发现解决双方利益冲突的"黄金分割点"。从这一点来看，民法学更像是经济学中的微观经济学。

当然，强调抽丝剥茧的民法思维，不是拒斥概览性的法律思维。在慢慢进入民法的制度体系时，公私法的界分、民商合一或分立、潘德克吞式民法典编撰、民法总则思维、外在体系和内在体系、物债二分体系乃至请求权基础思维，均既是民法重分析的结果，也是民法分析思维的要点。

三、为何鲁钝致远

下文，浅谈一下民法学习方法，主要针对初学者。

少年锦时，我属于记忆力比较好的，略夸张点说可以算是过目不忘型。在信息匮乏的当时，我自己发明（后来才知道其实很普遍）的娱乐活动之一，就是背圆周率。印象中，我闲来无事，当时能背到圆周率后二百位，且基本没错。有一天读报纸，发现有小朋友能背得比我还多，我觉得不服气，认为自己还能提高。正巧，当时看到报纸上大力推荐一本小册子，叫《超级记忆法》，里面说会有各种提高记忆的技巧，现在我还记得有所谓"图像记忆法"之类的，最关键，该推荐文章还特别提到能帮助背诵圆周率到小数点后多少多少位。对当时急于挑战自己的我，简直就是"瞌睡碰到枕头"。大约是小学四五年级的时候（1990年左右），我拿出我攒的零花钱，第一次邮购，买到了那本小册子，到手之后，非常激动，至今我还记得那本小册子薄薄的，绿色的封皮，封面上正楷写着"超级记忆法"；我当时如饥似渴地阅读，并根据书中提供的方法加以训练……后来，我再也不能过目不忘了。

这当然是个案。怎么学习民法、怎么学习法律乃至怎么学习，需要结合每个个体的天分、经历、体力甚至性格，"有教无类"并不难，难的是"因材施教"。在还未进入一个学科体系内部时，先谈学习方法，恐怕不见得就是利大于弊。

我曾听闻一位国内著名民法学家，他在追忆自己学术生涯时，向他的弟子们感慨："幸亏选择了法学，才使得像我这样愚笨的人也有了糊口的本领。"这当然是民法学大家的自谦，但个中蕴意，深值体会。

本科阶段的民法老师，要能让本科生产生对民法的兴趣，就是合格的，甚至是优秀的。我的民法启蒙老师，便是如此：他从头到尾就是讲案例，教材是让学生自己读。当时，很多同学表示，民法老师讲得比较难，不好理解。毕业之后，还有同学总结说：民法一共学一年，刚能听懂老师说的普通话（老师有口音），一学期过去了；刚能看懂老师写的字（老师习惯一上来抄写一黑板的案例，草书风格），一学年过去了；想好好学民法，可是刚听懂话、看懂字，民法课已经结束了。我对民法课的感觉不一样，虽然也觉晦涩，但总体感觉生动有趣，让人甘之如饴。究其原因，"汝果欲学诗，工夫在诗外"，当时民法的第一次课上，老师即指定了教材（当时教育部的九五规划教材），要求在两个月内通读完《民法总论》《债法总论》《物权法》《侵权行为法》四本核心教材，虽然第一次课上完，连民法基本概念都不清楚，包括我在内的几个同学，还是闻鸡起舞、每每读至深夜，一字一句、老老实实地在两个月内"啃"完了这四本书；尽管，全部读完，甚至有些篇章，读了三四遍，仍不知所云。所以，我猜想，对同一门课程不同的感觉，有感觉亲近，有感觉畏惧，恐怕跟有没有下笨功夫有关。

除了我微不足道的个人经历，另有两个有说服力的实例：L君和W君。此二君，均是我同学，天分均极高，均以民法为业（一为实务，一为学术），却均以"鲁钝"致远。

L君现在已是国内某知名律师事务所的合伙人，也刚被评为某省优秀青年律师。而此君刚入大学时，操着一口浓烈的方言（自我介绍时，自称"俺"），一般人很难将现在的成功律师与大学时的他联系起来：而此君特质在大学时即已显现，大学时，此君每日天不亮即起床，据说都是先到湖边读一小时中文（练习普通话）、再读一小时英语，随后早餐，去图书馆自习、深夜方归，风雨无阻、四年如一日，我目力所及，未见到他跟我们出去吃过一顿饭、唱过一次歌，规律得像一台机器，这听起来简单，做起来难；逐渐的变化就是，我眼看着他普通话越发标准，英语、法律也愈发精进，我感佩于他的意志力和坚持；偶尔我们讨论民法问题，我常常惊讶于他的思路清晰和逻辑严密。这种坚持，近乎苛刻，近乎"笨拙"，但舍此之外，恐怕并无打造优秀民商事律师的更好路径。

　　W君现在已是南方一所知名大学的民法教授，此君研习民法之刻苦，同辈当中无人能及。记得求学时，我们都认识到研习德国民法的重要性，而国内虽有翻译的德国民法教材甚至体系书，但毕竟是二手的资料，尤其就一些我们各自研究的具象专题，既有译介很少有提及，而即便有所提及，也是浅谈辄止，无法满足研究需要，这就有必要学习德语，掌握第一手的研究资料。我争取了一个公派留学的机会，在国内学了三个月德语、到德国又学了三个月德语，通过了德国大学入学考试（DSH），在德国大学里听课、参加讨论课、阅读专题等，十五个月后离开德国时，能读能写，能和教授用德语讨论我的博士论文。W君在国内，我出国时，他也才刚刚开始自学德语，未报任何学习班，完全靠每日规律的朗读（发音都可能是错的）、对照译本、查阅字典，几乎是硬碰硬地"死磕"一门外语，等我回国时，W君竟然同样可以"原汁原味"地使用德文资料，个中辛苦，可想而知：非超乎常人的勇气与近乎"笨拙"的毅力，不能达至。近日，我偶然看到他所秉承的治学理念，曰"人一能之己百之，人十能之己千之。果能此道矣，虽愚必明，虽柔必强"，心有戚戚。

　　最后，稍作总结。方法自然有其用处，所谓"没有内容的方法是空洞的，没有方法的内容是盲目的"，方法要关注，但是最好在有了一定的知识积累之后，产生一种方法上的自觉。[1]初学民法者，不妨少关注些方法、技巧，多下一些笨功夫。即便鲁钝，又哪怕是天资过人，初学时，下笨功夫，总归是好的。

唐勇副教授简介

　　2006年7月，取得北京大学法学院民商法学硕士学位。2009年10月至2011年1月，公派德国弗莱堡大学法学院联合培养。2011年7月，取得北京大学法学院民商法学博士学位。2011年7月至中央民族大学法学院任教，在民商法教研室工作，2011年任讲师，2014年任副教授。

扫码进入唐勇专栏

---

〔1〕　推荐梁慧星先生"怎样学习法律"一文，及贺卫方先生"如何学习法律"一文。

刑法思维的方法入门

北京大学教授　陈兴良

　　在刑法学习过程中，法科学生不仅需要掌握刑法专业知识，更为重要的是，通过刑法学习经受刑法思维方法的训练，从而从法律门外进入到门内。

　　以法律的明文规定作为犯罪的认定标准，就将有罪与无罪的区分从价值观念的抽象层面转移到逻辑与语言的层面，刑法思维方法就以语言解释方法和逻辑推理方法呈现出来。在这个意义上说，刑法学者应当是一个实践着的语言学家和实践着的逻辑学家。

　　法官可以解释法律，在法律规定得不好的情况下，法官可以把法律解释得好。这种解释是有限度的，就像一块织物，如果这块织物上出现皱痕，可以通过解释方法把皱痕熨平，但法官不能改变这块织物的质地。

　　如果把法学比喻为医学，那么，民刑两法就相当于内外两科，其地位十分重要。这里的地位重要，并不仅仅是说民刑两法的内容涉及社会生活的各个方面，规范体系庞杂，如果要想全面系统地掌握民刑两科的专业知识，对于法科学生的智力是一种考验。更为重要的是，民刑两法奠定了法学基本思维方法的基调。在这个意义上说，学习刑法是法律思维方法养成的必由之路。因此，在刑法学习过程中，法科学生不仅需要掌握刑法专业知识，更为重要的是，通过刑法学习经受刑法思维方法的训练，从而从法律门外进入到门内。

　　刑法思维方法的作用就在于，它使你面对复杂纷繁的刑事案件，就像手持一把手术刀，能够对刑事案件进行条分缕析的判断，得出合乎情理法的结论。在情理法三者中，合法是基本前提，合理是根本要求，合情是最高境界。在学习刑法初期，主要是要掌握合法性的判断方法。法律思维的一个最大特点在于思维过程受规范的约束，因此，法律思维亦称为规范性思维，用一句形象的话来说，是戴着脚镣跳舞，法律思维的脚镣就是规范。因此，法律思维不能天马行空，而是在规范所提供的空间范围内的思考。在这种情况下，法律思维就不会混同于其他思维。

法律规范是对人的行为的某种限制，在法律语境中人是不能为所欲为的，必须受到规范的拘束。例如，对利益的追求是人的本性，商业思维就是一种营利目的驱使的思维活动，它对商业行为的动机形成具有导向功能。然而，在一个法治社会里，商业活动是受到法律规制的，正如下面这句话所描述的那样："最赚钱的方法都写在刑法里"。对于事物的评价不能离开规范的标准，在这个意义上说，规范标准的引入，是法律思维养成之初。例如，法律正义不同于一般正义，一般正义采用的是实质标准，而法律正义采用的是规范标准，两者判断标准不同，其结论也就存在差别。正是在这个意义上，立法论与司法论的区分，对于法律思维来说是一个逻辑起点。立法论的思维一般都是实质思维，而司法论的思维则是规范思维。在对一个具体案件进行分析的时候，法律思维要求采用规范的思考方法，而不能超越现行有效的规范标准。这一点，在刑法思维中，因为受到罪刑法定原则的限制，体现得十分明显。

罪刑法定原则是刑法思维方法论的制约因素，它在某种意义上塑造了刑法思维方法的价值取向。罪刑法定原则的一个基本内容是"法无明文规定不为罪"。也就是说，一个行为是否构成犯罪，应当以法律明文规定为标准进行判断。这个意义上的"罪"，就已经不是一般社会观念中的"恶"。以法律的明文规定作为犯罪的认定标准，就将有罪与无罪的区分从价值观念的抽象层面转移到逻辑与语言的层面，刑法思维方法就以语言解释方法和逻辑推理方法呈现出来。在这个意义上说，刑法学者应当是一个实践着的语言学家和实践着的逻辑学家。

在刑法中如何处理漏洞，是考验刑法思维方法的一个试金石。在司法实践中，往往存在某种具有严重的法益侵害性的行为不被法律规定所涵括。在这种情况下，如果没有明确的入罪根据，能不能作为犯罪来处理呢？例如，在世界各国的刑法中都将越狱行为规定为犯罪，我国刑法称为脱逃罪，而《法国刑法典》称为越狱罪。其实，脱逃和越狱是同一个行为的不同指称。我国《刑法》第 316 条第 1 款规定："依法被关押的罪犯、被告人、犯罪嫌疑人脱逃的，处 5 年以下有期徒刑或者拘役。"而《法国刑法典》第 434-27 条的规定："在押人犯采用破门、破窗、暴力或贿赂手段，摆脱其受管束之看守的行为，即使该行为系由第三人与之串通实施，均构成当罚之越狱罪"。对比两个法条的规定，我们可以发现，我国刑法对脱逃方法并没有限制，只要摆脱合法羁押状态的行为都属于脱逃行为。《法国刑法典》则对越狱的方法做了列举式的规定，即明确列举了破门、破窗、暴力或贿赂手段四种方法。应该说，这四种方法基本上囊括了所有的越狱方法，处理一般越狱案件完全没有问题。然而，法国发生过一起特殊的越狱案：在押人犯与狱外人员内外勾结，某日趁在监狱的操场上放风，一架直升机飞到监狱操场上空，从直升机放下一个绳梯，在押人犯早有准备，爬上绳梯乘坐直升机逃离了监狱。这个案件的行为具有越狱性质是毫无疑问的，这个案件如果发生在中国，认定为脱逃罪没有问题。而发生在法国，法官却犯了难，因为它不符合《法国刑法典》关于越狱罪的规定。《法国刑法典》只规定了破门、破窗、暴力或贿赂手段这四种越狱方法，而在这个案件中，被告人并没有采用刑法所列举的四种方法越狱，而是乘坐直升机越狱。因此，按照"法无明文规定不为罪"的罪刑法定原则，对于本案被告人就应当宣告无罪。这个案件，法官最终还是做出了无罪判决，这种无罪判决是规范思维的必然结果。如果按照实质思维，乘坐直升机越狱的性质要比刑法所规定的四种越狱更为严重，怎么可能做出无罪判决。问题在于，如果突破刑法的规定认定犯罪，国家刑罚权就不能得到有效限制，公民个人的权利就会处于受到非法追究的危险之中。这也正是为什么即使放纵犯罪，也要坚持罪刑法定原则的深层次原因之所在。从这个案例可以看出，法律正义是通过法律所实现的正义，超出法律就没有正义。正义本身也是具有多个层面和侧面的，只有坚守罪刑法定原则，才能实现更为重要的价值目标。在此，存在各个价值之间的选择，也就是说，在现实生活中，价值从来都不是单一的，而是多元的，甚至互相之间存在冲突，法律只是实现社会价值的手段之一。

也许有人会说，上述在押人犯是在钻法律空子。这里存在一个如何看待法律漏洞的问题。任何法律都有漏洞，在通常情况下，法官可以进行漏洞的填补。例如，类推往往就是填补漏洞的一种常见方法。那么，在刑法有漏洞的情况下，法官怎么处理案件？这是一个司法难题。在法教义学中，法律漏洞分为法内漏洞和法外漏洞。在罪刑法定原则的语境中，对于法内漏洞，法官可以填补。而法外漏洞属于法律没有明文规定的情形，只能根据罪刑法定原则做出无罪判决。根据罪刑法定原则，法无明文规定不为罪。凡是刑法没有规定为犯罪的，法律明确规定这就是无罪。在这个意义上，怎么还能说是法律漏洞呢？英国著名的法官丹宁勋爵曾经就法官对法律的解释问题，说过非常生动的一句话：法官可以解释法律，在法律规定得不好的情况下，法官可以把法律解释得好。这种解释是有限度的，就像一块织物，如果这块织物上出现皱痕，可以通过解释方法把皱痕熨平，但法官不能改变这块织物的质地。根据丹宁勋爵这句话的精神，法官在法律适用中，对于法律规定中某些微小的瑕疵可以通过法律解释的方法加以弥补，但不能将法律没有规定的行为解释为犯罪，这是改变了织物的质地，是法律绝对不允许的。

当然，如何判断刑法对某一行为是有规定还是没有规定，这又涉及对刑法规定的解释问题。而解释方法也是刑法思维方法的重要内容。例如，被告人朱某因为与邻居有仇，想要报复邻居。被害人是炒股票的，朱某知道以后，就通过不正当的手段，取得了被害人的股票账号和密码，然后非法侵入股票账号，对股票进行高买低卖的操作，也就是高价买入股票，然后低价卖出，经过十多天的操作使被害人的股票损失了 19 万元。对于这个案件，检察机关以故意毁坏财物罪向法院提起公诉，法院认定被告人朱某的行为构成故意毁坏财物罪。这里涉及对毁坏的理解。某人有一张名画，价值几十万，把这张画撕掉，这是一种物理性的毁坏。如果没有把这张画撕掉，而是在上面泼洒墨汁，使这张画被污染了，这张画的价值丧失了，这也是毁坏。如果一锅鲜汤里，投放了一颗老鼠屎，这是一颗老鼠屎坏了一锅汤，也是毁坏。还有，顾客在饭店吃饭，来了一个乞丐，脏兮兮的手往你碗里一抓，乞丐没拿走饭，但顾客一看脏手抓过的饭就不吃了，乞丐就拿去吃了。在以上这几种情况下，财物没有遭受物理性的破坏，但财产价值丧失了，财物还是受到了毁坏。因此，在财物的物理性毁坏以外，对毁坏的理解还可以再做进一步的拓展，从财物的效能丧失角度理解毁坏。还有学者从更广泛的意义上理解毁坏，例如把他人鸟笼里的小鸟放飞到天上去了，这是不是毁坏？有些学者说这是毁坏。因为小鸟放飞以后虽然还在天上飞，但已经不在主人的控制之下了，造成了财产损失，因此构成毁坏。也有学者说这不是毁坏，小鸟不是还在天上吗，这怎么能说是毁坏呢？例如把他人金戒指丢到海里，是不是毁坏？金戒指在海底沉着，主人不能享用了，因此也被理解为毁坏。这里涉及的问题是：能不能把导致他人财物价值丧失的行为都界定为毁坏。有些学者甚至说，把他人财产藏起来，使他人找不着，这也是毁坏。如果这样的话，毁坏的含义就会无限扩张，使其丧失定型性，越来越实质化。按照这个观点理解毁坏，在本案中朱某采用高买低卖的方法使他人财产受损失，可以构成毁坏，法官判决有罪的理由也正在于此。这里涉及刑法解释的边界问题。在罪刑法定原则之下，任何刑法规定在解释的时候，都有一定的限度，这个限度就是可能语义。也就是说，语义可以分为核心语义与边缘语义。边缘语义的最外围就是语义的边界。在刑法教义学中，把这种语义边界称为可能语义。

刑法中的定罪问题，在一定意义上说，是一个逻辑问题，或者是一个语言问题。刑法思维方法当然包含着这种逻辑方法和语言方法，这是法科学生通过刑法学习所应当掌握的一种司法技艺。

陈兴良教授简介

    1957 年出生，浙江义乌人。北京大学法学院教授、博士生导师，兼任中国刑法学研究会副会长、中国犯罪学研究会副会长等职。担任最高人民法院特邀咨询员和最高人民检察院专家咨询委员会委员。主要研究方向为刑法哲学、刑法教义学、判例刑法学。

扫码进入陈兴良专栏

刑法第一课

清华大学教授　张明楷

在刑法的这张脸上，包含着被害人的父母、兄弟的悲伤与愤怒，包含着对犯人的怜悯与体恤，也包含着对犯人将来的期望与祈盼；此外还一定包含着法官在充分理解犯人的犯罪动机的同时又不得不对犯人科处刑罚的泪水。

法条的真实含义是在社会生活事实中发现的。例如，有的国家刑法制定了100多年。100多年来，无数的学者、法官、检察官、律师都在解释刑法；而且，只要该刑法没有废止，还将继续解释下去。之所以如此，并不是难以寻找立法原意，也不是难以揭示刑法用语的客观含义，而是因为社会生活事实在不断变化，刑法的真实含义也要不断地发现。

事实上，法律人的法感觉，总会使他在仔细查阅刑法条文之前就能形成一个良好的预判。一个优秀的法律人需要非常好的法感觉，这种法感觉也可谓正义感、是非感，需要经验的积累与长时间的训练。

尽管刑法用语可能出现失误，尽管法条表述可能产生歧义，但解释者必须作出有利于立法者的假定，相信立法者不会制定非正义的法律。当你对法条做出的解释结论不符合正义理念时，不要抨击刑法条文违背正义理念，而应承认自己的解释结论本身不符合正义理念。当你对法条难以得出某种解释结论时，不必攻击刑法规定不明确，而应反省自己是否缺乏明确、具体的正义理念。

正义理念不仅要贯彻在刑法解释的过程中，而且要贯彻到自己的日常生活中。一方面，只有自己是正义的，才可能对刑法做出正义的解释。另一方面，正义理念不只是法理念，也是生活理念。将正义理念、法理念贯彻在自己的日常生活中，会使自己的生活更顺畅、更美好。

　　"法学是一门施展才华、满足自尊、唤起激情、伸张正义的学科。刑法学也不例外。"这是我编写的《刑法学》教材绪论部分的第一段话。对这段话没有必要进一步解释，系统地学习刑法学后，自然会有这样的体会。

　　刑法关系到每个人的生命、身体、自由、名誉、财产等法益。刑法一方面以保护每个人的生命、身体、自由、财产等法益为目的，另一方面又会剥夺被告人的生命、身体、自由、财产等法益。所以，在面对实施了犯罪行为的被告人时，被害人、社会大众、被告人亲属的心情就明显不同。2004 年 9 月，我国翻译出版了韦恩·莫里森的《理论犯罪学》一书。韦恩·莫里森在该书的中译本序中说道："本书英文版的封面，是一幅名为'匈牙利某囚犯之最后一天'的插图。该图是匈牙利最优秀印象派艺术家——米哈里·玛克凯西（Mihaly Munkacsy），在 19 世纪晚期为其在 1870 年巴黎沙龙获得金奖的一幅油画的铜版画所作的素描。于图中，一男子端坐囚室，衣着整洁，脚带铁镣，在接受游客之参观（该国风俗，允许游客有偿到将于次日被处决之囚犯的囚室中参观其最后一天）。其家人神情沮丧，而游客则尽情欣赏。其本人，则注目被弃于地上之圣经。"我特意上网看了这幅画：面对次日即将执行死刑的囚犯，处于不同立场的人具有不同的表情与心情。

　　也是在 2004 年 9 月，日本刑法学家西原春夫先生来北京参加国际刑法学大会，其间惠赠我一本《刑法の根底にあるもの》。该书的附录是西原先生于 1976 年 4 月 5 日作为早稻田大学法学部长在著名的大隈讲堂对法学部新生的演讲要旨。西原先生在演讲中说道："各位，如果法有一张脸的话，那会是一张什么样的脸……这是内容深刻的法哲学问题。"他接着讲到了刑法："例如，法中有称为刑法的法律，不言而喻，是谁违反了它谁就被科处刑罚的法律。刑罚中有死刑、惩役、罚金等，因此，可以说，刑法是法中最令人害怕的法律。那么，刑法的脸是什么样的脸呢……在刑法的这张脸上，包含着被害人的父母、兄弟的悲伤与愤怒，包含着对犯人的怜悯与体恤，也包含着对犯人将来的期望与祈盼；此外还一定包含着法官在充分理解犯人的犯罪动机的同时又不得不对犯人科处刑罚的泪水。"西原先生还希望学生一辈子思考并记住刑法的那张脸。在我看来，所谓要思考并记住刑法的那张脸，是指在解释刑法、适用刑法时，必须在刑法用语可能具有的含义内，充分考虑案件的各种因素，满足各方的不同需求，实现刑法的多种机能，但这又是相当困难的事情。

　　例一：《刑法》第 120 条之五规定："以暴力、胁迫等方式强制他人在公共场所穿着、佩戴宣扬恐怖主义、极端主义服饰、标志的，处 3 年以下有期徒刑、拘役或者管制，并处罚金。"一般来说，穿着、佩戴这两个概念是容易理解的，既然是"穿着"就是可以脱下的，既然是"佩戴"就是可以摘下的。真实案件是，张三强迫 A 留着宣扬恐怖主义、极端主义的发型，李四强迫 B 将宣扬恐怖主义、极端主义的标志作为纹身图案。那么，这两种情形是否属于"穿着、佩戴"呢？如果你仅仅考虑到这种行为与《刑法》第 120 条之五规定的行为没有实质区别，即都是利用他人宣扬恐怖主义、极端主义，就觉得可以认定为犯罪，而且这样可以有效地打击恐怖主义、极端主义。可是，对恐怖主义、极端主义的打击必须以刑法为根据，所以，你必须考虑上述情形是否处于《刑法》第 120 条之五的用语可能具有的含义之内。如果你要得出构成犯罪的结论，就必须充分论证上述情形属于"穿着、佩戴"，并且能够为一般人所接受。这显然是一件相当困难甚至是不可能的事情。

例二：《刑法》第 301 条第 1 款规定："聚众进行淫乱活动的，对首要分子或者多次参加的，处 5 年以下有期徒刑、拘役或者管制。"A 征得妻子 B 的同意，通过网站论坛发布帖子，邀请单身男生参加 3 人性交聚会。C 和 D 相继赴约，在 A 的家中分别与 A、B 夫妇实施了 3 次淫乱活动。A 在淫乱活动的过程中，还拍摄了许多淫秽照片。"称众者，三人以上。"所以，A 等人的行为符合了"聚众"的条件；C、D 分别与 A、B 夫妇实施了 3 次淫乱活动，也符合"淫乱"的条件。其中，A 是首要分子，B、C、D 属于多次参加者。那么，对于这种完全符合刑法条文字面含义的行为，真的应当以犯罪论处吗？你不能不考虑的是，成年人之间基于相互同意所秘密实施的淫乱行为，对谁的利益造成了侵害呢？社会秩序被这种行为扰乱了吗？一般人知道了他们的行为也会模仿吗？换言之，对这种行为有一般预防的必要性吗？如果你认为不应当以犯罪论处，那么，你又该如何解释《刑法》第 301 条第 1 款的规定呢？或者说，你该如何说明他们的行为并不符合《刑法》第 301 条第 1 款的规定呢？这显然是需要动脑筋的问题。

例三：《刑法》第 69 条第 1 款规定："判决宣告以前一人犯数罪的，除判处死刑和无期徒刑的以外，应当在总和刑期以下、数刑中最高刑期以上，酌情决定执行的刑期，但是管制最高不能超过 3 年，拘役最高不能超过 1 年，有期徒刑总和刑期不满 35 年的，最高不能超过 20 年，总和刑期在 35 年以上的，最高不能超过 25 年。"《刑法》第 71 条规定："判决宣告以后，刑罚执行完毕以前，被判刑的犯罪分子又犯罪的，应当对新犯的罪作出判决，把前罪没有执行的刑罚和后罪所判处的刑罚，依照本法第 69 条的规定，决定执行的刑罚。"甲犯 A、B、C 三个罪，分别定罪量刑后的总和刑期为 36 年有期徒刑，法院根据《刑法》第 69 条第 1 款的规定，决定执行 24 年有期徒刑。甲执行 1 年后又故意伤害他人致人重伤，倘若要处罚,按照量刑规则应当判处有期徒刑 9 年。对于这种情形,应当适用《刑法》第 71 条的规定,即应当将 23 年与 9 年实行数罪并罚。由于总和刑期没有达到 35 年,根据《刑法》第 69 条的规定,应当在 23 年以上 20 年以下决定应当执行的刑期。这个真奇怪!学刑法的同学中有哪位既在 23 岁以上又在 20 岁以下呢?肯定没有人举手。当然,各位可以认为这是立法上的一个错误,应当修改法律,我也这样认为。问题是,在法律修改之前,你偏偏遇上这个案件时,你该怎么办?首先,你不能认为"前罪没有执行的刑罚"是 35 年有期徒刑。因为虽然前一判决分别对 A、B、C 三罪分别定罪量刑,但法院依照《刑法》第 69 条"决定执行的刑期"是 24 年有期徒刑。所以,"前罪没有执行的刑罚"是 23 年有期徒刑,而不是 35 年有期徒刑;由于总和刑期没有达到 35 年,你不得在 23 年以上 25 年以下之间决定执行的刑罚。其次,你不应当在 20 年以下决定应当执行的刑期,否则就意味着犯新罪可以减少刑罚的执行,或者说犯新罪可以获得奖励。这与刑法的基本性质相冲突,甚至否认了刑法本身,怎么能说是在适用刑法呢?究竟应当如何处理,或者说,如何满足各方的各种需求,实现刑法的各种机能,不是一件简单的事情。有时候只能权衡利弊,选择弊害最小的一个方案。

当然,各位不能因为这些例子就觉得刑法太难学。我一直认为,"入门"很重要,只要真正"入了门",学习刑法也就比较容易了。但是,"入门"却不是老师可以教会的,老师不可能牵着你的手"入门",因为这个"门"是无形的,也不知道在哪里。但是,只要你经过系统学习和长期训练,这个"门"又是可以找到的,也是能够进入的。在我看来,要学好刑法,首先必须保持对刑法学的浓厚兴趣,或者说,要将学习刑法作为一种特别爱好。除此之外,我觉得应当特别注意以下几点。

第一,刑法学的本体是解释学(教义学),所以,必须熟悉刑法条文并且尽可能明确刑法条文的真实含义。

"使法律相协调是最好的解释方法",这句法律格言同样适用于刑法的解释。只有熟悉了刑法条文,才能使刑法条文之间保持协调;只有使刑法条文之间保持协调,才能实现刑法的公平正义。有的条文之间看似没有什么联系,实际上存在密切关系。熟悉刑法条文,意味着明确刑法条文之间的联系,并且使条文之间保持协调关系。例如,《刑法》第 237 条前两款分别规定:"以暴力、胁迫或者其他方法强制猥亵他人或者侮辱妇女的,处 5 年以下有期徒刑或者拘役。""聚众或者在公共场所当众犯前款罪的,或者有其他恶劣情节的,处 5 年以上有期徒刑。"一种观点认为,本条规定的"侮辱妇女",主要指对妇女实施猥亵行为以外的,损害妇女人格尊严的淫秽下流、伤风败俗的行为,其中包括追逐、堵截妇女的行为。追逐、堵截行为基本上发生在公共场所,根据这种观点,对追逐、堵截妇女的行为,一般处 5 年以上 15 年以下有期徒刑。姑且不说这样的处罚是否过于严厉，只要看一看另一个条文的规定，就会发现这种观点存在明显的缺陷。《刑法》第 293 条规定了寻衅滋事罪，其中的一种行为类型是 "追逐、拦截、辱骂、恐吓他人，情节恶劣"，其法定刑为 "处 5 年以下有期徒刑、拘役或者管制"。不用多加解释，就可以明白，对于在公共场所追逐、堵截妇女的行为，只能认定为寻衅滋事罪，而不能认定为强制侮辱罪。倘若将在公共场所追逐、堵截妇女的行为认定为强制侮辱罪，而将在公共场所追逐、堵截男性的行为认定为寻衅滋事罪，就导致处罚的不公平。显然，只要留意《刑法》第 293 条的规定，就不会对《刑法》第 237 条做出上述不协调的解释。再如，有人主张将逃避债务的行为认定为盗窃罪，但是，只要看看《刑法》第 276 条之一关于拒不支付劳动报酬罪的规定，就可能放弃这一主张。

对刑法条文的熟悉不能停留在表面上，还需要明确刑法条文的真实含义。刑法虽然由是文字表述的，但法条文字的字面含义不等于刑法条文的真实含义。任何文字都具有多种含义；虽然文字的核心含义比较清楚，但其向周边扩展时就会出含义模糊的地带；文字的含义也是不断发展变化的。所以，不能依靠查字词、查《辞海》的方式学习刑法，切莫 "大脑一片空白，目光往返于法条与词典之间"。倘若字面含义就是刑法条文的真实含义，法学专业就纯属多余，中文专业就足以取代法学专业。但事实上并非如此。要明确刑法条文的真实含义，首先必须弄清楚刑法条文的目的何在，然后在目的指导下解释刑法条文。在例二中，我们或许清楚地知道 "聚众进行淫乱活动" 的文字含义，但仅此还不够，还必须知道法条禁止这种行为的目的何在？或者说，设置这一法条是为了保护什么法益？否则，我们就不可能明确法条的真实含义。对一个刑法条文的不同解释，大多是因为对条文的目的理解不同。另一方面，由于刑法实行罪刑法定原则，所以，对刑法条文的解释又不能脱离文字含义，或者说，并不是符合目的的解释就是正确的解释。在例一中，我们或许清楚地知道条文的目的是禁止宣传恐怖主义、极端主义，但是，我们又不能脱离 "穿着、佩戴" 这两个词的含义去处理张三、李四的行为。

当然，了解了刑法条文的目的，并不等于能够直接获得刑法条文的真实含义。要获得法条的真实含义，还需要多种路径与方法。例如，要考察条文的体系地位以及法条之间的关系、与法条相关的社会现状、国民的理性需求，等等；还要运用各种法学研究的方法。下面的一些内容，实际上也是在讲如何发现刑法条文的真实含义。特别要说明的是，刑法条文的真实含义，并不是所谓立法本意或者立法原意；不要以为发现刑法条文的真实含义就是指寻找到条文的立法本意或者原意。事实上，并不存在所谓的立法本意或者原意，我们也没有获得立法本意或者原意的路径。一些人声称的立法本意或者原意，其实是他本人的想法，各位不要信以为真。

第二，刑法学的本体虽然是解释学，但刑法学并不是脱离具体案件与社会生活事实对法条进行一般性说明，而是要解决现实问题。所以，必须紧密结合具体案件与社会生活事实学习刑法。

学习刑法时虽然要以典型案件巩固理论知识，但不能因为学会了处理典型案件就以为自己学好了刑法。事实上，就诸多典型案件而言，即便没有学过刑法的人，也可能大体知道构成什么犯罪。所以，关键是疑难案件的解决。疑难案件可以检验已有的解释是否妥当，换言之，如果已有的解释不能处理疑难案件，就表明已有的解释存在缺陷，因而需要重新解释。所以，疑难案件成为重新解释刑法条文的推动力。例如，刑法理论一般认为抢夺就是"乘人不备、公然夺取"。倘若被害人正在周密防备，行为人也明知被害人在防备中，但仍然夺取了被害人的财物时，你就要对原来的定义产生疑问，而不能将原来的定义当作真理，或者认为刑法有漏洞。类似这样的例子太多。可以说，知道的疑难案件越多，就越有动力对已有的解释产生疑问，因而越有动力提出新的想法。有些普通事实虽然不是刑法上的案件，但是只要稍微设想一下或者添加一点因素，就会成为刑法上的疑难案件，就可以进一步思考和判断，进而提高自己的法学思维能力。有一次我坐飞机去新疆，看到后排的一位女士起身将自己的手提包放在前排男士（他们相识但不是亲属）的膝盖上，没有讲任何话就去了卫生间，男士也什么话都没有说。我立即就想，倘若男士以非法占有为目的将女士手提包中的钱包装入自己的口袋，是构成盗窃还是侵占？这个问题不难回答，我只是想说明，我们眼中看到的多数事实经过加工就可能成为值得研究的刑事疑难案件。

刑法是由文字形成的。文字起着两方面的作用：一是给解释者以启迪；二是对解释者以限制。显然，法条文字不能直接显示法条的真实含义。事实上，法条的真实含义是在社会生活事实中发现的。例如，有的国家刑法制定了 100 多年。100 多年来，无数的学者、法官、检察官、律师都在解释刑法；而且，只要该刑法没有废止，还将继续解释下去。之所以如此，并不是难以寻找立法原意，也不是难以揭示刑法用语的客观含义，而是因为社会生活事实在不断变化，刑法的真实含义也要不断地发现。例如，什么样的行为属于"猥亵"？什么样的物品属于"淫秽物品"？其答案是随着社会生活事实（包括一般人的价值观念）的变化而变化的。再如，以前曾经将组织他人跳贴面舞的行为认定为流氓罪，将长途贩运普通商品的行为认定为投机倒把罪，但现在绝对没有这种可能性。还如，1997 年修订刑法时，盗窃虚拟财产的案件很少见，当时几乎没有将虚拟财产认定为"财物"；但是，随着网络的普及以及网民对虚拟财产的重视，刑法理论必须重新讨论"财物"的含义（财物一词不变，但其含义会发生变化）。在国民普遍使用虚拟财产的情况下，否认虚拟财产属于财物的观点就存在疑问了。

　　总之，法律人应当正视法律文本的开放性，懂得社会生活事实会不断地填充法律的含义，从而使法律具有生命力。因此，学习刑法也好，学习其他法律也好，都需要善于观察社会生活事实，善于对观察到的、有意义的人类生活事实进行解释，其中也包括善于了解和理解一般人的理性需求。因为在当今社会，国家对国民的刑法保护已经成为一项公共服务内容。了解了一般人的理性需求，也就知道了刑法应当保护什么利益，应当允许什么行为、禁止什么行为。

　　第三，在面对具体案件或者具体法条时，一般会有一个直觉（或者预判），但直觉具有二重性，所以，学习刑法时既要利用直觉，又要防止因为错误的直觉形成错误的解释结论。

　　直觉既可能是有用的资产，也可能是危险的罪犯。在面对具体案件中，解释者习惯于从他直觉地认为公平的解决方案出发，寻找恰当的刑法规范，然后又回到案件的具体情况中来检验是否一致。优秀的法学家与优秀的法官总是有很好的直觉。"用拉德布鲁赫之言：'结论先得，法律应当事后提出结论的根据和界限'，这是一种十足的诠释学的思想，拉德布鲁赫又对这一思想补充道：'是非感要求一种灵活的精神，它能从特殊到一般，又从一般到特殊来回转换。'所以，人们可以将是非感作这样的概括，它是一门具有正确的先见之技艺。""一个世纪前，伟大的肯特法官（Chancellor Kent）解释了他形成判决的方法。他首先使自己'掌握事实'，然后，'我看到公正之所在，道义感在一半的时间里决定了法官的活动；随后我坐下来寻找权威，时而我可能受困于某个技术规则，但我几乎总能找到符合我的案件观点的原则'。"事实上，法律人的法感觉，总会使他在仔细查阅刑法条文之前就能形成一个良好的预判。一个优秀的法律人需要非常好的法感觉，这种法感觉也可谓正义感、是非感，需要经验的积累与长时间的训练。波斯纳指出："就像大多数决定中一样，直觉在司法决定中扮演了一主要角色……最好是把直觉理解为一种能力，会深入到从教育特别是从阅历中获得的潜意识知识储备中（就像'练习到自动化的程度'这种说法）。从这种意义上说，直觉就与'判断'相联系，就像下列命题一样：阅历广的人一般会有'好判断'，因为他们的经验，尽管大多遗忘了，却还是通畅的知识来源，可以处理那些新近发生却非新颖的挑战，因为它们与先前的挑战相似。美国体制中大多数法官都很有阅历；大多数是中年人或更老一些，当过多年法官，当法官之前从事过相关的活动，例如私人从业或教授法律。经历培养了他们的直觉。"不难看出，这些大师或者大法官们所说的是非感或者直觉，其实是指非常好的、正确的法感觉。

　　初学刑法的人不可能有非常好的直觉，相反，其中许多人的直觉可能是不正义的直觉，但初学者对刑法条文的理解又是从直觉开始的。所以，初学者首先需要判断自己的直觉或者预判是否妥当。例如，遇到一个争议案件时，只要你将你的预判与类似案件中没有争议的结论相比较，就会知道你的预判是否正确。比如说，当你看到有的教科书说"共同犯罪的成立要求二人以上均达到法定年龄"后，你会将这句话记在心中。因此，当你遇到 17 周岁的甲应邀为 18 周岁的乙入户盗窃在门外望风时，你的直觉就会告诉你，甲构成盗窃罪的共犯。这一直觉当然是正确的。可是，当你遇到 17 周岁的 A 应邀为 15 周岁的 B 入户盗窃望风时，你的直觉则可能告诉你，A 不构成盗窃罪的共犯。但是，这个时候你要将两个案件及其结论进行比较。既然为 18 周岁的人入户盗窃望风都成立共犯，为什么为 15 周岁的人入户盗窃反而无罪呢？只要你有了这样的疑问，你大体上就会想方设法论证对 A 的行为也应以盗窃罪的共犯论处。再如，司法解释规定，挪用公款 3 万元以上进行非法活动的，或者挪用公款 5 万元以上进行营利活动的（如炒股），应当以挪用公款罪论处。当你遇到甲挪用公款 6 万元炒股的案件时，你肯定为会认为甲的行为构成挪用公款罪。然而，当你遇到乙挪用公款 2 万元赌博同时挪用 4 万元炒股的案件时，你可能产生乙不构成挪用公款罪的直觉。但是，倘若你将乙的行为与甲的行为进行比较，就会发现乙的行为比甲的行为更为严重，进而发现自己的直觉存在疑问，你必须寻找新的直觉、形成新的预判。

对刑法条文的概念也是如此。例如，即便没有老师教你，或者你没有看书，你也会认为《刑法》第 264 条所规定的"盗窃"是指秘密地窃取。这就是直觉。如果你遇到的所有盗窃案件都是秘密窃取，当然可以利用你的直觉处理案件。但是，当你遇到了行为人公开从地上拿走他人占有的财物的案件时，就没有必要坚持认为盗窃只能是秘密窃取。你可以进一步思考"盗"与"窃"的含义以及"盗窃"这一词。例如，中国历来有"强盗"一词，强盗是指抢劫，抢劫是公开的。这显然说明，"盗"完全可以是公开的，否则就不能解释强盗一词。"窃"字也可能意味着秘密性，可是，"窃"字没有放在"盗"之前（不是"窃盗"，旧中国刑法使用窃盗一词，但也没有要求秘密窃取），也就是说，按照现代汉语的表述习惯，"窃"字不是修饰"盗"的。我们可以说"某人偷偷地盗"，但我们不会说"某人盗偷偷地"。所以，当这两个字连在一起时，并不能说明盗窃必须秘密地窃取。显然，仅从文字含义来说，认为盗窃是指秘密地窃取，就只是一种直觉而已，而且不一定是正确的直觉。再如，我国刑法规定了强奸罪、强制猥亵罪、猥亵儿童罪。许多教科书说，猥亵是指性交（或奸淫）以外的刺激或者满足性欲的行为。初学者也会有这样的直觉。可是，当你遇到成年妇女与不满 14 周岁的男童性交时，你就必须放弃先前的直觉。道理很简单，既然成年妇女对不满 14 周岁的男童实施性交以外的刺激或者满足性欲的行为都成立猥亵儿童罪，为什么与男童性交的行为反而不构成犯罪呢？显然没有这样的道理。所以，你必须承认，猥亵与奸淫并不是相互排斥的概念，进而认为性交也属于猥亵行为。

　　总的来说，初学刑法的人，千万不要将自己的直觉当作真理，要善于检验自己的直觉是否正确。如果发现直觉不正确时，一定要放弃原先的直觉，重新寻找直觉。换句话说，我们在面对一个刑法条文时，一定要想到有多种解释的可能性；面对一个刑事案件时，一定要想到有多种处理的可能性；不要在任何时候都将预判当作最终结论。不仅如此，由于社会生活事实不断变化，即使某种直觉在以前是正确的，但在时过境迁之后也会变得不正确。所以，某种直觉或者解释的正确性都是相对的，而不是绝对的。我在上课时，总是建议学生为不同的结论寻找理由，而不是只为自己赞成的结论寻找理由。例如，当你遇到的案件是在盗窃与诈骗之间存在争议时，即便你的直觉是构成盗窃罪，进而为你的预判提供了不少理由，你也要同时想一想构成诈骗罪的理由是什么。同样，当你遇到的案件是在罪与非罪之间存在争议时，即使你的直觉是无罪，进而为无罪的结论寻找了几条理由，你也要同时考虑一下构成犯罪的理由何在。只有这样，才能提高你的解释能力。

　　第四，成文刑法是正义的文字表述，作为解释者，心中应当永远充满正义，追求最妥当、最合理的解释结论。

　　对正义下定义是相当困难的，法律人或许不一定知道正义是什么，但必须知道什么解释结论是正义的，什么解释结论是不正义的。"在法理学思想史中，正义观念往往是同自然法概念联系在一起的。"自然法可以理解为正义的各种原则的总和。制定法依赖自然法而生存，表述了自然法的制定法才具有生命力。既然如此，解释者心中必须始终怀有一部自然法，以追求正义、追求法律真理的良心解释法律文本。"通晓正义的诸方面，或者如果人们愿意，通晓自然法，是法律解释的一个必要的基础；解释犹如法律本身，也服务于正义，正义的各种原则表现在实在法的解释里"。尽管刑法用语可能出现失误，尽管法条表述可能产生歧义，但解释者必须作出有利于立法者的假定，相信立法者不会制定非正义的法律。当你对法条做出的解释结论不符合正义理念时，不要抨击刑法条文违背正义理念，而应承认自己的解释结论本身不符合正义理念。当你对法条难以得出某种解释结论时，不必攻击刑法规定不明确，而应反省自己是否缺乏明确、具体的正义理念。所以，与其在得出非正义的解释结论后批判刑法，不如合理运用解释方法得出正义的解释结论；与其怀疑刑法规定本身，不如怀疑自己的解释能力与解释结论。

　　所谓心中充满正义，是指既要以正义理念为指导解释刑法，又要揭示刑法条文中的正义理念；不是以正义理念为指导、不揭示制定法中的正义理念的刑法解释学，只能称为"文字法学"。当然，如前所述，也不能离开刑法用语、法条文字去追求"正义"。法学解释的对象是成文的法律，完全脱离法律用语就是推测而不是解释。如果脱离刑法用语追求所谓"正义"，人们在具体情况下便没有预测可能性，刑法本身也丧失安定性，国民的自由便没有保障，国民的生活便不得安宁。所以，刑法的正义，只能是刑法用语可能具有的含义内的正义。解释者所要做的，便是使文字与正义形成一体，使制定法与自然法融为一体。概言之，解释者在解释刑法时，必须根据刑法规定犯罪的实质的、正义的标准，并且在刑法用语可能具有的含义内，确定犯罪的范围，使实质的、正义的标准与刑法用语的含义相对应，正确界定犯罪的内涵与外延。唯有如此，才能在实现刑法的正义性同时，实现刑法的安定性。

　　或许有人认为，每个人的正义感都是不一样的，如果每个人都按照自己的正义感解释刑法，得出来的结论也是不一样的。我的回答是，首先，对于一般的、基本的正义原则，解释者之间不会产生明显分歧。其次，每个人按照自己的正义感解释刑法，总比每个人没有按照正义感解释刑法要好得多。换言之，每个人把自己认为最妥当、最合理的解释结论呈现出来，总比每个人把自己认为不妥当、不合理的解释结论呈现出来要好得多。再其次，即便每个解释者都去寻找所谓立法原意或者本意，解释结论也是同样地存在明显分歧。最后，在任何国家和任何时代，对刑法的解释都不可能有所谓共识。每个人的解释首先是说服自己，然后才可能去说服别人。即便不能说服别人也没有关系，至少可以向理论界或者实务界提供一个方案。

　　顺便指出的是，正义理念不仅要贯彻在刑法解释的过程中，而且要贯彻到自己的日常生活中。一方面，只有自己是正义的，才可能对刑法做出正义的解释。另一方面，正义理念不只是法理念，也是生活理念。将正义理念、法理念贯彻在自己的日常生活中，会使自己的生活更顺畅、更美好。有一次我听到一对夫妻吵架，妻子大声叫道"30年前嫁到你家时，连一个戒指也没有送给我"。我当时就想，如果她懂得法律上的时效制度，就不会拿30年前的事吵架了。还有的男女朋友吵架时，总是喜欢翻旧账，一件处理过的旧事成为反复吵架的起因。如果将一事不再理的法理运用到日常生活中，就不至于这样了吧。

　　第五，学习刑法离不开对知识的记忆和对基本理论的掌握，也离不开对刑法适用的训练。所以，既要多读书，也要多训练。

　　不读书是不可能学好刑法的，读一两本书也不可能学好刑法。首先，要系统地、反复地阅读权威的教科书。权威的教科书具有体系性，从自己的基本立场出发解决各种争议问题，而且理论的表述非常精准。近年来，国内翻译了一些国外学者的权威教科书，建议各位在阅读国内学者教科书的基础上，系统阅读国外学者的权威教科书。例如，德国的罗克辛教授的《德国刑法学总论》，金德霍伊泽尔的《刑法总论教科书》，日本的西田典之的《日本刑法总论》与《日本刑法各论》，山口厚的《刑法总论》与《刑法各论》。在发现不同教科书就相同问题发表了不同看法时，要思考为什么不同，背后的原因是什么。其次，对一些问题产生疑问时，还需要阅读相关的学术论文与学术专著。最后，也不能只读刑法书，还要阅读解释学、法哲学、伦理学等方面的教材与著作。例如，如果你读一读克莱恩等人所著的《基督教释经学》，肯定会对你解释刑法有所启发。当然，在当今时代，书是读不完的，所以，读什么书就特别重要。不同的老师会指定不同的阅读书目，这很自然。但是，你自己在读一本书之前就需要通过目录、注释、内容提要、书中的小结或者总结等内容判断这本书是否值得你读。可以肯定的是，阅读的书越多，阅读的速度就越快，于是形成良性循环。

不管是学习刑法还是解释刑法抑或适用刑法，都需要将案件事实与刑法规范相对应，从而形成合理结论。在解释、适用刑法的过程中，必须对刑法规范与案例事实交互地分析处理，一方面使抽象的法律规范经由解释成为具体化的构成要件，另一方面，要将具体的案例事实经由结构化成为类型化的案情；二者的比较者就是事物的本质、规范的目的，正是在这一点上，形成构成要件与案例事实的彼此对应。在对应的过程中，既需要对刑法条文进行新的解释，也需要对案件事实进行新的归纳，而不能将法条含义与案件事实固定化。但是，不管是解释法条还是归纳事实，都是需要反复训练的。"每一个个案的解决都从找到可能适合这一案例的法律规范开始，也即从被认真地认为适合当前案件的法律规范开始；或者，从另一角度来看，这一开始阶段也是一个确定该具体案件属于某一法律规范适用范围（尽管还需要作进一步审查）的过程。这一归入能力，即正确地联想并准确无误地找到'恰当的'规范的禀赋，就是一种判断力。这种判断力，如康德曾经说过的，是无法通过教导获得，而只能通过练习得到发展……即一个好的法律人不是通过单纯的教导，而是只能通过另外的实践，也即通过判断力的训练才能造就的"。

大多数刑法教科书都会介绍几种主要的解释方法，如平义解释、限制解释、扩大解释、当然解释、体系解释、历史解释、比较解释、目的解释，等等。其中，有的属于解释技巧，有的属于解释理由。但不管是技巧还是理由，只有反复训练才能自由地运用。如果不训练，即便将教科书介绍的解释方法全面背下来，也无济于事。例如，在考试时，学生们对"刑法学有哪些解释方法"的问答题，一般都会答。可是，在接下来的案例分析题中，当只有运用限制解释或扩大解释方法才能得出妥当结论时，许多学生不会运用限制解释、扩大解释的方法，仍然只会采用平义解释的方法。这是缺少训练的表现。法学方法不是背会的，而是靠反复训练才能学会的。

以上讲的所谓方法没有逻辑性与体系性，既有疏漏也有重复，还会受到一些学者的批判，谨供爱好刑法的同学们参考。

（本文首发于法律出版社官方微信公众号）

张明楷教授简介

清华大学法学院教授、博士生导师。兼任中国刑法学研究会副会长。2002年被评为第三届全国十大杰出中青年法学家。曾任清华大学法学院副院长，曾挂职担任北京市西城区人民检察院副检察长、最高人民检察院公诉厅副厅长。曾为日本东京大学客员研究员，日本东京都立大学客员研究教授，德国波恩大学高级访问学者。

扫码进入张明楷专栏

刑法学修习大法

中国人民大学副教授　李立众

　　世间并不存在完美无瑕的刑法典。但是，我们并不比立法者更聪明，当我们自认为发现了某个刑法漏洞时，这很有可能是我们思维不周的产物，而不是刑法本身果真存在缺陷。

　　学习刑法学，不一定非要一字不差地背诵刑法条文。不过，若能熟练背诵刑法条文，则在分析相关刑法问题时，效率一定更高。人脑是一部高速运转的计算机，如果大脑能够记忆刑法条文，就会自动将刑法条文作为分析、思考问题的大前提，分析的结论必然又快又准。

　　相较于四要件模型，三阶层模型较为复杂，目前只有人大、北大、清华等少数法学院的课堂讲授这种模型。复杂意味着精确，有助于保障人权。千万不要仅因嫌复杂，就放弃学习三阶层。

　　要彻底掌握数理化知识，需要不断做习题。学习刑法学，其实同样需要刷题。学习完相关的知识点后，找一本合适的刑法习题集，及时做案例分析类的题目，这有助于及时巩固并活学活用相关刑法知识。

　　一个警察的刑法学功力将会决定一个又一个嫌疑人的命运，一位法官的刑法学修为将会影响一位又一位被告人的未来，一名教师的刑法学水准将会影响一届又一届学生的水平……每个人的刑法学水平汇集在一起，就形成了现实运行的中国刑法学大厦。这座大厦的质量除了影响中国刑法学在世界刑法学中的地位以外，还切实影响每位国人的行为模式与自由边界，影响国家的社会治理能力与社会公正。回归原点，警察、法官或者大学教师等刑法从业人员都是由学生而来的。要切实提高中国刑法学的水平，除了要求认真学习之外，还应让人们在接触刑法学之初，依据合理的方法学习刑法学，以正确的方式登堂入室，避免学习过程中出现偏差。就像健身有多种方法可供选择一样，学习刑法学的方法也是多样的。下面，结合本人沉浸刑法学 20 多年的心得，略谈一下刑法学修习方法。

一、恭敬之心

刑法典是刑法学的规范核心。学习刑法学，首先需要解决对待刑法典的态度问题。作为本科生，我们是来学习刑法学的，不是来批判刑法学的。我们学习刑法学的目的，是为了能够熟练地运用刑法规定处理相关案件，成为合格的乃至高水准的法律从业者。因此，刑法典的权威性不容置疑，其不是被指责、被嘲笑、被抨击的对象，而是被供奉、被信仰、被膜拜的对象。修习刑法学要取得一定的成就，首先必须充分信任刑法典。离开了对刑法典的恭敬之心，很难登堂入奥。

确实，世间并不存在完美无瑕的刑法典。但是，我们并不比立法者更聪明，当我们自认为发现了某个刑法漏洞时，这很有可能是我们思维不周的产物，而不是刑法本身果真存在缺陷。再说，即便发现刑法有漏洞，完善刑法的过程是漫长的，而摆在眼前的案件是亟待处理的，如何处理当下的案件才是问题所在。因此，努力地、妥善地解释刑法规定，远比指责刑事立法不当重要得多。

在理解刑法条文时，如果感觉某个刑法规定有问题，首先应当反省自己的理解是否有问题，能否对条文作出其他的解释，而不是立刻指责刑法规定不合理。例如，刑法不应处罚自杀行为，因为一个自杀失败的人，从鬼门关转了一圈回到人世间，若要追究其故意杀人罪的刑事责任，这会让自杀者进一步坚定"生无欢、死何憾"的信念，进而再次寻机自杀，这一结局是糟糕的。然而，在外形上，自杀行为也符合《刑法》第 232 条"故意杀人罪"的规定，据此有人可能一面得出自杀行为构成故意杀人罪的结论，一面批评《刑法》第 232 条的规定有缺陷。联系《刑法》第 234 条故意伤害的对象是"他人身体"，若将《刑法》第 232 条中的"人"理解为"他人"，自杀就不构成故意杀人罪。可见，如果善于解释刑法条文，很多所谓的刑法"缺陷"就是子虚乌有的。

一个学生，整天拿着放大镜，到处挑刑法典的毛病，这不是在修习刑法学，而是来"砸刑法学的场子"的。如何完善现行刑法规定，这不是本科生该做的事情，而是立法者或者教授们该做的工作。总之，对刑法典要有恭敬之心，这有助于修习者明确刑法学的学习重点，避免出现方向性偏差。

二、熟悉规范

厚厚的一本刑法教科书，其实就是一部刑法典规定含义为何的说明书。在法治社会，决定被告人命运的绝不是教授们的刑法理论，而是刑法条文的规定。一旦明白了这一点，就应特别重视刑法规定。只看刑法教科书、从不认真阅读刑法条文的法科生，不是好的修习者。

罪刑法定是现代刑法的灵魂所在，既然法无明文规定不为罪、法无明文规定不处罚，学习刑法学的第一步就应是熟悉相关刑法条文。刑法典总则约1万字，学习刑法总论时，建议先将刑法典总则阅读上三遍。学习刑法分则时，对于课堂上所讲授的每一个具体罪名，宜先将相关条文阅读三遍。阅读刑法条文之后，再去听课或者阅读教科书，这样不但听课或者读书轻松，而且能够抓住要领。

学习刑法学，不一定非要一字不差地背诵刑法条文。不过，若能熟练背诵刑法条文，则在分析相关刑法问题时，效率一定更高。人脑是一部高速运转的计算机，如果大脑能够记忆刑法条文，就会自动将刑法条文作为分析、思考问题的大前提，分析的结论必然又快又准。因此，如果能够背诵重要的刑法条文，那是最好的。对于立志考研或者考博的学生而言，背诵刑法条文可能就是必需的。

熟悉刑法条文不仅要熟悉刑法典条文，而且应尽可能地熟悉各种刑事司法解释的规定。虽然刑事司法解释不可与刑法规定同日而语，但在具体案件中，司法解释能够成为刑事裁判的依据，对于司法实务具有重要意义。对重要的刑法条文及其司法解释，修习者若能信手拈来，不仅能够获得无数崇拜的目光，而且能够保证案件分析结论的准确性与可靠性。

由于立法机关经常修订刑法典、发布刑事立法解释，司法机关发布刑事司法解释的频率更高，要全面、准确、及时掌握刑法条文与司法解释，一部高质量的刑法法规类工具书就是必需的。市面上有很多刑法法规类工具书，购买其中一本即可。这些工具书基本上每年都会修订，购买时一定要注意购买最新的版本。如果不愿意购买工具书，关注公众号"刑法一本通"也是一个不错的选择，因为在该公众号中，可以查阅刑法规定与相关司法解释，可以满足一般的查询需求。

三、掌握法理

为何学习中文的人，尤其是语言学家，从来都不是一流的法学家？原因很简单，法条背后有法理，学习中文的人只知刑法条文的语言，不知条文背后的法理，自然难以成为刑法学高手。

刑法的法理，包括与条文相关的、隐藏在条文背后的微观法理以及刑法观、犯罪认定原理与刑罚处罚原理等与刑法条文关联性不大的宏观法理。刑法的微观法理有助于保证具体法条适用的准确性，刑法的宏观法理有助于避免刑法的整体适用出现偏差。

每一个刑法条文都不是随意制定的，背后存在法理依据。例如，《刑法》第28条规定："对于被胁迫参加犯罪的，应当按照他的犯罪情节减轻处罚或者免除处罚。"如果不懂胁从犯的法理基础，就有可能不当地扩大本条的适用范围。缺乏主观罪过的行为不构成犯罪。如果一个人丧失自由意志，就谈不上该人有罪过，其举止就是纯粹的机械动作，动用刑罚谴责这样的行为毫无预防犯罪的效果；仅在具有自由意志时，对行为人没有回避违法行为的心态予以刑罚谴责才是有意义的，《刑法》第28条就是针对这一情形而言的。行为人虽受胁迫，但未必一定丧失自由意志，其能够选择合法行为时竟然选择实施犯罪行为，其心可恶，对此当然可按《刑法》第28条追究刑事责任。但是，如果行为人受到了即刻的死伤胁迫，如被持枪的歹徒逼迫，不得已抢夺他人财物的，对此就不能适用《刑法》第28条。不仔细研究胁从犯的法理，就有可能错误地以胁从犯追究行为人抢夺罪的刑事责任。可见，熟悉刑法条文，不能望文生义，只停留在表面上，而应联系条文背后的法理，唯有如此才能准确领会刑法条文的真义。

在诸多的宏观法理中，关于犯罪认定的法理最为重要。为了保障人权，避免法官的恣意，需要控制法官认定犯罪的思维过程。为此，刑法学发展出了一整套极为严密的犯罪认定原理。在经济学上，对于同一经济现象，可以采用不同的经济模型对此进行解释。与此一样，对于如何认定犯罪，刑法学上也发展出了不同的犯罪认定模型。目前，我国刑法学中存在两种犯罪认定模型：其一是在借鉴苏联刑法学的基础上形成的犯罪构成四要件模型（犯罪客体→犯罪客观要件→犯罪主体→犯罪主观要件），这是国内的通说；其二是2000年之后在借鉴德国、日本刑法学的基础上形成的犯罪三阶层模型（构成要件符合性→违法性→有责性），这是目前势头正猛的学说。相较于四要件模型，三阶层模型较为复杂，目前只有人大、北大、清华等少数法学院的课堂讲授这种模型。复杂意味着精确，有助于保障人权。千万不要仅因嫌复杂，就放弃学习三阶层。

就像武术有多个门派，这些门派各有所长，虽然存在竞争关系，但从来都不是对立关系一样，三阶层模型与四要件模型也不是对立的，二者从不同的思路出发来理解犯罪的认定，因而可以共存。三阶层模型与四要件模型的相互竞争，有利于中国刑法学的健康发展。虽然二者存在重大区别，但核心是相同的，即犯罪是危害达到一定程度、值得动用刑罚予以打击的行为。离开"犯罪是值得刑罚处罚的行为类型"这一原理，就有可能形式化地进行犯罪的认定。例如，曾因打架被治安拘留的甲到某公司求职，公司说可以来上班，但得提供无违法犯罪记录的证明。甲去开证明时，因其有被拘留的违法记录，派出所无法出具无违法犯罪记录的证明。失望之下，甲用 100 元从办假证者处购买了一张无违法犯罪记录的证明。因为该证明上派出所的印章是假的，甲购买假证的行为涉嫌伪造国家机关印章，检察院依据《刑法》第 280 条第 1 款起诉甲构成伪造国家机关印章罪，法院判决甲犯有伪造国家机关印章罪。这一判决就是形式化地适用刑法条文的不当判决。《治安管理处罚法》第 52 条明确规定，伪造、变造或者买卖国家机关、人民团体、企业、事业单位或者其他组织的公文、证件、证明文件、印章的，处 10 日以上 15 日以下拘留，可以并处 1000 元以下罚款；情节较轻的，处 5 日以上 10 日以下拘留，可以并处 500 元以下罚款。可见，对于伪造国家机关印章的行为，《刑法》与《治安管理处罚法》存在明确分工：对于伪造印章的行为，危害一般的按治安案件处罚；危害严重、值得动用刑罚予以打击时，才按犯罪处理。甲伪造派出所印章的目的不是为了违法犯罪，而是为了求职，该行为的危害程度较低，法院没有考虑甲的行为是否属于值得刑罚处罚的行为类型，即认定其构成伪造国家机关印章罪，形式化地适用刑法条文的倾向特别明显。可见，对犯罪认定原理的理解不够深刻，同样会导致案件处理失当。

　　与其他学科相比，修习刑法学的难处之一是，面对同一问题，刑法学学说众多，令人眼花缭乱，甚至一些学说截然相反。学说之所以不同，除了价值预设存在不同外，还与人们分析问题的视角有关。因为视角不同，所以，看法上自然就会出现分歧。这就是所谓的"横看成岭侧成峰，远近高低各不同"。因此，不同的学说有助于补助单一视角的不足，有助于全面地分析问题。面对众多的学说，只挑选自己心仪的部分，对剩下的部分大加鞭挞、否定，这是修习刑法学的大忌。放弃对立思维，采取利弊思维，对不同学说有包容之心，善于吸收其他学说的长处，这样才能提升自己的刑法学功力。

　　要系统掌握刑法的法理，阅读高质量的刑法教科书就是必需的。四要件模型方面，高铭暄、马克昌教授主编的由北京大学出版社、高等教育出版社出版的《刑法学》（该书的封面为红色，被昵称为"红皮书"，目前已出版到第 9 版）、教育部主导的马工程教材《刑法学》（高等教育出版社 2019 年版），是最为正统、权威的四要件模型教科书。三阶层模型方面，张明楷教授在法律出版社出版的《刑法学》（该书封面为黄色，且书很厚，被昵称为"太皇太后"，目前已出版到第 5 版）与周光权教授在中国人民大学出版社出版的《刑法总论》（目前已经出版到第 3 版）是极为优秀的三阶层模型教科书。如果可能，建议学生兼修三阶层模型与四要件模型，同时阅读这两方面的刑法教科书。这是因为，不论理论上有多少差别，刑法教科书的核心都是在阐述我国刑法规定的含义。进行对比阅读，有助于更加深入、全面地理解我国刑法规定。如果准备报考刑法专业硕士研究生乃至博士研究生，建议在阅读上述教科书的基础上，进一步阅读德国罗克辛教授的《德国刑法学总论》（法律出版社 2020 年版）、金德霍伊泽尔教授的《刑法总论教科书》（北京大学出版社 2016 年版）、日本西田典之教授的《日本刑法总论》（法律出版社 2013 年版）、《日本刑法各论》（法律出版社 2013 年版）、山口厚教授的《刑法总论》（中国人民大学出版社 2018 年版）、《刑法各论》（中国人民大学出版社 2011 年版）等书籍，这将会极大地开阔刑法学修习者的视野。

除了阅读中外经典刑法教科书外，本科生还应多阅读法理类书籍，最好在本科时期能够涉猎哲学、伦理学、社会学、经济学、心理学方面的书籍，对人的价值、人性弱点、社会治理、理想社会等问题有自己的体会。刑法学是一门追求正义的学问，不是一整套纯粹的技术分析。因此，只有广泛涉猎，洞察什么才是真正的公正，怀着正义之心运用刑法技术处理案件，才能确保被告人得到其应得的东西。

四、坚持实战

在我国，刑法的适用极为频繁，每年约有 100 万以上的人员被法院宣告有罪。因此，刑法学绝非花拳绣腿之学，而是实战性极强的学科，关涉无数人的命运。掌握知识与实际运用知识，二者不是一回事。既然学习刑法学的目的是适用现行刑法处理案件，就一定要重视自己的刑法学实际运用能力。只有通过不断的"实战"，才能提高自己的刑法学应用水平。

要提高刑法学实战水平，可以采取的办法有：一是做刑法习题。要彻底掌握数理化知识，需要不断做习题。学习刑法学，其实同样需要刷题。学习完相关的知识点后，找一本合适的刑法习题集，及时做案例分析类的题目，这有助于及时巩固并活学活用相关刑法知识。二是阅读真实刑事判决。这是快速提高实战能力的有效法门。建议阅读最高人民法院刑事审判庭出版的《刑事审判参考》。该书中的案例都是从众多刑事判决书中挑选出来的。这些案例不仅具有一定理论价值，而且能够作为实务范例加以推广。如想按照主题阅读案例，比如想集中阅读自首专题或者绑架罪方面的案例，可以阅读陈兴良、张军、胡云腾主编的《人民法院刑事指导案例裁判要旨通纂》（北京大学出版社 2018 年版）一书。该书对《刑事审判参考》中的案例按照罪名重新进行编纂，是案例专题阅读方面的最佳书籍。

如果不愿被动阅读案例，想要主动收集、研究案例，可以登录"中国裁判文书网""北大法宝"、威科先行的"法律信息库"，输入刑法学关键词，如输入"正当防卫"或者"盗窃罪"，即能搜索到相关的判决书。像盗窃罪的判决书，就有几万份。阅读判决书的份数越多，就越能发现实务中的问题，刑法学功力的增进就越快。

如果想要检测自己的实战水平到底如何，可以关注新闻报道中的热点刑事案件。很多被报道的热点案件，法院尚未作出最终判决。在认真研究案件事实的基础上，根据自己的刑法学知识，修习者可以预测法院对案件的判决结果。如果自己的研判结论经常与法院的判决结论过于悬殊，则说明自己的刑法实战能力还有待提高。

在做习题、读案例之外，最高级的实战是坚持写作，善于用文字清晰地表达自己的观点。多数学生重视期末分数这些形式化的东西，不注意培养自己"张口能说、动笔能写"这一法律人必备的基础能力，这是令人遗憾的。面对热点刑事案件，完全可以撰写文章，运用已经掌握的刑法学知识进行分析，然后发表在微信公众号或者朋友圈。若能长久坚持，自己的刑法学水平必能领先同龄人很多。

总之，若能以恭敬之心对待刑法典，熟悉刑法条文，掌握刑法法理，不断坚持实战，在同龄人中成为出类拔萃的刑法学好手，肯定是不成问题的。

李立众副教授简介

1975 年生，江苏省盐城市建湖县人。1993 年～1999 年于原中南政法学院法律系（现中南财经政法大学法学院）取得法学学士、硕士学位，2001 年～2004 年于清华大学法学院取得法学博士学位。2005 年～2007 年留学日本，成蹊大学法学部客员研究员。

扫码进入李立众专栏

现为中国人民大学法学院副教授，硕士生导师。欣赏机能性的刑法学，倾心实质的犯罪论，信奉刑法的美德是宽容。主要从事犯罪成立理论方面的研究，在《法学研究》《中外法学》等刊物发表论文多篇，出版有《犯罪成立理论研究》（法律出版社 2006 年版）、《犯罪未完成形态适用》（中国人民公安大学出版社 2012 年版）、《刑法一本通》（法律出版社 2019 年第 14 版）等多部著作。

你的学习

西南政法大学教授　陈　伟

　　在大学本科阶段的法学专业学习中，你应掌握符合法学自身特点、举一反三的学习方法。在某种程度上，需要你推陈出新，从被动重复学习走向自主探索学习，从应试型学习方法转向创造型学习方法。

　　在思考、分析、解决法律问题时，还应当建立辩证、客观、全面的法学思维方式。应将规范文本与社会经验相结合，抽象理论与具体个案相结合，普遍情形与例外场景相结合，在二者的反复沟通中获得解决问题的妥当方式。

　　学习法学需要具备的阅读能力，并非散漫且普世的阅读能力，而是"精""明"的阅读能力。所谓"精"，即是要多读法学专业领域的精品书籍、经典书籍，多读内容、思想、逻辑等比较"精致"的高质量书籍。而所谓"明"，即是要明晰书中的内容、思想、逻辑等，在阅读过程中要知其然并知其所以然。

　　无论你是主动拥抱还是被动分配到法学专业，你在成为它的一员以后，就应当"不疑不惑"地投入到本科阶段的法学学习中。而如何学习法学专业？如何度过本科四年的求学生涯？则是你接下来应当深思的问题。学海求识如海上泛舟，无学习规划则无行动计划，无学习方法则无航行动力，无书单指引则无地图导航。因此，在你求学于法学领域的四年中，应当制定符合法学特征的学习规划，掌握一定的法学学习方法，收获解疑释惑的法学专业知识。

一、你的学习，应该有目标

没有追求的人生经不起波澜，没有目标的学习悟不到真谛。在法学本科阶段，也应该有些"小目标"。而你在确立自己的学习目标时，或许会遵从长辈们的教诲，或许会接受高年级同学的忠告，或许会追随同年级同学的选择。但是，无论你通过何种方式筛选、确立法学本科阶段的学习目标，以下内容都不应当被轻易忽略。

第一，树立法治信仰。如卢新宁于 2017 年 6 月在北大中文系毕业典礼上所言，"在这个怀疑的时代，我们依然需要信仰"。同样，在这个冤假错案不断曝光的时代，在这个司法裁判时常受到批判的社会，作为一名法学本科学子，你更需要树立法治信仰。因为，你当明白，法治应当是被信仰而非被质疑的，法学知识应当是实践的工具而非空洞的谈资。每一名法学本科学子，都应自觉肩负起普及法律知识、扭转法治环境、实现法治现代化的艰巨使命，而这些都需要一个共同的前提——信仰法治。如果置身于法学领域中的你都不愿相信法治，又如何能够为非法律人士提供一个信奉的理由？

第二，积淀法学专业知识。"工欲善其事，必先利其器"。社会中的各行各业都有专属于自己领域的"器"，而"器"之差异自然决定社会分工中的角色定位。对你而言，法学专业知识即是需要你游刃有余的"器"，它不仅是法律人赖以谋生的基础，而且是法律人据以辨识的标签。或许有人精通诸多领域，但这依然无法否认社会各行各业知识的专属化。如果你对法学专业知识所知不多，又如何底气十足地说自己是一名法律人或法律学子呢？当然，有一部分同学可能会在毕业以后另谋他途，但至少在经历法学专业的本科四年期间，仍是一名法学学子，仍有必要积淀一定的法学基础知识。

第三，掌握法学学习方法。在大学阶段，每个专业领域都有自己的一套话语体系和探索路径，或许它们之间有某些共通之处，但"隔行如隔山"的专业划定，依然决定了各专业学习方法的独特性。例如，体育专业侧重技能训练，英语专业侧重单词记忆，而化学专业侧重实验操作。而法学是理论与实践并举，知识与运用并重，需要深刻践行"知行合一"的专业。因此，在大学本科阶段的法学专业学习中，你应掌握符合法学自身特点、举一反三的学习方法。在某种程度上，需要你推陈出新，从被动重复学习走向自主探索学习，从应试型学习方法转向创造型学习方法。

第四，塑造法学思维方式。陈瑞华老师在《法律人的思维方式》一书中谈到，"在我们学习法律的过程中，不管是民法、商法、刑法、行政法、宪法，里面都有一套法律人的思维方式"。而作为一名法学本科生，要学习这些法律知识、理解这些法律条文、领会这些法律精神，自然要塑造法学思维方式，形成与既有知识体系所蕴含的思维方式相同或相似的思维方式。否则，你便难以发现、把握、领略法律独特的魅力。同时，作为一名法学本科生，在思考、分析、解决法律问题时，还应当建立辩证、客观、全面的法学思维方式。应将规范文本与社会经验相结合，抽象理论与具体个案相结合，普遍情形与例外场景相结合，在二者的反复沟通中获得解决问题的妥当方式。不能因规范与经验的差异、理论与个案的出入、通例与特例的矛盾，而断然否定某个命题或结论。

二、你的学习，应该有规划

当明确了法学本科阶段的学习目标之后，你的学习还应当有所规划。唯有制定学习规划，才能使你的学习目标不致在丰富多彩的大学生活中黯然失色。如下提议或许可以为迷茫的你搭建一条通向光明的绿色通道：

第一，大学一年级不要急于学习法学专业知识，要先掌握法学基础知识。如果学校在大学一年级开设法学启蒙课程或刑法、民法的入门课程，那么，学好这些初级的基础课程是此阶段的优选任务。在完成学习任务之余，还应当涉猎关于培养批判性思维方式、分析当前法律现象的书籍，以了解你所处的时代与社会。

第二，学习初级法学专业知识，熟悉部门法条文与司法解释，形成法学知识体系，是大学二年级阶段的主要任务。在掌握基础知识之后，接下来的任务应当是系统学习刑法、民法等各科法学理论，熟悉各部门法规定内容，将理论知识与法条内容融会贯通并建立自身的知识体系。此外，通过大学英语四、六级考试也应当成为本学年的重要任务。

第三，学习高阶法学知识，补充、完善既有法学知识体系，以及完成各种考证任务，应当是大学三年级阶段的主要任务。这一学年是任务繁重的一年，另外，如果二年级没有顺利通过大学英语四级或六级考试，那么，这仍将是亟待落实的重要事项。因为，有的学校对此有硬性的毕业要求。

第四，确定毕业论文题目，收集毕业论文资料，认真撰写毕业论文，准备论文答辩等，应当是大学四年级阶段的主要任务。在此之外，还应当拓展你的学习视野与思维视角，积极参加专业实践活动，了解你即将步入的社会，积淀一定的法律实务技能和经验。

三、你的学习，应该有方法

学好本科阶段的法学知识，除了要有宏观的学习规划外，还需要掌握一定的学习方法。科学、合理、高效的学习方法，不仅是你法学探索之路上的助推器，也是你应当掌握并终身受益的技能。

第一，培养"精""明"的读书能力。阅读是学习法学的首要方法。经过历史的积淀，法学已经形成自己的概念体系、话语规范、理论体系与知识谱系，这些都是入门法学专业应当掌握的基本知识。而要理解、熟识法学的特定知识体系，你应当具备一定的阅读能力。但是，学习法学需要具备的阅读能力，并非散漫且普世的阅读能力，而是"精""明"的阅读能力。所谓"精"，即是要多读法学专业领域的精品书籍、经典书籍，多读内容、思想、逻辑等比较"精致"的高质量书籍。质量低劣的法学书籍，不仅无益于探索新知、启蒙思想，甚至有可能走入误区、限制创新。而所谓"明"，即是要明晰书中的内容、思想、逻辑等，在阅读过程中要知其然并知其所以然。如果只识其表不识其里，就会把书读死，这不仅是浪费时间的假读书，也是学习法学的假方法。

第二，培养批判性思维能力。批判性思维能力是学习法学的一大利器。一切知识的探索都从提问开始，从对既有理论、命题、结论的批判开始，法学知识的学习也不例外。因此，在法学本科阶段的学习中，你应当具备批判性思维能力。那么，如何培养批判性思维？李开复先生的回答是"多问 how；多问 why；多问 why not；多和别人交流讨论"。而具体到法学独特的论证式知识体系中，可以从以下方面培养批判性思维能力：①要培养精确查找论题和结论的能力；②要培养快速梳理论据的能力；③要培养检视论证逻辑的能力，即要逐步培养发现论证过程中的逻辑谬误、挖掘逻辑技巧的能力，例如，从论据出发是否能够得出特定结论，是否必然能够得出特定结论，是否存在循环论证等。

第三，培养口头与书面表达能力。口头与书面表达能力是学习法学的两大助力。只有具备良好的表达能力，才能就特定问题与他人顺畅沟通、深入研讨。因此，在通过读书而输入法学知识，通过批判性思维而得出感悟以后，还应当输出知识与思想。这就需要具备一定的口头与书面表达能力。对于口头表达能力，可以通过参与学校、学院组织的辩论赛活动，与同学讨论热点问题，观看电视辩论赛事等方式予以培养。但是，应当铭记的是，不能为了辩论而辩论，而应为了达成共识而辩论。经常撰写法律文书、法学学术论文、学术短评、简报等，都是培养书面表达能力的良好方法。但是，法学专业领域的书面表达，与青春散文、心灵随笔等文章的写作方式存在一定区别，训练书面表达能力时应遵循法学知识体系中固有的写作规范。

第四，培养法律知识的运用能力。法学以解决实践问题为出发点和最终归宿，运用既有法律知识分析社会中的真实案例是发现问题、获得新知的重要途径。缺乏必要的法律知识运用能力，就不大可能发现新问题并据以探寻新知。学以致用，使用也是学习方法，甚至是更重要的学习方法。法律知识运用能力的培养，可以从以下方面入手：①阅读案例分析类法律书籍，学习案例分析的基本路径与方式；②积极分析典型案例或热点案例，逐步形成自己独特的法律分析视角与分析逻辑；③进入法院、检察院、律师事务所等法律实务部门学习实践技能。

四、你的学习，应该有指引

对于刚刚走入法学殿堂的你而言，如果想在法学学习中避开弯路、选读精品。那么，除了学校指定的课程学习教材外，这份书单或许能为你提供一些参考。

（一）大学一年级阅读书目

1. 费孝通：《乡土中国》，生活·读书·新知三联书店 2013 年版。

2. 陈瑞华：《看得见的正义》，北京大学出版社 2013 年版。

3. 陈瑞华：《法律人的思维方式》，法律出版社 2011 年版。

4. 郑永流：《法学野渡：写给法学院新生》，中国人民大学出版社 2010 年版。

5. 苏力：《制度是如何形成的》，北京大学出版社 2007 年版。

6. 苏力：《法治及其本土资源》，中国政法大学出版社 2004 年版。

7. 苏力：《送法下乡：中国基层司法制度研究》，北京大学出版社 2011 年版。

8. ［美］尼尔·布朗、斯图尔特·基利：《学会提问》，吴礼敬译，机械工业出版社 2016 年版。

9. 文森特·鲁吉罗：《超越感觉：批判性思考指南》，顾肃、董玉荣译，复旦大学出版社 2015 年版。

（二）大学二年级阅读书目

1. ［意］贝卡里亚：《论犯罪与刑罚》，黄风译，北京大学出版社 2008 年版。

2. ［德］鲁道夫·冯·耶林：《为权利而斗争》，郑永流译，法律出版社 2007 年版。

3. 瞿同祖：《中国法律与中国社会》，商务印书馆 2010 年版。

4. 张文显：《法哲学范畴研究》，中国政法大学出版社 2001 年版。

5. 卓泽渊：《法学导论》，法律出版社 2007 年版。

6. 梁慧星：《民法总论》，法律出版社 2011 年版。

7. 王泽鉴：《民法思维》，北京大学出版社 2009 年版。

8. 马克昌主编：《犯罪通论》，武汉大学出版社 2010 年版。

9. 杨解君：《行政法与行政诉讼法》，清华大学出版社 2009 年版。

10. 周佑勇主编：《行政法专论》，中国人民大学出版社 2010 年版。

11. 刘星：《西窗法雨》，法律出版社 2013 年版。

12. ［美］彼得·德恩里科：《法的门前》，邓子滨译，北京大学出版社 2012 年版。

（三）大学三年级阅读书目

1. 张明楷：《刑法分则的解释原理》，中国人民大学出版社 2011 年版。

2. 张明楷：《刑法学》，法律出版社 2016 年版。

3. ［英］罗杰·科特威尔：《法律社会学导论》，彭小龙译，中国政法大学出版社 2015 年版。

4. ［德］托马斯·莱赛尔：《法社会学基本问题》，王亚飞译，法律出版社 2014 年版。

5. 梁慧星：《民法学解释学》，法律出版社 2009 年版。

6. 应松年、袁曙宏主编：《走向法治政府：依法行政理论研究与实证调查》，法律出版社 2001 年版。

7. 杨建顺：《行政规制与权利保障》，中国人民大学出版社 2007 年版。

8. 刘星：《法律是什么：二十世纪英美法理学批判阅读》，中国法制出版社 2015 年版。

9. 贺卫方：《法边馀墨》，法律出版社 2015 年版。

（四）大学四年级阅读书目

1. 王泽鉴：《民法学说与判例研究》，北京大学出版社 2016 年版。

2. 张明楷：《刑法的私塾》，北京大学出版社 2014 年版。

3. ［法］埃米尔·涂尔干：《社会分工论》，渠东译，生活·读书·新知三联书店 2013 年版。

4. ［美］珍妮·X·卡斯帕森、罗杰·E·卡斯帕森：《风险的社会视野（上）：公众、风险沟通及风险的社会放大》，童蕴芝译，中国劳动社会保障出版社 2010 年版。

5. ［英］伯特兰·罗素：《西方哲学简史》，文利译，陕西师范大学出版社 2010 年版。

6. 冯友兰：《中国哲学简史》，北京大学出版社 2013 年版。

7. 季卫东：《法治秩序的建构》（增补版），商务印书馆 2014 年版。

8. 冯象：《政法笔记》（增订版），北京大学出版社 2012 年版。

陈伟教授简介

　　湖北宜昌人，西南政法大学法学院教授、博士生导师、法学博士、博士后。主要研究方向为刑法学、刑罚学与比较刑法学，对人身危险性、教育刑、注射刑、刑事政策学等倾注了较长的时间与较大的热情，提出了一些创新性命题与学术观点，发表了一些影响性的学术成果，展现了学术研究的兴趣所在，显现出了较强的学术潜质。

扫码进入陈伟专栏

　　现已独立在《法学研究》《中国法学》《法商研究》《法制与社会发展》《中国刑事法杂志》《人民检察》《青年研究》等学术刊物发表文章 120 余篇，其中被人大复印资料全文转载十余篇，出版专著两部，获得省部级和校级奖励多项，主持及参与国家社科青年项目等多个科研基金项目。

因为正义，所以热爱

中国社会科学院大学教师　方　军

对于刑法的学习来说，练好蹲马步的基本功是学好它的不二法门。所谓的基本功，就是要掌握基础性的概念和刑法学的整体理论架构。形象一点说，概念是建构刑法学这座大厦的砖块，而三阶层的犯罪审查体系则是大厦的结构性支柱。

各种法律本身并不必然是公平正义的化身，形式的法律体系和法律技术操作也并不必然会导出公平正义的判决，法律适用者如果欠缺起码的正义理念和道德意识，法律就有沦为精英阶级欺凌弱势人民的工具的危险。

尽管形成健全的人格和良知往往需要时间的淘洗和经验的积累，但是，一个相对快捷的办法就是多读古今中外的各类经典，因为经典中凝练着名家的智识经验和处世智慧。只有健全的人格和良知，才能让法律人在面临日常的良心冲突时不至于选择逢迎媚上，而是勇于坚守规则与原则，才不会做出完全背离常识、常理与常情的法律裁判。

一定要给自己的四年生活制定好计划和目标，大到每一年，小到每一天。这里的目标和计划不是各种考试，而是必须读各类书，如饥似渴地读。如果将自己的目标仅仅定位在考过各类考试，如此的四年大学生活基本是失败的。不妨先定个小目标，比如每学期读五十本书！当然，我说的不是网络小说也不是漫画，而是人文社科的各类经典。

> 人民的福祉是最高的法律
> ——西塞罗

法律人首先是人，可惜的是，我们常常不讲人话。对此，只要看看刑法教科书中铺天盖地各种形同外星语言的概念就清楚了，所以，刑法学被讥评为"来自星星的刑法学"。其实，刑法的学习难也不难。说它难，是因为刑法学是一门精确的学问，每个概念在犯罪审查体系中都有它特定的位置，对于很多具体问题的解决都可经由体系推导出来，不投入大量精力和时间就想要学好它，基本可以说是"出于重大无知的不能未遂"；说它不难，是因为只要心中充满正义，掌握正确的学习方法，想要学好刑法完全可能"既遂"。

练好刑法基本功

对于刑法的学习来说，练好蹲马步的基本功是学好它的不二法门。所谓的基本功，就是要掌握基础性的概念和刑法学的整体理论架构。形象一点说，概念是建构刑法学这座大厦的砖块，而三阶层的犯罪审查体系则是大厦的结构性支柱。

首先，对于概念的掌握来说，重要的是要理解概念背后的基本精神和适用条件，否则，即便将概念倒背如流，也不会运用概念解决实际案件。例如，我们的司法实务对于正当防卫的理解就出现了严重的偏差，很多实务判决除了将正当防卫条款和概念简单地剪贴到判决书上，对于正当防卫理论背后基本原理的理解可以说是荒腔走板，将正当防卫的适用前提严重不当地限定在仅仅是针对暴力的不法侵害，以及一旦发生严重死伤后果就通常否定正当防卫，甚至连防卫过当也不予适用。典型事例就是所谓的"于欢辱母杀人"案的一审判决。正当防卫的基本精神就是保护公民的合法权利不被侵害，只要存在正在进行的不法侵害，任何公民都可以进行防卫，而于欢案的一审判决竟然以警察在场为理由直接否定了于欢持刀刺人行为的防卫性质，可是，非法拘禁一直在持续，为何不可以防卫？警察在场，但警察没有及时阻止非法拘禁，这时的公权力不作为和公权力不在场有什么本质区别？

其次，对于犯罪审查体系的掌握来说，要清楚地理解三个阶层背后各自的实质是什么，为什么要区分不法与责任，以及为什么要先判断不法、后判断责任。在清晰地理解每个阶层背后的共通本质后，就容易将各阶层下的每个审查要素进行精确的定位，在面对实际的刑事案例演习时头脑中才不会一团糨糊般地不知从何入手，也不会在审查案件时遗漏应该审查的要素，或是将审查要素定位在错误的阶层下进行审查。

练好基本功离不开好的教科书，除了张明楷老师和周光权老师的刑法教科书外，我想重点推荐的是台湾大学法学院林钰雄教授的《新刑法总则》，这本教科书体系相当的清晰，是一本不可多得的好教材。另外，学有余力的同学也可以看看同在台湾大学法学院任教的黄荣坚教授的《基础刑法学》，黄教授以不同于一般教科书的语言将刑法学的各种理论娓娓道来，以他独到的见解逻辑相当一致地阐述自己对于刑法总论体系的理解，做到这一点非常不容易。

以同情的眼光看待不幸者

初学刑法，需要避免的是总将触犯刑法的人当作敌人与社会渣滓来看待，这种倾向很危险，它很容易导向入罪和重刑思维，这一点在我们的实务中可谓根深蒂固。事实上，很少有人早上一睁开眼就想着今天要去犯点事，很多时候人都是因缘际会地在各种外在条件的共同作用下不幸地走上犯罪之路，并因此而身陷囹圄。

曾经在北京地铁四号线的一个地铁口看到让我震惊的一幕：城管队员趾高气扬地要没收一位卖水果小贩的推车，小贩跪在地上苦苦哀求，城管在铁面无私地执法后，冷冰冰地留下坐地哭泣的小贩。那天，我的内心久久不能平静，何其相似的场景就在不久前的过去发生，同是小贩的他们和被他们杀害的城管以及各自的家庭都陷入了万劫不复的深渊，这两个小贩一个叫夏俊峰，一个叫张国友。发生在他们身上大体相似的悲剧剧情都是城管要没收他们讨生活的工具，情急之下掏出了致命的凶器刺向城管。形式上看，城管队员确实是在合法地执法，甚至可以想见，如果不处罚这些无证照经营者，必定滋生市容的脏乱差。不过，姑且不论彻底清除街边摊贩对于市容整洁是否真的是有效且唯一的管道，需要追问的是，对于没有其他谋生技能的底层群众施以这样的处罚究竟有什么意义？今天收走了小贩的谋生工具，除了增加他本来不必要的再次购买工具的生活成本外，这样的处罚能有什么预防效果？同样值得思考的是，像是最后被判处死刑立即执行的夏俊峰，这样的刑罚又有什么样的预防效果？刑罚的意义到底又是什么？这样的刑罚真的是代表公平和正义吗？起码，我的内心感觉告诉我，因为城市管理者的傲慢最终导致了流血事件的发生，却将所有的罪责让一个被席卷至社会底层的劳苦大众来背负，如此的刑罚不啻是不公不义。不去认真思索城市管理和社会政策上存在的问题，对于类似的案件最后如果只是一杀了之，其实是司法者对于公平正义的背弃，也是将部分本应由社会承当的罪责不负责任地全部推卸给个人！

也因此，我们看到，各种法律本身并不必然是公平正义的化身，形式的法律体系和法律技术操作也并不必然会导出公平正义的判决，法律适用者如果欠缺起码的正义理念和道德意识，法律就有沦为精英阶级欺凌弱势人民的工具的危险。

避免将经验判断作为解释刑法问题的依据

刑法学不同于犯罪学，犯罪学的核心在于通过对经验事实材料的研究来揭示犯罪现象产生的原因、有针对性地提出抗制犯罪的对策，与此不同，刑法学的核心在于通过合乎逻辑以及事理的规范分析方法解释犯罪成立的要件和刑罚的具体适用。所以，经验判断对于犯罪学的学习来说特别重要，但是对于刑法学的学习来说可能就并非如此，甚至相反，以经验判断来解释犯罪构成要件可能是完全错误的。

例如，通常情况下可以说99%的盗窃都是秘密进行的，因此，过去我们的刑法学一直将盗窃定义为"秘密窃取"。如此定义盗窃罪的话，"秘密"便成为一个不折不扣的客观构成要件要素，按照主客观对应法则或是所谓的"主客观相统一"原则，行为人对任何客观构成要件要素对应的事实都必须要有认识，这样一来，行为人要构成盗窃罪还必须认识到自己必须是在秘密行窃，否则将不成立盗窃的故意。可是，事实上有些盗窃就是公开进行的，像是甲入室盗窃，被害人家里只有瘫痪在床但神志清醒的老母亲，甲在老人的注视下来了个"大搬家"，这时的甲显然不会认为自己是在秘密盗取财物。可是，难道甲真的不构成盗窃罪？甲具有非法占有目的，违背他人意志以平和手段变他人占有的财物为自己占有，显然构成盗窃罪。因此，根据经验常识的归纳画蛇添足般地在盗窃罪的概念和构成要件要素中添加"秘密"要素，就会得出南辕北辙的错误结论。所以，在学习刑法时千万不能以经验判断来取代规范分析，否则，对刑法知识的掌握可能最多只有"半瓶醋"的水平。当然，我不是说经验判断对于刑法的学习完全不重要，而是说要避免将对刑法规范问题的解释完全诉诸经验理解，经验至多只是辅助我们判断解释结论合理与否的重要、但非唯一的标准。

广泛阅读人文社科类经典著作

千万不要认为学好课堂与书本上的法律知识，就会成为一个合格的法律人。柏拉图曾说，"孩子，你还年轻。随着年岁增长，时间会改变许多你现在的看法，甚至完全和现在的看法不同。所以你要避免承审事关重大的案件"。其实，我想他的意思是说，要想公平地处理人世间的纠纷，除了懂得如何解释和运用法律规则外，还必须人情练达、世事洞明。人情练达、世事洞明不是叫人做一个老于世故、熟谙各种规则与潜规则的"精致的利己主义者"，而是说要有健全的人格和良知，这就是我前面说的法律人首先是人的意思。尽管形成健全的人格和良知往往需要时间的淘洗和经验的积累，但是，一个相对快捷的办法就是多读古今中外的各类经典，因为经典中凝练着名家的智识经验和处世智慧。只有健全的人格和良知，才能让法律人在面临日常的良心冲突时不至于选择逢迎媚上，而是勇于坚守规则与原则，才不会做出完全背离常识、常理与常情的法律裁判。

所以，特别想对刚跨入大学校门的同学们说，一定要给自己的四年生活制定好计划和目标，大到每一年，小到每一天。这里的目标和计划不是各种考试，而是必须读各类书，如饥似渴地读。如果将自己的目标仅仅定位在考过各类考试，如此的四年大学生活基本是失败的。不妨先定个小目标，比如每学期读五十本书！当然，我说的不是网络小说也不是漫画，而是人文社科的各类经典。比较让人忧虑的是，应试教育体制下走出来的同学们似乎对于思考和思想不再感兴趣，关心的只有制式的标准答案，也因此，大多数同学除了教科书外很少涉猎其他专业书籍，更不用说哲学、社会学、经济学的经典著作。可是，政治学、哲学等学科和法律都是密切相关的，尤其是哲学基础对于刑法来说显得异常重要，因为刑法学中的各种概念和理论背后其实都各自代表了对人、社会和法律之间关系的基本看法和立场。

以刑法中讨论的紧急避险为例，一般均认为无辜的第三人（被避险者）必须忍受由避险行为给自己带来的不利益，至于为什么无辜者对于避险行为负有容忍义务，通说认为只要保护的利益大于牺牲的利益，即符合利益衡量的原则，避险行为便可以因此而合法化。显然，利益衡量的背后其实就是哲学上讨论的功利主义思想。既然是利益衡量，那么当然的逻辑推论就是：为了保护多数人的生命就可以牺牲少数人的生命，为了保护危重病人的生命就可以强制他人献血。可是对于这两个问题，通说持否定态度：人的生命不具有质和量上的可比较性，并且，对于身体等重大利益的干涉必须要考虑被避险者的自主决定权。显然，通说以利益衡量为原则说明紧急避险的合法性已经无法自圆其说，而是不得不给自己的诠释范围设限。因此，要深入了解和掌握紧急避险的问题，就必须结合哲学上关于功利主义利弊的讨论进行思考。

法科生基本可以说是各个学校录取分数线最高的院系，算是同龄人中的佼佼者，但如果不努力，四年后将泯然于众人；今天如果不认真学习法律知识和技艺，明天当大家作为法官、检察官、立法者甚至主政者分配个体之间的权利义务，剥夺个体的自由、财产乃至生命时，就有可能做出荒唐的判断！刑法之路，既长且难，但充满挑战与乐趣。在学习刑法的过程中不能迷失在概念和理论的丛林中，唯有多问几个为什么，了解各种理论背后对人和社会之间关系的基本价值取向，才能感受到学习的乐趣，而非一种负担，以致最后沦为只会背诵法条和概念的机器。

方军讲师简介

生于 1987 年，安徽歙县人。清华大学法学博士，中国社会科学院大学政法学院讲师。主要研究领域为刑法基础理论。在《政治与法律》《当代法学》《人民检察》等期刊发表学术论文若干，参编《刑事诉辩审评——渎职罪》一书。

扫码进入方军专栏

儿时梦想当将军，年岁渐长后发现纯属"出于重大无知的不能未遂"。因缘际会念了法律，从此一入法门深似海。2013 年 9 月至 2014 年 1 月于台湾大学法学院学习，2015 年 8 月至 2016 年 1 月在最高人民法院第二巡回法庭工作。

学会与不确定的世界相处

清华大学副教授　陈杭平

　　既要反复阅读教材，又要仔细琢磨法条及司法解释，认真领会概念；既得脑洞大开，又要知分寸，懂得"见好就收"而不能放任自己"思无涯"；既要不停输入（input）知识，又要不断通过随堂测试、案例分析等进行知识输出（output），检验输入是否充分、准确，并对输入的知识进行再结构化（reconstructing）。

　　波兰女诗人维斯瓦娃·辛波丝卡（Wislawa Szymborska）的《一见钟情》中有一句话：他们彼此深信，是瞬间迸发的热情让他们相遇。这样的确定是美丽的，但变幻无常更为美丽。所以，你们需要学会与不确定相处，欣赏变幻无常是一种美丽，尝试接受这个世界的本来面目。

　　你们应该适当跳出法内视角的束缚，去关注社会现实，去体味人世百态，去了解私法秩序与诉讼外的纠纷解决。你们可以从历史、社会、政治等角度理解制度的来龙去脉，学习一些"广博而无用（在考试意义上）"的知识，对所处的世界产生广阔的好奇，养成通融完整的人格。

　　亲爱的同学们，你们早则在大二第一学期，晚则在大三第一学期就得修习民事诉讼法了。你们会很好奇，这是一门怎样的课程呢？
　　一方面，作为法学院开设的唯一民事程序法课程，可以用一句话来概括它的内容，那就是——诉讼主体围绕诉讼客体在程序场景下展开攻击防御生成裁判结果。稍稍具体一点讲，便是诉讼主体通过影响诉讼客体、程序进行的诉讼行为表达意愿；程序场景虽然包括从起诉、送达、庭前会议到开庭审理、宣判、上诉等一系列节点设置，但本身只是背景或框架，关键在于当事人在此框架内围绕诉讼请求、事实主张及证明所展开的攻击防御；作为诉讼结果，裁判既是诉讼主体、审判主体围绕诉讼客体持续互动的产物，也面向将来影响私法秩序的形成，构成司法权威的重要符号。换言之，它不仅讲解法律原则、规则，也传授程序正义的理念、精神。

另一方面，它讲授的内容对应的是各个领域的民商法、经济法。[1]所有民商法、经济法都在民事诉讼这个程序"平台"上操作与应用。每年全国一千多万件民商事案件在民事诉讼法设定的规则框架内解决，并回溯性地影响民商事的行为规范及法律关系建构。一言以蔽之，民事诉讼法给民商事实体法装上"牙齿"，让纸面上的权利、义务、责任变成活生生的现实。

民事诉讼法课程的重要性可见一斑。试想一下，如果缺了它，现代社会将成怎样？

不过对你们来说，想说爱这门课可不容易。由于中国高等教育与高中教育之间存在"段差"，你们可能还在苦苦摸索大学学习、大学教育的规律，受困于学习能力和学习动机上的匮乏；[2]可能还沉醉于宪法、法理、法史等课程的大叙事、大视野；只拥有最基本的民商法知识储备，可能连合同法、物权法、侵权责任法等都没来得及学完；在过往人生中一直从校门到校门，几乎没有真正接触过社会，不大懂得人情世故……你们往往就这样仓促地、未做好充分准备地推开了民事诉讼法课程的大门。

在这里，你们所要面对的是怎样一幅景象呢？

一是各种抽象的、别扭的、"舶来"的理论概念，像诉讼标的、无独立请求权第三人、类似的必要共同诉讼，会让你们如坠云里雾里。

二是在一部轮廓性或框架性的民事诉讼法法典之外，由最高人民法院出于民事审判需要而不断发布的解释、批复、答复及各高级人民法院出台的规范性文件，数量蔚为壮观，条文不计其数。

三是源自各个民商法领域的法律关系及其纠纷，是变化万千、捉摸不透、流变不居的案件情景，有些让你们惊掉下巴，有些复杂到让你们抓狂。

更富挑战性的是，你们不是了解、知道由这些概念、条文所组成的"知识"（know-what）就够了，更被期待运用这些"知识"去解析案例，学会在多种可能中寻找最可能，用有限的概念工具去应对无限的事实情状，去策略性地操作，又批判性地审视（know-how）。对于你们来说，既要反复阅读教材，又要仔细琢磨法条

---

〔1〕 包括但不限于物权法、合同法、侵权法、婚姻家庭法、公司法、保险法、合伙企业法、破产法、专利法、商标法、著作权法、反不正当竞争法、消费者权益保护法等。

〔2〕 "段差"出现的直接原因是高中教育与大学教育在人才培养目标和方向上的错位，即高中教育让学生为"高考"做准备，而非为"高等教育"做准备。

及司法解释，认真领会概念；既得脑洞大开，又要知分寸，懂得"见好就收"而不能放任自己"思无涯"；既要不停输入（input）知识，又要不断通过随堂测试、案例分析等进行知识输出（output），检验输入是否充分、准确，并对输入的知识进行再结构化（reconstructing）。

你们可能会说，这门课好难呀！

的确，多年的基础教育或许已让你们习惯在给定条件下寻找唯一正确答案。生活世界是复杂的，系统性知识就是要化繁为简。法律，作为社会规范，同样应当向可预见性、安定性或确定性收敛。但是，这个世界唯一确定的，就是它的不确定性。量子力学告诉我们——请允许我以极浅薄的物理学知识来举例——构成物质的不是确定的、可测量的粒子，而是以函数波的形式存在的量子。在这团波所覆盖的空间中，每一点都在不停地震荡。震荡在空间中不断地传播，既无法确定其位置，也难以谈论它的速度。甚至因为波函数会发生"坍缩"，观察量子也变成不可能。是不是很荒诞？但物理学家费曼说"以常识看来，（量子力学）把自然界描述成一个荒诞之物。但是这种描述与实验完全相符。所以，我希望你能够接受自然界的本来面目—荒诞"。[1]所以，荒诞的不是量子力学，而是自然界本身！

这可能就是世界的本来面目。对于生活中发生的形形色色的民商事案件，有谁能洞悉一切，作出安排，让你们只需发现"冥冥之中预先设定"的唯一正确答案？某个事实细节的不经意的变动，如果恰好落入法律涵摄的范围，会不会导致分析的思路和结论都彻底改变？诉讼请求（诉讼标的）、主要事实、重要的间接事实、举证证明、诉讼主体、诉讼程序……法律规定了应然的效力，但谁又能保证产生效力的要件会实然的具备？如果不具备，又该如何处理呢？

波兰女诗人维斯瓦娃·辛波丝卡（Wislawa Szymborska）的《一见钟情》中有一句话：他们彼此深信，是瞬间迸发的热情让他们相遇。这样的确定是美丽的，但变幻无常更为美丽。所以，你们需要学会与不确定相处，欣赏变幻无常是一种美丽，尝试接受这个世界的本来面目。当然，法学教育以培养职业法律人为主要目标，其实就是教会你们用抽象且有限的规则、标准，去回应现实世界纷繁复杂的情事、纠纷。衡量法学教育的品质，一个重要指标是看所培养的学生是否具备这种"用有限回应无穷"的能力以及能力的大小。因此，除了让你们理解、接受社会的不确定性，还要引导你们在不确定性中去努力探索、建构确定性。

自欧洲工业革命以来，随着社会分工和复杂性的日趋增加，通过生活积累的经

---

[1] "(Quantum mechanics) describes nature as absurd from the point of view of common sense. And yet it fully agrees with experiment. So I hope you can accept nature as She is - absurd." ——笔者译。

验不再能满足现实需求，现代学校教育就应运而生。但身处不断变化、日益复杂的社会当中，高等教育不能也不应以培养完整的受教育者为目标，毋宁说是培养能适应新趋势的终身学习者（lifelong learner）。法学教育更是如此。就像前面讲的，法学教育的本质在于培养学生"用有限回应无穷"的能力。

因此，民事诉讼法课程不仅要教给你们成体系的民诉法知识，使你们具备规则操作适用的基本能力，而且要启发你们对纠纷性质、类型及其解决的新变化保持智识的敏感与好奇，使其在不确定的情景下提高知识理解的广度与深度、问题解决能力及创造性。有研究表明，智识的好奇心（intellectual curiosity）或认知的好奇心（epistemic curiosity）是除智力和勤勉之外，决定学业表现乃至职业发展的第三个关键因素。[1]

智识的好奇心，是让你们走上法律职业成功之路，让你们与这个不确定的世界相处的秘诀。

那么，怎样才能产生智识的好奇心呢？

新近的认知心理学理论认为，智识好奇心源自个人知识上的信息缺口（information gap）。填补信息缺口是令人愉悦的，所以学习使人快乐。为了激发好奇心，就要让你们意识到个人知识上的可控的（manageable）信息缺口。其中的关键因素在于"可控的"。信息缺口过大，会让你们产生无助感，进而抑制好奇心的产生；信息缺口过小，会让你们不以为然，也难以产生好奇心。[2]

与一般观念不同，"信息缺口"并不是指人"不知道什么"，而是由两个维度来共同定义——"知道什么"以及"想知道什么"。一方面，人的好奇心与"知道什么"存在正相关。当一个人在某个专业领域知道得越多，就越容易发现可控的信息缺口，所缺信息的边际价值也随之递增，就越可能产生好奇心。[3]另一方面，"想知道什么"是相对主观的，由"信息的参考点"（informational reference point）的设置决定。对于拥有一定知识的人来说，如果将"参考点"设置在现有知识水平上方，就会产生好奇心，否则就不会。[4]

---

〔1〕 Sophie von Stumm1, Benedikt Hell, and Tomas Chamorro-Premuzic, The Hungry Mind: Intellectual Curiosity Is the Third Pillar of Academic Performance, *Perspectives on Psychological Science*, Vol. 6, No. 6, 2011, pp. 574-588. ——笔者译。

〔2〕 James W. Gentry, et al., *Motivating Students: An Initial Attempt to Operationalize the Curiosity Gap Model*, Developments in Business Simulation and Experiential Learning, Vol. 28, 2001, pp. 69-70. ——笔者译。

〔3〕 当然，二者并非线性关系。新的信息可能改变已感知的信息丛规模，导致参考点发生转移，也可能使未知信息的边际价值递减。

〔4〕 George Loewenstein, *The Psychology of Curiosity: A Review and Reinterpretation*, Psychological Bulletin, Vol. 116, No. 1, 1994, pp. 75-98. ——笔者译。

因此，你们除了全面、深入、充分地掌握民事诉讼法学科知识，还应该努力将"参考点"设置在已有知识的上方，发现通过自行努力可以掌控的信息缺口，享受填补信息缺口的愉悦。民事诉讼法学知识与其他法学知识一样，不是自然科学意义上的科学。但为了实现纠纷解决或诉讼运作的可预见性，其主要内容仍具有共识或主体间（inter-subjective）意义上的确定性。这体现为法规范大致确定无疑的文义，是课堂教学讲授的重点。不过，在短短几十个课时里，老师不可能穷尽民诉法规范的文义，必然会有大量"留白"有待你们去发现和填充。不仅如此，民事诉讼作为一种社会关系与具体的组织结构和社会情境下高度关联，而非与所处时间、空间"脱域"（disembeding）之后的抽象逻辑演绎。〔1〕因此，你们不能仅从法内的视角理解和应用民事诉讼法学知识，而且要学会从法外的视角审视和评判它。

一方面，在法内的知识中，你们要学会举一反三、触类旁通的意识和能力。像搭"乐高"或其他积木类玩具一样，在构建和探索中享受乐趣。比如，教科书会提到，为了保障当事人对调解结果的反悔权，法院对民事调解书不得公告送达，除非构成《民诉法解释》第151条规定的例外情形（即当事人各方同意在调解协议上签名或者盖章后即发生法律效力，生效后当事人又请求制作调解书的）。在学习这一知识点时，你们可以思考：

（1）这一观点的法律根据有哪些？你们可以检索到《民诉法》第99条（调解未达成协议或者调解书送达前一方反悔的，人民法院应当及时判决）、《民诉法解释》第133条（调解书应当直接送达当事人本人，不适用留置送达……）等条文。运用文义解释、体系解释等方法，确定民诉法及相关司法解释是否禁止调解书的公告送达。

（2）公告送达的条件有哪些？为什么要公告送达？你们同样可以检索到《民诉法》第92条（受送达人下落不明，或者用本节规定的其他方式无法送达的，公告送达）、《民诉法解释》第140条（适用简易程序的案件，不适用公告送达）等条文，从而知道公告送达的积极条件及消极条件。你们可以从原理上反思为什么要设置公告这一送达方法，去掉行不行？进一步思考，它与调解结案能否兼容？

（3）在什么情形下，调解书可以公告送达？一审简易程序中不行，普通程序中行不行？有没有必要？普通程序中，当事人参加庭审达成调解协议后下落不明的，法院能公告送达调解书吗？是根据该当事人确认的送达地址或原送达成功的地址进行直接送达或邮寄送达即可，即使退回也视为送达成功？亦或是宣告调解失败，法

---

〔1〕 关于"脱域"，参见安东尼吉登斯：《现代性的后果》，田禾译，译林出版社2000年版，第18~26页。

院及时判决并按法定方式送达判决书？二审程序行不行？例如，甲起诉乙、丙请求人身损害赔偿，丙下落不明。一审法院判决乙赔偿甲 10 万元，丙不承担民事责任，并对丙公告送达判决书。乙不服提起上诉，二审中甲、乙达成调解协议，乙赔偿甲 8 万元，丙不承担民事责任。二审法院据以制作调解书，可否向丙公告送达？

另一方面，尽量避免专业知识带来的狭隘和偏见，变成马斯洛所说的"锤子人"——如果你手里有一把锤子，所有东西看上去都像钉子。知识结构纵向链接越深，看问题会越透彻；知识结构横向链接越宽，对问题的思考会越灵活。因此，你们应该适当跳出法内视角的束缚，去关注社会现实，去体味人世百态，去了解私法秩序与诉讼外的纠纷解决。你们可以从历史、社会、政治等角度理解制度的来龙去脉，学习一些"广博而无用（在考试意义上）"的知识，对所处的世界产生广阔的好奇，养成通融完整的人格。

同样以法院送达为例。为什么中国法院向当事人（主要是被告）送达那么艰难，甚至产生了一种具有理论意蕴的"送达难"问题？这一问题存在哪些制度上的诱因？又与哪些社会因素相关？在它背后，是否存在某种深层次的、结构性的原因？随着思考的逐渐拓展和深入，你们慢慢地学会透过现象把握问题的本质，产生"破译"（decode）中国社会的浓厚兴趣。[1]

生有涯而知无涯。祝你们成功。

陈杭平副教授简介

1980 年出生，清华大学法学院副教授、博士生导师，院党委副书记，纠纷解决研究中心主任。清华大学法学院本科（2003）、硕士（2005），北京大学法学院博士（2009），美国哥伦比亚大学法学院访问学者。兼任最高人民法院诉讼服务志愿专家、中国法学会民诉法学研究会理事等。

扫码进入陈杭平专栏

先后在《中国法学》《法学研究》等中文期刊及英文、西班牙文法学期刊上发表论文数十篇。出版专著《统一的正义》，合著《中国民事诉讼法重点讲义》《民事诉讼标的理论的新范式》等。主持国家社科基金、教育部、司法部、最高人民法院等研究课题多项。入选清华大学"仲英青年学者""北京高等学校青年英才计划"等人才计划。

---

〔1〕 参见陈杭平："民事诉讼法学'三位一体'教学模式探索"，载《中国高等教育》2020 年第 2/3 期。

民事诉讼法学派"修炼指南"

西南政法大学讲师　吴志伟

在头脑中形成知识网络是修习本派武功招式的不二法门。这样才能够由宏观到中观再到微观，层层深入、系统领悟本派武功。相对琐碎的诉讼法知识就如同散乱的珍珠，需要一根主线才能串成一条光彩夺目的珍珠项链。

丰富的司法实践是我们取之不尽用之不竭的学习资源。研读裁判文书是学习动态之法的有效途径。我们可以通过中国裁判文书网、无讼案例、北大法宝等网上数据库检索司法裁判文书，最高院定期发布的指导性案例、公报案例等更值得我们去关注。

一个优秀的法律人应当具备专业法律思维、掌握系统法律知识、熟悉法律实践技能，三者缺一不可。正如习武之人，具备深厚内功基础和纯熟武功招式的武者，可以称之为武林高手；但只有能够深切领悟武术之真谛的高手，方能成为武学宗师。

在法学的江湖中派系林立，宪法学、法理学、刑法学、民法学、刑事诉讼法学、民事诉讼法学、行政法与行政诉讼法学等诸多门派并存。本人乃民事诉讼法学派的入门弟子，借此机会，将十几年来的修炼心得与各位江湖同道分享，希望有益于大家"修炼"民事诉讼法学。

一、本门派的江湖地位

在古代，本派与刑法学、民法学、刑事诉讼法学属于同一门派，那时大家抱团取暖，可以说是独霸江湖。近代以来，随着各家势力的壮大，发展理念产生严重分歧，"道不同不相为谋"，最后大家分道扬镳，各自拉起山头另立门派。分立后他们的江湖地位也受到影响，老大的位置很快被宪法学派夺取。宪法学派因德高望重，武艺超群，很快成为公认的 "武林盟主"，各派甘愿受其领导。

本门派在江湖中地位虽然不及宪法学派，偶尔还会遭受民法学派的白眼，但也绝非是任人宰割的鱼腩。经过同仁们的不懈努力，目前位居江湖几大豪门之列，地位显赫，势力远非海商法、环境保护法、消费者权益保护法、律师法、治安管理处罚法等小众门派可比。

打抱不平、古道热肠的性格奠定了本门派的江湖地位。我们的立派宗旨是急人之困、替人解忧。江湖上但凡出现欠债不还、夫妻不合、子女不孝、邻里不睦等纷争，当事人向本派求助时，我们绝不推诿，该出手时毫不含糊。

二、本门派的武功门类

入我门派，必先了解一下本派的武功套路。本派武学主要由民事诉讼基本理论、民事诉讼基本制度和民事诉讼程序规则构成。其中，民事诉讼基本理论是本派的内功心法，民事诉讼基本制度和程序规则属于武功招式。本派高手均是内外兼修，力求达致内功深厚、招法纯熟之境。

本派内功心法博大精深，艰深晦涩。主要包括民事诉讼法律关系论、民事诉权理论、民事诉讼标的论、民事诉讼目的论、民事诉讼程序价值论、民事诉讼行为论、民事诉讼模式论、既判力论等诸多门类。内功心法的修习需要具备一定的武功招式基础，否则难以产生融会贯通、大彻大悟的修炼效果。本科阶段对于基本理论的学习可以浅尝辄止，武功修为不足强，练精深内功可能会 "走火入魔"。如果确有兴趣，可留待修为精进的研究生阶段再行修炼。

《民事诉讼法》法典是记载本派武功招式的至高典籍。本派武功招式套路多样、自成一体。民事诉讼基本制度记载于《民事诉讼法》第一编总则部分，主要包括当事人（解决 "谁去告谁" 问题）、管辖（解决 "到哪里去告" 问题）、证据（解决 "拿什么去告" 问题）、诉讼保障制度（处理诉讼中的特殊事项）等 "绝技"。民事诉讼程序规则主要体现在《民事诉讼法》第二、三、四编。除涉外民事诉讼的特别规定外，由审判程序和执行程序构成。审判程序再划分为诉讼程序和非讼程序。诉讼程序还可细化为一审程序（含一审普通程序、简易程序、小额诉讼程序）、二审程序和再审程序。非讼程序则是特别程序（选民资格案件除外）、督促程序和公示催告程序的总称。执行程序大体由执行主体、执行根据、执行管辖、执行救济、执行和解、执行启动、执行中止和终结等具体招数构成。

粗浅介绍，当可窥见本派武功招式之繁杂。在头脑中形成知识网络是修习本派武功招式的不二法门。这样才能够由宏观到中观再到微观，层层深入、系统领悟本派武功。相对琐碎的诉讼法知识就如同散乱的珍珠，需要一根主线才能串成一条光彩夺目的珍珠项链。

三、本门派的修炼之法

与法理学、法制史等门派强调内功修为不同，本派尤其注重门人武功招式的系统学习和实践应用。正如英国柯克大法官曾言："法律是一门艺术，在一个人能够获得对它的认识之前，需要长期的学习和实践。"据此，本派的修炼内容无外乎学习和实践两个维度。修炼方法的关键点是如何进行学习和实践，能否缩短修炼周期，以取得事半功倍的修炼效果。

修炼本派武功要学习什么？首先，要学习本门派的经典论著。教科书和学术专著皆应涉猎。教科书可以选择两种进行对比研读，这是快速、系统掌握民事诉讼法学知识的有效途径。在此推荐本派已故学术宗师江伟教授的《民事诉讼法学》（第三版）和本派现任掌门人张卫平教授的《民事诉讼法学》（第四版）。系统的教科书我们要精读，通过对比了解不同的学术观点和论证思路。

学有余力时，大家可以对本门派的学术专著根据兴趣选择阅读。探索程序价值的专著有季卫东教授的《法律程序的意义》、皮罗·克拉玛德雷的《程序与民主》等；研究基本理论的专著有邵明教授的《民事诉讼法理研究》、肖建国教授的《民事诉讼程序价值论》、李祖军教授的《民事诉讼目的论》、刘敏教授的《诉权保障研究》、唐力教授的《民事诉讼构造研究——以当事人与法院作用分担为中心》等；对具体制度展开研究的成果，包括肖建华教授的《民事诉讼当事人研究》、李浩教授的《民事证明责任研究》、陈刚教授的《民事证明责任法研究》、廖永安教授的《民事审判权作用范围研究——对民事诉讼主管制度的扬弃与超越》等；研究具体程序的著述，包括章武生教授的《民事简易程序研究》、齐树洁教授的《民事上诉制度研究》、廖中洪教授的《中国民事诉讼程序制度研究》等。

在全面了解我国民诉著作的基础上，适度阅读一些国外经典译著，也是值得鼓励的。如果外语水平足够高，可以尝试阅读一些外文原典文献，这对于提升外语水平和专业知识均大有裨益。

其次，要学习本门派的"清规戒律"。不以规矩，不成方圆。既要学习静态之法，又要学习动态之法。静态之法是指法律文本，包括成文法典和相关司法解释。需要强调的是，任何民事诉讼都是民事实体法和程序法糅合的产物。法院判决必须有明确的实体法依据。实现民事诉讼定纷止争、维护当事人合法权益的功能，也必须以民事实体法规范为准绳。因此，学习静态之法要做到实体法与程序法兼备。对于重要的法律条文应当烂熟于心，须知在日后的司法实践中，裁判出现低级的程序性错误，将会对你的职业生涯造成难以估量的不良影响。对法律人而言，简单识记法条远远不够。毕竟"自动售货机式的法官"只是学者美好的假设，在案件裁判过程中，法官经常要通过法律解释才能将干瘪的法律条文适用于鲜活的案件事实。因此，还要掌握必要的法律解释方法，学会领悟法律规范的内在逻辑和外在体系。

动态之法是指司法判例，即司法实践中现实运行的法。丰富的司法实践是我们取之不尽用之不竭的学习资源。研读裁判文书是学习动态之法的有效途径。我们可以通过中国裁判文书网、无讼案例、北大法宝等网上数据库检索司法裁判文书，最高院定期发布的指导性案例、公报案例等更值得我们去关注。在学习过程中，如果要查找某一个法条在司法实践中的运行状况，建议使用北大法宝，检索该法条所在的法典或司法解释后，使用"法宝联想"功能，能快速链接该法条对应的案例和裁判文书，该法条的实践动态一目了然。

修炼本派武功如何进行实践？练武，突出一个"练"字，它强调初学者都要从扎马步开始亲身实践，而非纸上谈兵。学习法律亦是如此，法学乃应用之学，强调培养法科学生运用法律规范解决现实纠纷的能力。这种能力的养成无不依赖于亲身实践。"纸上得来终觉浅，绝知此事要躬行"。大家在具备一定的专业知识储备基础上，要主动利用多种机会参与实践练习，借此发现实践中的现实难题，回到"象牙塔"内，运用专业知识分析问题成因并探求解决之策，最后再以此指导司法实践。这是对自身理论水平的最好检验方式，真正做到"从实践中来，到实践中去"。

我们对实践可以扩大解释，除了专业实习这一集中实践教学环节外，还可采取多种形式参与实践。可利用业余时间，持有效身份证件到法院旁听案件庭审；可以参加学校的法律诊所，用自己的实践为当事人输送正义；可以参与模拟庭审活动，无论是真实还是虚构的案件素材，都可以让我们直观感受审判流程。如此等等，不一而足。

有人可能会问，学习和实践是否应当有先后顺序呢？个人浅见认为，两者不能截然分开，也无先后顺序之别。在学习专业知识的同时，可以通过阅读司法判例、观摩庭审等方式关注实践。实践时更不可脱离理论之引导，在实践中发现的问题更需要专业学习去寻找因应之法。我们还应当在不断学习和反复实践的基础上，逐渐塑造自己的专业思维模式。一个优秀的法律人应当具备专业法律思维、掌握系统法律知识、熟悉法律实践技能，三者缺一不可。正如习武之人，具备深厚内功基础和纯熟武功招式的武者，可以称之为武林高手；但只有能够深切领悟武术之真谛的高手，方能成为武学宗师。

本文通篇以习武比喻民事诉讼法之学习，两者确有诸多相通之理。常言道，

"文无第一，武无第二"。武无第二，激励所有的习武者刻苦修炼，以求对战时战无不胜。文无第一，告诉我们学无止境。方法固然重要，在民事诉讼法的学习之路上不懈求索更为关键，就此我与诸君共勉。

吴志伟讲师简介

黑龙江省讷河人，西南政法大学最高人民法院应用法学研究基地副主任。主讲民事诉讼法学、司法制度与法律职业道德、案例推演与文书制作等本科、研究生课程，授课内容丰富、条理清晰、风趣幽默。曾获西南政法大学首届"精彩一课"课堂教学竞赛优胜奖。

扫码进入吴志伟专栏

爱上刑事诉讼法

北京师范大学教授　何　挺

　　刑事诉讼法课程的教授和学习通常也采用按照时间的先后顺序推进的方法，因此一定不能孤立地看待刑事诉讼法的某一规定，而需要将其置于刑事诉讼整体的控辩审三方构造和前后相继的诉讼阶段中来记忆与理解。

　　应当循序渐进，在弄清刑事诉讼基本理论和整体架构的前提下，在理解法律条文规定的目的和背后的利益权衡基础上，再适当进行记忆，这可能才是学好刑事诉讼法的正途。从另一个角度来说，在法学院学习任何法律的目的都不应该只是对法条的记忆与背诵，而应该是理解法律背后的理论与缘由进而培养我们的法律理念与意识。

　　在学习刑事诉讼法时，应当自觉养成将课堂上和法条中学到的内容与各种渠道了解到的实践状况相关联的思维习惯，只有这样才能将课本和法条中规定的抽象概念对接到实践中的具体操作，加深理解和记忆。

　　对绝大多数法学院大二的学生来说，经过大一一整年的洗礼，在上了大量的公共课和少数几门法学核心课程（例如法理学、宪法学等），并基本完成了从高中期间跟着老师的节奏学习到大学期间按照自己的节奏学习的转变后，即将迎来另一门法学核心课程——刑事诉讼法。这可能是一门让很多法科生"伤心欲绝"并"恨之入骨"的课程，不仅因为其法条和司法解释之多可能冠绝法学各学科，需要记忆的体量巨大，更因为其所规范的程序操作较为琐碎，各种前后相继的流程和各种"应当""可以"的情形让人傻傻分不清。这还可能是一门让很多法科学霸"爱不起来"的课程，不仅因为多年来重实体轻程序的传统使程序法相对不受重视，更因为刑事诉讼法所蕴含的精妙之处往往无法像刑法或民法能通过一个个或常见或奇葩的有趣生动案例迅速呈现出来。

爱上刑事诉讼法的五个理由

除了这些"不招人待见"的地方之外，刑事诉讼法究竟是一门什么样的课程，使其在现代法治初步确立之时就能位列"六法"之一并能自始至终被视为一个国家最重要的基本法律之一呢？刑事诉讼法的独特魅力又在何处？事实上，刑事诉讼法所具有的下列几方面特色是其他法律难以望其项背的，"爱上"刑事诉讼法可以有很多理由。

第一，刑事诉讼法与作为国家基本大法的宪法的关联极为紧密。

头顶"小宪法""活动中的宪法"和"宪法测震器"光环的刑事诉讼法绝非浪得虚名。宪法作为国家基本大法奠定了一国法治的基础，条文有限惜字如金，通常规定的内容都较为宏观，因此很少会有部门法规定的内容可以直接在宪法条文中找到。但基于刑事诉讼法所涉及的公民基本权利正是宪法所保障的公民基本权利，刑事诉讼法与宪法的规定基本相同甚至完全重复的情况却不在少数。例如《宪法》第37条规定的公检法三机关关系与《刑事诉讼法》第7条的规定是基本完全一样的。再如，《宪法》第37条第2款规定，任何公民，非经人民检察院批准或者决定或者人民法院决定，并由公安机关执行，不受逮捕。而《刑事诉讼法》第80条则相应规定，逮捕犯罪嫌疑人、被告人，必须经过人民检察院批准或者人民法院决定，由公安机关执行。

第二，刑事诉讼法的动态平衡性可能冠绝所有法律。

与实体法相比，程序法强调的是动态的平衡——各方主体如何在变动不居的程序中保持平衡，因此更多地需要动态的视角。而且与民事诉讼法相比，由于涉及侦查程序、审查起诉程序以及相关的公安机关、国家安全机关和检察机关等，刑事诉讼中的动态平衡往往更为复杂，更需要"全局观"和"动态观"。我国1979年同时颁布刑法典和刑事诉讼法典后，刑法经历1997年大修后每隔两三年就出台一个修正案，以应对犯罪形势的变化，而刑事诉讼法则只在1996年、2012年和2018年经历了三次大修，每次都"伤筋动骨"地"从头改到尾"，这种修改频度和幅度上的变化也很大程度上是因为刑事诉讼法的全局性和动态性，导致刑事诉讼法的绝大多数条文都会"牵一发而动全身"。

第三，刑事诉讼法的制定与运行涉及多种价值的权衡，如何权衡刑事诉讼过程中涉及的各方面价值与利益是刑事诉讼法永恒的主题。

在刑事诉讼中，控制犯罪与保障人权如何平衡，公正与效率的价值如何平衡等问题会体现在一件件个案的不同阶段的处理之上。同时，刑事诉讼还始终处于国家权力与公民权利、不同国家机关的权力以及涉入刑事诉讼程序的不同公民的权利之间的权衡与选择过程中。在绝大多数情况下，所有这些价值与利益并不处于绝对的优先位置，需要结合各种具体情形进行选择。例如，对于采用非法手段获取的证据，由于非法取证侵犯了公民的基本权利，因此原则上需要予以排除，但有时非法证据本身又具有查明案件事实以惩罚犯罪的功能，因此在一些情况下又需要有条件地予以采纳。因此，刑事诉讼法往往呈现出原则加各种例外，甚至例外的例外的状况。从某种角度上来说，刑事诉讼法所规定的各种让人傻傻分不清的情形，正是根源于其价值权衡与选择这一永恒的主题。

第四，刑事诉讼法可能还是所有部门法中最体现权力制约权力这种"宫斗"思维的法律。

将权力在不同的国家部门之间进行分配，以实现权力对权力的制约以避免权力滥用是现代法治国家的惯常做法，这一点在我国以公民权力制约国家权力尚不成熟的情况下尤为重要。刑事诉讼涉及很多重要部门，尤其是公检法三机关，刑事诉讼法甚至专门规定了"三机关分工负责、互相配合、互相制约"的原则。如何将权力更好地在三机关之间分配，并在具体程序中实现权力的互相制约，进而实现动态的平衡，也是刑事诉讼法律着力解决的问题。

第五，最为重要的是，程序是法治的标志之一，一国刑事诉讼法律的发达程度是一国法治发达程度的重要标志。

美国大法官道格拉斯说过，"正是程序决定了法治与恣意的人治之间的基本区别"。与民事诉讼强调双方当事人的合意和诉讼效率因而程序相对灵活相比，刑事诉讼由于关涉公民基本权利因而"无小事"，刑事程序的法定性、规范性无论如何强调都不为过。正因为如此，刑事诉讼中的"程序法定"原则和"罪刑法定"原则这两个刑事法的最基本原则并称为刑事法领域的两大"法定"原则。换一个角度来说，正是明确、规范的程序划定了代表国家追究犯罪的机关在刑事诉讼中的权力界限和涉案公民行使权利的边界，而这也正是法治的核心要义。

学好刑事诉讼法的四个方法

学好刑事诉讼法的方法，必须和上面谈到的刑事诉讼法不同于其他法律的特征相适应，采用不同的思考问题的方式。

第一，要采用动态和关联的视角来看待刑事诉讼法中的每一项规定。

在刑事诉讼中，任何一个主体在任何一个诉讼阶段的任何一项诉讼活动，都会对其他主体在前后相继的其他诉讼阶段的活动产生影响；而前一诉讼阶段的行为或决定不但会对后续诉讼阶段产生影响，甚至可能因各种原因被后续诉讼阶段所修正、否定甚至导致程序的回转。刑事诉讼法课程的教授和学习通常也采用按照时间的先后顺序推进的方法，因此一定不能孤立地看待刑事诉讼法的某一规定，而需要将其置于刑事诉讼整体的控辩审三方构造和前后相继的诉讼阶段中来记忆与理解。

第二，要牢牢把握住"权力"与"权利"这一对刑事诉讼中的核心概念。

如上所述，刑事诉讼法从某种角度上来说就是一部划定权力和权利的边界、并以权利和权力制约权力的法律。刑事诉讼法中几乎所有的事项都围绕权力与权利这一对关键词展开，刑事诉讼法中的一些细节性的规定往往也是为了实现权力与权利更好的平衡，因此在学习刑事诉讼法的过程中一定要将表现为各种细节性甚至琐碎不堪的制度与程序的规定"深挖"到权力与权利平衡制约这一根基，这样才能更好地理解各种规定。

第三，在理解的基础上记忆。

诚然，刑事诉讼法律条文数量相对较多，需要记忆的内容体量相对较大，但这些规定并非杂乱无章、互不关联，相反，条文背后的脉络实际上有迹可循，而且条文与条文之间的关联性较之其他法律更强。因此，如果寄希望于短时间内死记硬背法条来学好刑事诉讼法基本上是不可能的，而是应当循序渐进，在弄清刑事诉讼基本理论和整体架构的前提下，在理解法律条文规定的目的和背后的利益权衡基础上，再适当进行记忆，这可能才是学好刑事诉讼法的正途。从另一个角度来说，在法学院学习任何法律的目的都不应该只是对法条的记忆与背诵，而应该是理解法律背后的理论与缘由进而培养我们的法律理念与意识。

第四，密切联系司法实践。

与刑法规范的盗窃、抢劫等行为以及民法所规范的买卖、婚姻等行为相比，刑事诉讼法所规范的诉讼过程中的行为（例如逮捕、搜查、起诉等）距离现实生活相对较远，对于没有司法实务体验的法科生来说相对更难理解，因此，更加需要密切联系司法实践，通过了解刑事诉讼某一制度或程序在实务中的运用样态和遇到的问题来加深对法律规定以及背后的理论的理解。而密切联系司法实践的具体途径，除了常见的案例教学以外，更可以借助关注新闻媒体中的法治热点事件而实现。留心的同学会发现，新闻媒体关注的法治热点事件中大部分都与刑事有关，而其中又或多或少涉及一些刑事程序的问题，甚至有的热点事件的核心问题就是刑事程序问题。例如，某一社会热议的冤案中必然涉及刑事诉讼法中的证据和程序问题，某某"大老虎"死亡多年后仍然被申请没收违法所得并在法院开庭审理，就涉及刑事诉讼法特别程序中的违法所得没收程序等。其实稍作留心并适度思考，这种例子比比皆是。总而言之，在学习刑事诉讼法时，应当自觉养成将课堂上和法条中学到的内容与各种渠道了解到的实践状况相关联的思维习惯，只有这样才能将课本和法条中规定的抽象概念对接到实践中的具体操作，加深理解和记忆。

推荐阅读书目

对于初步接触刑事诉讼法的同学来说，首先可以阅读一些学术随笔性质的书籍（包括一些法理学或法史学的学术随笔书籍，其中也会涉及一些刑事诉讼的基本问题），通过一些故事或法谚来了解刑事程序的思维方式和理念，还可以阅读一些对国内外经典案件进行分析类的书籍，以结合实际案件来进一步培养思考刑事程序问题的能力。如果学有余力，并且对刑事诉讼法感兴趣，之后则可以阅读一些刑事诉讼领域具有奠基性的经典著作，如果对刑事诉讼中的某些具体问题感兴趣则可以查阅一些专题性的研究书籍。推荐几本如下：

学术随笔类：

左卫民、周长军：《刑事诉讼的理念》（最新版），北京大学出版社 2014 年版。

陈瑞华：《看得见的正义》（第二版），北京大学出版社 2013 年版。

案例分析类：

何家弘主编：《迟到的正义——影响中国司法的十大冤案》，中国法制出版社 2014 年版。

孟军：《艰难的正义：影响美国的 15 个刑事司法大案评析》，中国法制出版社 2015 年版。

经典著作类：

［意］切雷萨·贝卡里亚：《论犯罪与刑罚》，黄风译，中国大百科全书出版社 2005 年版（或者其他出版社版本）。

［美］兰博约：《对抗式刑事审判的起源》，王志强译，复旦大学出版社 2010 年版。

何挺教授简介

1979 年 10 月生，浙江宁波人。1998 年负笈中国政法大学，十年后获得法学博士学位（刑事诉讼法学专业），现为北京师范大学刑事法律科学研究院副院长、教授、博士生导师，挂职担任最高人民检察院第九检察厅副厅长。主要研究领域为刑事诉讼法学、少年司法和实证研究方法。美国维拉司法研究所、台湾政治大学和伦敦政治经济学院访问学者。在《中国法学》《法学研究》等刊物发表学术论文、译文 100 余篇，出版著作《现代刑事纠纷及其解决》（独著）、《刑事司法改革中的实验研究》（独著）、《外国刑事司法实证研究》（编译）和《失败启示录——刑事司法改革的美国故事》（独译），合著、参编著作及教材 30 余部。

扫码进入何挺专栏

行政法的学习

中国政法大学教授　杨伟东

学习行政法，要注意三对关系的处理：原理与规则、共识与异见、过去与发展。对这三对关系的把握，有助于深化对行政法知识的理解。

大学四年是塑造人生观和世界观、形成为人处世态度和规划人生的关键阶段。在这一阶段，经历本身就是一种历练，过程胜于结果，而由此所造就的眼光、视野和能力远比知识、成绩更为重要。

大学生应跳出以知识学习为主的被动受教模式，而转向以能力培养为主的自我探索模式，围绕如何适应社会思考并确定应学习的知识、提高的能力，有意识、有目的地参加与专业有关的社会实践活动。总体来看，凡有利于提升自己能力的活动，多多益善，可以根据自己的时间、精力、财力等量力选择。

行政法是我国法律体系的重要组成部分，是大学本科生的必修课。学好行政法，不仅是学生完成课业的要求，而且是完整掌握和理解法律制度的需要。

一、行政法是令人头疼的法学课程？

整体来看，与民法等法学课程相比，行政法常常不为法学学生所喜爱，甚至视为令人头疼的课程。如此看法，不单为中国学生所独有，实则是法学学生的普遍观点。日本行政法学者和田英夫曾指出，在日本行政法学是令人头痛的学科。美国行政法学者夏皮罗教授（Sidney A. Shapiro）甚至专门撰文分析法学学生为何不喜欢行政法，文章标题即为《法科学生不喜欢行政法的十大原因及其对策》。

行政法不受欢迎，很大程度上源于行政法自身的特点。行政法所规范的事务多关涉政治制度、行政运行，虽与公民密切相关，但毕竟不同于民法等法律直接与个人工作、生活高度贴合，个人与之尚有一定的疏离，且不少规则为法定，不能直接从日常经验、惯例等习得和总结。同时，行政法涉及面广，内容繁杂，门类众多，虽有共性，但个性特点鲜明，况无统一法典，掌握起来自然要难。

不过，难并不能成为逃避或者不学习行政法的理由。受学生的喜爱程度，不是影响一门课程的重要性的决定因素，甚至不能成为评价其重要性的因素。判断一门课程的重要性，至少需要从三个层面来分析：一是在大学学业的地位，特别是否为修完学业所必需；二是在该学科中的地位，是否为理解和掌握该学科所必需；三是在未来从事工作中的地位，是否为做好自己事业所必需。这些都是站在个人的角度理解某一课程的重要性。

事实上，难与不难是相对的。从学习过程来看，行政法入门和进入较不易，但是一旦掌握就会有不同的感受，甚至会爱上它。不喜欢或者没兴趣多半是因为不了解，遇到自己不喜欢的课程，不妨学会努力理解这门课程，努力从中发现自己感兴趣的部分，多多了解其原理，细细体会其运用，或许就会真正喜欢上它！

二、尝试理解行政法的价值和魅力

公法与私法的划分虽是大陆法系对法律的基本分类，但在英美法系同样得到或直接或间接的认同。这一划分构成了现代整个法律秩序的基础。民法、商法是典型的私法，宪法、行政法无疑是典型的公法。对一个国家而言，公法与私法共同构筑了一个国家完整的法律体系；对一个法科学生而言，只有掌握了私法与公法方能称为理解了法律、法学。

事实上，对私法或公法的深入理解，恰恰在于要对二者共性和个性的充分认识之后才能实现。换言之，对私法的认知，有时正是通过对公法的比较中得到深化的。私法以调整平等主体的关系为对象，强调平等和自治。相反，行政法关涉的是公民、组织与行政机关之间的关系，在这一关系中行政机关手握国家权力，有国家强制力作保障，居于优势一方，双方事实上带有不对等性。行政法关注的是，如何规范行政权，既避免行政权的滥用，又能充分发挥行政权的作用，特别是前者。行政法的独特性，源于其使命的特殊性，并由此形成与私法诸多不同的安排。行政法要求行政机关职权法定（法无授权不得为），行政机关所使用方法传统上以命令为主。

因此，要学好行政法，第一步要掌握基本的行政法原理和行政法知识。要做到这一点并不难。选定一本国内有一定权威的行政法教材（包括行政诉讼），加上课堂上行政法的讲授，就能够对行政法有整体性的认知和基本把握。由于行政法不少规则是法定的且繁杂，为更好掌握这些知识和规则，最好能亲自与行政机关打交道，至少要留心并有意关注和研究某一或某类行政机关的组成、人员、运行等问题，从而能够对行政法有更直接的接触、体验。要接触和研究具体案例，特别是有争议的案例。个案的现实性和鲜活性更易激发学习兴趣，个案提出的问题有助于引发思考，对个案的分析有利于培养运用原理解决实际问题的能力。要注重结合宪法学习和思考行政法问题。宪法与行政法同属公法，且关系密切。有学者曾言，行政法是动态的宪法，足见二者关联度。

学习行政法，要注意三对关系的处理：原理与规则、共识与异见、过去与发展。对这三对关系的把握，有助于深化对行政法知识的理解。

1. 原理与规则。规则固然重要，但原理更重要。因为规则可变、易变，但原理少变甚至不变。同时，规则是建立于原理之上，一旦掌握原理，对规则的理解就会更容易，也会更深刻。不过，掌握行政法的基本原理，是要关注哪些原理已转化为规则或具体制度，哪些原理尚待转化。

2. 共识与异见。人类对世界的认识必然不尽相同，对带有较强国家特性的行政法更是如此。研习行政法，就要留心和关注在某一问题或某些问题上已达到共识，共识是什么，哪些方面尚存在不同看法，不同看法是什么。通过比较鉴别、总结提炼，有助于加深对相关问题的理解。

3. 过去和发展。行政法制度安排会因时而变，行政法的原理也非一成不变。分析行政法制度以及原理的变与不变，并研究变化点及变化，可以提升对行政法认识的纵深感和历史感。

经历上述阶段，对不少的学生而言，已对行政法有了基本认识。如对行政法存有进一步学习和研究兴趣，不妨阅读有关国外行政法著作，做一些比较研究，以利于开拓视野和增进知识。比较便捷的渠道，是先读读王名扬先生的英、法、美行政法"三部曲"，即《英国行政法》《法国行政法》和《美国行政法》。这些著作虽出版于20世纪80年代和90年代，一些介绍显然过时了，但整体来看仍不失为了解三个国家和外国行政法的重要著作。除此之外，还可以阅读国外行政法的译著，目前国内对英国、美国、法国、德国、日本等行政法教材均有译著。外语基础好的同学，也可以通过阅读外文直接获得对外国行政法的了解。

对于希望进入更高位阶行政法学习的同学，很重要的途径是研读有关行政法基础理论及相关拓展层面的研究。前者如卡罗尔·哈洛、理查德·罗林斯所著的《法律与行政》（商务印书馆2004年版），理查德·B. 斯图尔特著的《美国行政法的重构》（商务印书馆2011年版）等；后者的范围很广，凡关系到提升理解行政法的著述皆可纳入阅读范围。不过，有两类著述值得致力于深入研究行政法者学习。一类是相关政治理论。英国有行政法学者指出："每一种行政法理论背后，皆蕴藏着一种国家理论。"因此，相关的政治理论是重要的学习内容。如马丁·洛克林《公法与政治理论》（商务印书馆2002年版）。另一类是公共行政或者公共管理理论。行政法是有关公共行政或者公共管理的法律，公共行政或公共管理发展及其理论的变迁，直接影响行政法的制度安排。这方面的著作很多，恕不一一列举。

三、以整体性的眼光看待行政法

分析行政法的学习，并不想让大家误认为行政法比其他法律地位更高，行政法课程比其他课程更重要，更不是要劝说各位都以行政法为志业。事实上，大学四年是塑造人生观和世界观、形成为人处世态度和规划人生的关键阶段。在这一阶段，经历本身就是一种历练，过程胜于结果，而由此所造就的眼光、视野和能力远比知识、成绩更为重要。从这个意义说，学好行政法与其说是要你获得一个好成绩或者爱上行政法，还不如说要求你对行政法是什么有清晰的认识，以及对未来选择或不选择行政法有更为牢固的内心确信。

基于此，理应把行政法的学习，既要放置于在大学四年所有课程体系来看待和定位，也要放置在未来人生规划特别是未来的职业选择来审视和观察。总体来看，法律和法学皆是复杂的系统，而人生和工作选择则更为丰富多彩。因此，不宜过早确定专业方向和职业选择。根据学业情况，大学三年下半学期确定专业方向或许是比较好的选择。

我国大学的本科生往往是经过长时间、高强度、严要求的知识学习，并通过高考进入自己所选择学校的。一旦进入较宽松的大学生活后，一些学生常常不能迅速适应新的生活，无法融入大学学习生活中。有两种典型的不良情况：一类是放任自流，试图用大学的放松让自己忘却高中的紧张生活；另一类则是沿用高中的学习生活方式处理学业和生活，这两种方式皆会让当事者迷失方向，应力图避免。

与中学特别是高中生活相比，大学生活是更为开放、更为丰富多彩的世界。大学生应跳出以知识学习为主的被动受教模式，而转向以能力培养为主的自我探索模式，围绕如何适应社会思考并确定应学习的知识、提高的能力，有意识、有目的地参加与专业有关的社会实践活动。总体来看，凡有利于提升自己能力的活动，多多益善，可以根据自己的时间、精力、财力等量力选择。

最后，祝同学们在大学四年中放飞自己的梦想，释放自己的活力，提升自己的能力，顺利度过美好的大学生活！

杨伟东教授简介

中国政法大学法治政府研究院教授、博士生导师。曾任国家行政学院法学部副主任、中央党校（国家行政学院）政治和法律教研部副主任。剑桥大学、伦敦大学访问学者。

扫码进入杨伟东专栏

独著《行政行为司法审查强度研究》《权力结构中的行政诉讼》《政府信息公开主要问题研究》。译著《英国行政法教科书》（独译）、《法律与行政》（主译）。参加《国家赔偿法修正案》《行政强制法》《行政诉讼法修正案》《信访条例》《政府信息公开条例》《国务院全面推进依法行政实施纲要》《法治政府建设实施纲要（2015-2020年）》《法治中国建设规划（2020-2025年）》等多部法律、法规、文件的拟定、研讨工作；主持、承担多项国家、省部级课题研究。

愿你遇到更好的自己

西北政法大学教授　程淑娟

　　商法是民法的特别法，商法学习必须以民法学习为基础。因此学习商法的第一个层次应当是有扎实的民法基础。商法与民法共同组成私法。如果说民法解决主体的生存问题，商法则以营利之动机、营业之方式解决我们生存的品质。

　　判例被看作一种蕴含着法律原则、法律概念的经验性资料，学生通过不断研习判例就能掌握法律内在的逻辑和规则，也更容易将这些知识转化为实践的技能。我国虽然实行成文法，但各级法院特别是最高人民法院的生效判决也经常被作为"案例"在法学教育中广为应用，近年来最高人民法院的指导性案例制度更为我们提供了丰富的案例研习资源。

　　我们在学习商法时不仅要掌握成文法的理论和知识，还需要以开放、积极的学习态度，调动起我们对于商法的认知兴趣、探索愿望和创造能力，持续关注商事实践的发展，汲取新的商法理论，养成自觉、主动学习的习惯。

　　商法是与市场经济关系最为密切的法，具有高度的实践性、技术性和发展性，它渊源丰富、体系庞杂、内容多变。商法所凝结的人类生活之基本理念，如诚实信用、公平、善意，也对法科生形成正确的人生观、价值观有潜移默化的引导作用，有助于大学教育目标的实现。但对于大部分法学本科生来说，商法仿佛很遥远，又有些神秘，可能也没有什么生活经验来帮助我们理解公司、破产、保险、票据、海商、证券等复杂的商事制度。所以，学好商法就必须注意运用最为适宜的方法。

一、掌握商法原理的层次性

高素质的法学人才必须具备深厚扎实的法学知识和理论功底。商法的原理难度较大，应用性很广。我们可以按以下层次掌握这些原理。

商法是民法的特别法，商法学习必须以民法学习为基础。因此学习商法的第一个层次应当是有扎实的民法基础。商法与民法共同组成私法。如果说民法解决主体的生存问题，商法则以营利之动机、营业之方式解决我们生存的品质。商法与民法的法律原则如主体平等、意思自治、诚实信用等基本一样，商法所使用的很多法律概念如法律行为、请求权、抗辩权等也来自民法，并且民法构建起的私法体系也可以将商法收入其中。如公司是民法总则规定的营利法人，破产是债的特别清偿等。我们在学习民法，比如合同法、物权法时就应当注意到，不少商事法律规范与民事法律规范完全一样，可以不加区分地适用；但还有一些商事法律规范改变或补充了民事法律规范，例如《物权法》第231条的商事留置权。商法经常在与民法的对比中才得以存在，没有民法，商法就缺少了根基。

商法学习的第二个层次是商法的总论，也就是商法原理中具有抽象性的共同规则，主要是商法特有的原则或商法的理念，如商事营业维持、利益兼顾、商事外观主义、严格主义、交易的效率安全等；还包括商主体、商行为的一般性规则。商法总论的这些原理是商法与民法的区别所在，也是商法作为独立部门法的支撑。通过商法总论所展现的商法原理能够使商法呈现出较为一致的思想基础，形成清晰的商法概念和体系。理解和掌握这个层次的商法原理，可以帮助我们理清商法区别于民法的特征，知晓商法在复杂多变的商事实践中如何发挥其特有的功能并构建规范、严整的商法思维。

商法学习的第三个层次是作为商法分论的公司法、合伙企业法、信托法、票据法、保险法、破产法、海商法等商事单行法。这些商事单行法是目前我国商法最主要的组成部分，法律条文数量巨大，兼具理论性和实践性，难度较大。各个商事单行法的调整对象不同，在学习的时候应当各个突破，尽量熟悉这些商事单行法的具体规定。不过上述第二层次的商法原理可以帮助我们解析很多具体的商事制度，例如公司的组织和行为制度大多基于商事营业之维持，票据权利流转的若干规则皆是基于交易的效率和安全需要等。

二、研习商事案例的有效性

法学和医学有相似之处。医学处理人体的疾病或病变，而法学规制的是社会关系；医生每天面临大量的病例，法学同样要处理大量的案例。1870年，美国哈佛大学法学院兰德尔教授将案例教学引入法学教育体系。英美的案例教学以对法院的判例分析为核心，其教学目标是将学生培养成能"像律师那样"思维的法律专才。判例被看作是一种蕴含着法律原则、法律概念的经验性资料，学生通过不断研习判例就能掌握法律内在的逻辑和规则，也更容易将这些知识转化为实践的技能。我国虽然实行成文法，但各级法院特别是最高人民法院的生效判决也经常被作为"案例"在法学教育中广为应用，近年来最高人民法院的指导性案例制度更为我们提供了丰富的案例研习资源。在商法学习中，可以作为典型案例来研习的资源更为丰富，法院对商事案件的判决文书需要学习；每天都上演的大量真实商业实例，如 2016 年的"宝万大战"、2017 年的"乐视资产抵押"等都可以作为典型商事案例来研习。商事案例的研习可以采用课堂案例演示、小型研讨课、法律诊所、模拟法庭等多样化的形式。当然，如果有机会到法院、公司、律所实习，能接触到第一手真实案例，研习的效果就更好了。

案例研习是打开商法理论通往商事实践的大门。商事案例生动、具体，其情节之丰富远超电视里的肥皂剧，对法科学生而言往往很有吸引力。但我们如果只像听故事、看热闹那样消极地去听教师讲解的话，就无法实现案例教学应有的功效。案例研习需要学生积极参与思考、讨论，才是有效的学习。在学习之初，可以选择案情简单或加工过的案例，但随着学习的推进，一定要注意逐渐加大案例的难度，最好是研习真实的案例。案例研习包括事实和法律两个部分。真实的案例往往有复杂的法律事实，很多同学对于商事案例中的复杂案情望而生畏，只关心案例的结果而不愿面对复杂的事实，这是需要克服的倾向。有效的案例研习也包括对案件事实的梳理，这个过程训练是我们逐渐理解商事实践如何运作的过程，它非常必要并且熟能生巧，特别需要学生耐心、细致地训练。可以按商事案例的类型化来循序渐进，逐步提高自己的分析能力。法律部分的分析建立在理清案例事实的基础上，要特别注意结合商法的理论或法律规定学习商法如何在实践中被适用，并注意分析法官的裁量依据。

三、养成商法学习的自觉性

如果我们比较中学和大学的学习，最大的差别就是大学要培养学生的学习能力和特定的职业素养。学生要从之前的"要他学"成长为"他要学"的学习主体、从"他律"变为"自律"。相较于其他部门法，商法对学生自觉、主动学习能力的要求格外迫切。商法的成文法化是近代主权国家法律进化的结果，但成文法本身具有局限性。一方面，商事实践的丰富性不可能全部依赖成文法来调整，实践中还有大量的商事习惯作为法律渊源，如果不了解商事习惯，往往会感到商法适用的困惑；另一方面，商事实践的发展迅猛，新的商法问题如私募基金、互联网金融等不断涌现，成文立法的预见性却相当有限。加上我们大学的学习时间有限，内容有限。很可能在大学所学习的商法知识在毕业后的工作中不够用，甚至某些知识已经过时，这些都是正常的现象，也恰恰说明我们在学习商法时不仅要掌握成文法的理论和知识，还需要以开放、积极的学习态度，调动起我们对于商法的认知兴趣、探索愿望和创造能力，持续关注商事实践的发展，汲取新的商法理论，养成自觉、主动学习的习惯。而具备这种持续的学习能力，会使我们受益终生，在以一己之力参与中国法治事业的同时，也会成就更好的自己。

程淑娟教授简介

西北政法大学民商法学院院长、教授。兼任陕西省法学会民法学研究会副会长兼秘书长。主要从事商法学和民法学的教学，曾获"西北政法大学青年教学名师"等多项荣誉。

扫码进入程淑娟专栏

研究方向主要为物权法、债权法和商法基础理论。公开发表论文 40 余篇，出版专著 1 部。曾获陕西省哲学社会科学优秀成果奖二等奖，主持并完成国家社科基金项目"商事行为制度研究"、陕西省社科基金项目"国有资产管理立法研究"等多个科研项目。

涉外法律人才在大学期间的设计

中国政法大学教授　张丽英

取得好的本科成绩，但不要一心只读圣贤书；充分利用寒暑假的实习机会，了解国内职场；尽早确定未来事业的大方向，并适时调整短期目标；根据个人兴趣参加活动/比赛，提高表达和应变能力；提高英文口语和写作水平，了解外国文化；拓展大学生活的广度，行万里路，了解中国国情；养成锻炼身体的习惯，积攒体能，增强抗压能力。

大家现在暂时想不清楚将来的方向是很正常的事情，也没有必要逼迫自己拿出十年计划，步步为营地生活，不妨做好现在能做的事情，准备好，静静地等待生活将我们带去下一段探险。

如有意从事涉外法律工作，简历中的"高GPA"加"优质实习"加"海外交换"加"模拟法庭经历"已经成了标配。同样是比赛经历，当然取得冠军或名次的经历更好；个人项目有最佳辩手的资质更好。

法学院的学生可能会有很多不同的目标，因为本人多年来从事涉外法律人才的培养工作，如果你有意成为涉外法律人才，下面的一些经验之谈也许可以借鉴。

一、定好目标

一个人的精力和时间都是有限的，而涉外法律人才的培养涉及方方面面的问题。短短的四年本科，如要以涉外法律人才为目标，需要有针对性地进行设计。例如：

1. 如果你想进顶尖的外所：应当确保GPA在前10%；英语流利，最好参加了能证明自己英文能力的某些考试；应有丰富的实习经历；通过法律职业考试。

2. 如果你想做公务员：应当积极参与学生活动，参加学生团体组织。

3. 如果你想出国深造：你应确保 GPA 在前 15%（当然这取决于学校）、托福考过 100 分、尽量参加大学里的国外交流或交换。

4. 如果你将来想从事涉外法学事业：找准当前学术界热点、积极申报学术的学生创新项目，争取发表论文或著作，最重要的是锻炼自己对问题的敏感性。

叶同学例：

第一，定好目标，学好英文。

我的大一生活，忙碌而没有目标。大二时，社团的学长开始为考研、出国、找工作等做准备，我也受其影响，开始思考大学毕业后的去向。与此同时，我喜欢上英美公司法，希望未来能成为国际商务业务的律师，去美国读研也成了我的选择。因为较早找到自己的专业兴趣并确定了未来的长期目标。为此，我每次考试都争取好的学习成绩，参加暑期的英语夏令营、考托福、参加法大与牛津大学的暑期交流活动等。这些计划中的安排帮助我达到了申请美国法学院的基本要求。大学中其他按照个人兴趣、随性的选择，比如义务支教、参加《今日说法》特别节目的录制等却成为我后来申请法学院个人简介（personal statement）中最好的素材，并帮助我在申请者中脱颖而出，最终被某著名大学法学院录取。

第二，中文能力、中国文化背景也很重要。

在美国，大多数聘用具有中国背景学生的律师事务所，或多或少都有些中国业务。他们看重的是我们的中国背景和中文能力，期待我们是中国通，能成为他们与中国客户沟通的桥梁。因此，好的沟通能力、对中国的了解以及中文就成了我们在美国的优势。美国律所不期望我们英文口语像美国同事般流利，但要求我们有较好的英文书写能力。现在我在某律师事务所的硅谷办公室工作，除了处理当地高科技公司的法律事务外，也处理中国企业在美国的上市、融资工作。要充分利用自身的中国背景优势，成为与中国客户的沟通桥梁。

第三，综合能力。

最后总结以下几点建议：取得好的本科成绩，但不要一心只读圣贤书；充分利用寒暑假的实习机会，了解国内职场；尽早确定未来事业的大方向（出国留学，做律师、法官还是公务员等），并适时调整短期目标；根据个人兴趣参加活动/比赛，提高表达和应变能力；提高英文口语和写作水平，了解外国文化；拓展大学生活的广度，行万里路，了解中国国情；养成锻炼身体的习惯，积攒体能，增强抗压能力。

虽然定好目标很重要，但一开始没找着目标也没事，有些同学可能很小的时候就找到自己的目标，例如律师、法官、公益组织工作者，等等；还有一些同学可能需要不断摸索，参加工作很多年也不是很确定自己的目标。大家现在暂时想不清楚将来的方向是很正常的事情，也没有必要逼迫自己拿出十年计划，步步为营地生活，不妨做好现在能做的事情，准备好，静静地等待生活将我们带去下一段探险。

二、海外交换

对于涉外法律人才来说，学好英语是必需的。如果你今后想出国留学、进入外所、从事涉外案件的处理等，必须具备良好的英文能力。大学会有四、六级的考试，但最好能参加雅思或者托福考试，听、说、读、写能力都会有全面提高。此外，很多大学和国家留学基金委员会提供的一些与国外大学合作的留学机会，一般都要求有雅思或者托福成绩，当有机会时，如果你没有备好这些成绩，就可能错失良机。

在平时的学习中，可以适当选择有外教进行英文授课的课程，提前锻炼自己完成英文课程学习的能力。此外，参加大学中的一些英语角活动和相关的英文比赛都可以使自己处于良好的英文环境中。

三、情商建设

对于涉外法律人才来说，情商建设很重要。情商建设往往都是通过参加各种活动和广交朋友来培养的。学校的各种活动、社会的各种实践，都是你培养自己人际交往能力的机会，在学校要与老师、同学相处好，在实习过程中与实习单位的前辈、同事相处好。广交朋友是要交各种各样、不同专业的朋友，学会跟各类人打交道。对于毕业之后从事法律工作的同学来说，本科期间结识的同学对于以后的工作发展非常重要，这是每一名毕业生步入社会前最基础的社交网络。广交朋友可以通过参加学校的交流项目实现，因为参加的学生是全校报名的，可能来自不同的院系，这样你的朋友圈会迅速扩大到全校不同年级的学生。

赵同学例：

我曾参加了学校组织的赴牛津大学的交流活动，其间认识了来自不同年级不同法学院的 50 多位同学，彼此建立了深厚的友谊，直到现在我还和大部分同学和老师保持着联系，经常交流信息和心得体会。

课外活动是大学生活必不可少的一部分，包括参加模拟法庭、辩论赛、法律诊所等活动，在国外，与 GPA 一样，都是十分重要的衡量学生素质的标志。从不那么功利的角度，参加课外活动，既是走出自己的小圈子、多交朋友的方式，也是应用自己所学知识的不二路径。而通过活动结识的朋友，更是千金不换的最大收获。

四、重视实习

大学期间应当重视实习，一方面这是你进入社会的第一步，另一方面，各类实习机会也为你的简历增加了分量。可以实习的单位应该是多种多样的，大家可以把选择面放得宽一些，不必只拘泥于律所、法院、检察院，可以将自己的实习与将来的工作选择联系在一起。

孙同学例：

我的目标是想到国企和银行。因此，我在学业、实习以及相关的研究上均集中于此。我的目标定位很清晰，即贸易或能源类大国企总部和银行总部，所以突出自己的语言优势和贸易、金融的实践和项目经验就成了我的重点。实践证明效果很好，我投出的简历60%以上都通过了。最后我收到了中国金融期货交易所、中国中铁、中化国际、工行总行、浙商银行投资银行部、中国工商银行北京分行等单位的要约。

李同学和谢同学例：

除了学校安排、自己寻找的这种国内的实习，也可以尝试国际组织实习的机会，这种实习机会可以直接从相关国际组织网站上找到，例如有中国政法大学的李同学直接从某国际海事组织的网站找到在该组织的实习机会；也有的是大学的合作项目，如中国政法大学与世界银行有学生实习的合作项目。当然，去国际组织实习是有一定竞争的，因此，也需要你平时有一定的积累，提供自己的竞争能力。

李同学平时选择了相关的课程，如她选过海商法的课程，还参加过相关的海商法研讨会，当过国际海事大会的志愿者，最后才有幸被选中。在实习中她学到了很多东西，毕业论文有了很好的一手材料，并获得了由研究生院提供的5000元的论文资助奖励。当然，选择这种方式实习，需要一切自费，包括往返交通、在当地的食宿等，经济条件也是必须考虑的。

如果参加学校推荐的国际组织实习，则需要经过层层选拔。谢同学参加了去世界银行实习机会的竞争，她经过了学校的面试、笔试、世行工作人员视频连线面试。世界银行还布置了一些要查数据的作业，并要求写分析报告，以考查学生的搜索能力、分析能力、思考能力、文字能力等。她最后成功从50多位报名的同学中脱颖而出，由学校资助赴世界银行实习。

五、参加比赛

希望将来成为涉外法律人才的同学，若能参加辩论赛或者模拟法庭比赛，其个人能力、视野、职业规划都会有全面提高，其中又以英文比赛为最佳。参加比赛的同学往往自信心会增强，对未来的发展十分有利。法律人的思维、自信心、应变能力、气魄等很需要在这些比赛中得到锻炼。

法学院举办的英文模拟法庭的比赛还是挺多的，有 JESSUP 模拟法庭竞赛、VIS 模拟法庭竞赛、WTO 模拟法庭竞赛、国际人道法竞赛、国际空间法模拟法庭竞赛等。现在看来，如有意从事涉外法律工作，简历中的"高 GPA"加"优质实习"加"海外交换"加"模拟法庭经历"已经成了标配。同样是比赛经历，当然取得冠军或名次的经历更好；个人项目有最佳辩手的资质更好。当然这也不是绝对的，参加就比不参加好。

模拟法庭比赛的主要目的有二：一是训练专业知识，让法学院学生能够熟练运用法学知识；二是培养法律人必备的其他优秀素质。法官评价每个选手通常会涉及五个方面，包括法律掌握、事实掌握、时间控制、表达方式与仪态、回答问题。对于很多人来说，困难的并不是如何将自己的陈述部分背下来，而是如何使陈述得到法官认可，如何展示你的逻辑能力，如何抓住对方问题的主要点并进行回应。比赛通常对学生综合能力的提高非常有帮助。

总之，要想成为一名优秀的涉外法律人才，在进入法学院后，高 GPA、优质实习、海外交换、模拟法庭经历等是具体而且可以努力把握的方向。此外，公益心的培养、健康的心理和身体也非常重要。希望同学们通过良好的规划和不懈的努力，一步步实现自己的梦想！

张丽英教授简介

中国政法大学法学教授、博士生导师，国际教育学院院长。兼任中国海事仲裁委员会仲裁员、中国海商法协会常务理事、中国国际经济法学会常务理事、中国法学会 WTO 研究会常务理事。研究领域包括国际经济法、国际私法、海商法和 WTO 法律制度。曾为多所大学的访问学者，包括多伦多大学法学院、香港大学法学院、安特卫普大学、美国天普大学法学院、英国牛津大学等。其著作曾获司法部"九五"期间优秀科研成果二等奖，教学成果曾获北京市教学成果一等奖等。独著的《海商法学》及主编的《海商法》均为北京市精品教材及"十一五"国家级规划教材。

扫码进入张丽英专栏

开启国际私法的探索之旅

中国政法大学教授　霍政欣

　　国际私法好似一座架设在各国国内法之间以及国内法与国际法之间的桥梁，它以其精妙的制度规则力图在主权林立的"威斯特伐利亚"体系和高度一体化的当代世界之间打通"法律梗阻"，以实现德国法学天才萨维尼的梦想——构建现代罗马法体系。用今天时髦的话说，国际私法的要旨在于实现民商事的"全球治理"。

　　以更宏阔的视角来看，从历史的纵深和维度审视国际私法乃至所有法学学科，对于法科生从更深层次上洞烛法律与认知世界亦特具深意，岂不闻美国法学家哈罗德·J. 伯尔曼（Harold J. Berman）曰：法律并非机械地发展；她有其历史，她在诉说动人的故事。

　　要真正悟懂这门学科的精髓，需要建立在对几乎其他所有法学学科深入领会的基础上。质言之，仅通过研习国际私法本身，是无法学好这门学科的。换另一个角度来看，我们也可以说，只有学好了国际私法，才能真正打通法学研究的"任督二脉"，才能真正做到法学各学科的融会贯通。

　　在法科生必修的十几门核心课程中，国际私法算得上最难学也是最难教的课程之一。很多同学在学完这门课程之后，往往只能似懂非懂地记得一些碎片化的技术性规则和理论学说；真正窥见国际私法堂奥者，为数不多。其中原因，值得思考。有桑磊兄的信任，我得以借《法学第一课》的宝地，就"国际私法为什么难学""为什么要学好国际私法"以及"如何学好国际私法"这三个基础性话题，谈谈自己的心得与看法，并附上书单，希望对青年学子开启国际私法学习之旅有所助益。

一、国际私法为什么难学？

这些年来，我一直观察和思考中国国际私法教学和人才培养的问题，并致力于推进中国国际私法教学的"供给侧改革"。在我看来，中国国际私法教与学的困境主要有以下几个方面的因素：

第一，作为调整涉外民商事交往的法律部门，国际私法历史悠久，学理精深，往往令初学者生畏。从本质上说，一部国际私法的发展史，就是人类从封闭走向开放、从蒙昧迈进文明的波澜壮阔的发展史。也是基于这一原因，从古代直至当代，国际私法所牵动的"法理学肌肉"（jurisprudential muscles）是其他任何法律学科所无法比拟的。那些人类法律史上彪炳千秋的大师，如巴托鲁斯、斯托里、萨维尼、戴西等，都曾流连其间，并为揭开它的神秘面纱而孜孜不倦。所以，早在数世纪前，法国法学家达让特莱（D'Argentré）就曾抱怨，国际私法的教授自己满头雾水不说，更害得学生不知所措。当代美国法学家威廉·普罗赛（William Prosser）则颇为形象地写道：国际私法的领地是一片阴郁的沼泽，遍布着摇颤的泥潭；居于此地者，为一群博学而乖戾的教授，他们用怪诞和令人费解的术语为神秘之物创立理论。

第二，国际私法渊源独特、性质独特、功能独特，须以超越学科藩篱的胸怀和超越单个国家的视角才能品味其魅力。一般而言，法学学科可以分为国内法与国际法。尽管在我国的学科与专业设置的框架下，国际私法目前被置于国际法的范畴内，并与国际公法和国际经济法并称为所谓的"三国法"，但这门学科相当独特：它既有国际法渊源，也有国内法渊源；它既调整国际事项，也关注国内问题；它既停泊在"国际法的港湾"，又与国内法有"剪不断理还乱"的万般关联。所以，国际私法并不属于绝对意义上的国际法，也远远超越国内法的涵盖范围。在我看来，国际私法好似一座架设在各国国内法之间以及国内法与国际法之间的桥梁，它以其精妙的制度规则力图在主权林立的"威斯特伐利亚"体系和高度一体化的当代世界之间打通"法律梗阻"，以实现德国法学天才萨维尼的梦想——构建现代罗马法体系。用今天时髦的话说，国际私法的要旨在于实现民商事的"全球治理"。

第三，对于中国而言，由于现代意义上的国际私法基本上属于西方舶来品，学科发展的历史相对较短，缺少传统意义上的"本土资源"，我国国际私法教材的同质化现象一直较为突出，不少教材内容老套，佶屈聱牙，多停留在对西方理论与实践的临摹和介绍上，而对当代中国生动鲜活的国际私法实践充耳不闻。这不可避免地导致我国国际私法课堂教学普遍重理论、轻实践，花费大量课时于经典国际私法法理构造的阐释与解读，而对当代我国涉外民商事实践的关照度明显不足。如此，不仅导致教师苦恼国际私法难教、学生抱怨国际私法难学，而且有将这门学科推入"纯学术游戏"的窠臼之虞。

二、为什么要学好国际私法？

常言道，兴趣是最好的老师，而从我的切身体会而言，要建立起对一门学科或课程的兴趣，首先要对其重要性有充分的认知，正如怀特海（Whitehead）曾教导："在任何理解之前，先有表达，在任何表达之前，先有对重要性的感受。"

对于我们这一代人而言，最初学习国际私法还是 20 世纪 90 年代的事情了。彼时，尽管中国已打开国门并在改革开放的大道上疾驰，但无论是从融入世界的深度，还是在国际舞台上的角色，都无法与当今的中国同日而语。所以，那时我们坐在教室听老师大谈什么涉外合同、涉外侵权、涉外婚姻、国际民事诉讼和国际商事仲裁，总有种遥不可及的感觉，觉得与自己隔得远着呢！可想而知，学习国际私法的动力和兴趣自然大受影响。

然而，时过境迁。今天，我国已经成长为世界第二大经济体、头号贸易大国和世界工厂；近十年来，我国的出入境人数年均增长一成以上，2019 年已达 6.7 亿人次。我想，即便是尚未踏入社会的大学生，有过出国（境）经历的也绝不在少数。在这样的背景下，作为调整国际民商事关系的法律部门，其牵动的注意力、受到的关注度及其在当今中国法律体系中起到的作用，是以往任何一个时代无法比拟的。大到应对美国的"长臂管辖"和单边法律制裁、为"一带一路"提供法治保障，小到处理大量的涉外商事和家事纠纷，国际私法已经渗透到当代中国社会的方方面面，已经与当代中国人的日常生活密不可分了。

因此，可以肯定地说，在高度全球化的今天，尤其是在我国前所未有地走进世界舞台中央的历史背景下，一位法科生，如果没有学好国际私法，没有领悟这门学科的精髓和原理，是很难在法律领域真正有所建树的。质言之，在 21 世纪，没学好国际私法，难称合格的法律人，遑论优秀或杰出。

三、如何学好国际私法？

国际私法难学，在法学教育界似乎是一种共识。然而，我认为，把握住以下几点，就能做到事半功倍，就能沿着一条"风景秀美"的道路开启学习之路，欣赏国际私法之美。

首先，要有历史的维度和视角。国际私法是为解决法律的属地效力与人物跨国流动性之间不断增长的矛盾应运而生的。所以，国际私法的发展史，如前所述，就是一部人类文明史。鉴此，学习国际私法，首先要将自己置身于人类发展的历史纵深，从人类文明史的维度品味国际私法的理论、学说、制度与规则。如果说，法学巨匠们提出的种种国际私法理论和创制的各种规则好似一颗颗泛着神秘色泽的珍珠，那么，唯有用深邃的历史之轴，方能将它们串成一条完整的项链，如此，国际私法之美方能完整绽放。

事实上，从更宏阔的角度来看，法科生在学习任何一门法学课程时，都需要借助历史的维度和视角。历史学是人文社会科学中最根本的基础科学，包括法学在内的所有人文社科领域，都包含在历史学中。因此，对于从事法学的人士而言，必须注意到，如果将历史学置之度外，法学的专业领域就不成其为完整的学科。所以，以更宏阔的视角来看，从历史的纵深和维度审视国际私法乃至所有法学学科，对于法科生从更深层次上洞烛法律与认知世界亦特具深意，岂不闻美国法学家哈罗德·J.伯尔曼（Harold J. Berman）曰：法律并非机械地发展；她有其历史，她在诉说动人的故事。

其次，要有超越国际私法的思维和能力。如前所述，国际私法是一门相当独特的法律学科，它连接各国国内法，联通国内法与国际法，以实现民商事的全球治理为己任。所以，无论中外，国际私法课程都是在法学高年级才开设的。从这个意义上说，要真正悟懂这门学科的精髓，需要建立在对几乎其他所有法学学科深入领会的基础上。质言之，仅通过研习国际私法本身，是无法学好这门学科的。换另一个角度来看，我们也可以说，只有学好了国际私法，才能真正打通法学研究的"任督二脉"，才能真正做到法学各学科的融会贯通。事实上，在人类法律史上，那些真正称得上法学集大成者，如巴托鲁斯、杜摩兰、胡伯、斯托里、萨维尼、戴西和博登海默等，都对国际私法情有独钟，并在该领域倾力耕耘、著书立传，其中奥妙，即在于此。

最后，要有捕捉和分析当代中国鲜活司法实践的眼光和敏锐度。21世纪的中国是一个强大、自信、快速发展的外向型国家，这为国际私法的发展提供了广阔的舞台。每年，我国的各级法院及国际仲裁机构审理着数量惊人的涉外民商事案件，我国的国际私法实践因而进入素材无比鲜活、发展无比迅速的新时代。青年学生具有强烈的知识探求欲、个性十足的问题回应力和远超上一代人的网络资源捕获与收集能力。因此，只要老师给予学习方法上的恰当引导，富有灵气、锐气和朝气的年轻人一定能发现和分析当代中国的国际私法实践素材，迸发出超预期的学习热情，展示出超预想的学习能力，从而给中国国际私法教育注入空前的活力。

四、推荐书单

就我的体会而言，读书是一件极其个人的事，它关于志趣，更关乎心灵。所以，"一千个人眼中，有一千个哈姆雷特"。尽管如此，我还是列上一份带有浓厚个人色彩的书单，力图选出有生命、有思想、有温度和有锐度的国际私法教科书和著作，供各位参考。书单中的英文原著，有一定英语能力者，请务必看原著，而非译著。

（一）基础知识篇

1.《资本主义与二十一世纪》（黄仁宇著，生活·读书·新知三联书店 2015 年版）。这不是一本法学书籍，却是每一位法律人，尤其是国际私法研习者的必读书目。它以流畅明快的语言和令人叹服的逻辑勾勒出西方国家走上文明与经济快车道的历史脉络，对于我们理解国际私法理论孕育的时代背景与思想滥觞极为重要。

2.《法律与革命》（第一卷）：西方法律传统的形成（［美］哈罗德·J. 伯尔曼著，贺卫方等译，法律出版社 2018 年版）。这不是一本国际私法的专业书籍，却是研习国际私法所必备的经典著作。本书对西方法律传统生成史的探讨，尚无出其右者。读完这本书，法科生对于作为西法东渐产物的国际私法的认识，定会产生质的飞跃。

3.《比较法总论》（［德］茨威格特、克茨著，潘汉典等译，中国法制出版社 2017 年版）。比较法乃国际私法之母。"法统上，国际私法的理论浸淫于比较法中"。这本比较法著作眼界宽广，以独特的视角带领读者观察和分析世界法律文明之多种样态，是研习国际私法的必读书目。

（二）起步篇

1.《国际私法》（霍政欣著，中国政法大学出版社 2020 年版）。这本教材以我 10 余年授课形成的讲义为基础，经过数年加工整理形成，2017 年首次出版，2020 年再版，亦为我探索国际私法教学改革的阶段性成果。它以大历史的眼光审视国际私法，聚焦于中国当代生动的涉外法治实践，注重大数据、新技术的运用，较好地实现了课本内外、课堂上下、线上线下以及理论与实践的有机融合。

2.《国际私法（英文版）》（霍政欣著，对外经贸大学出版社 2017 年版）。如果说语言是法律人唯一的武器，那么，英语就是国际法律人必备的利器。对于国际私法研习者而言，应具备运用英语学习、思考和写作的能力。本教材以中国法为对象，力图用地道的英语对中国国际私法立法、理论与司法实践进行系统阐述，于 2011 年首版、2015 年再版，2017 年推出第三版，并在 2018 年局部修正。本教材是我国国际私法双语与英文教学采用率首屈一指的教材。

（三）研究提高篇

1.《法律选择与涉外司法》（［美］弗里德里希·K. 荣格著，霍政欣、徐妮娜译，北京大学出版社 2007 年版）。本书是美国当代最杰出的国际私法与比较法著作。本书采用先破后立的方法，在系统回顾国际私法的发展历史后，对传统的法律选择方法进行了鞭辟入里的批判，最后提出以目的论为核心的实体法方法，并进行了雄辩有力的论证。本书体系闳阔，思想深刻，文风致密、语言精练而不失幽默，被誉为一部"史诗性巨著"和一件"艺术珍品"，在世界范围内享有极高的学术声誉。

2.《当代国际私法的实体取向》（宋晓著，武汉大学出版社 2004 年版）。当代国际私法的实体取向是传统国际私法理论和 20 世纪国际私法革命理论相互激荡、相互妥协、相互融通而成的产物。本书以作者的博士论文为基础整理形成，文风雅致，富含哲理，是从法哲学角度理解当代国际私法的必读书目。

3. International Civil Litigation in the United States（Gary B. Born, Wolters Kluwer, 2007）. 当代世界各国中，美国国际私法（冲突法）的理论最发达，规则最完备，实践最丰富。本书是学习、了解美国国际私法最为权威和系统的著作，也是国际私法专业人士的必备书目。

诸位，既然我们生活在这样一个拥抱世界的时代，既然我们身处于一个生机勃勃的国度，既然时代和国家选择了我们，那么，就让我们翻开书本，"打开脑洞"，开启国际私法探索之旅吧！

霍政欣教授简介

中国政法大学教授、博士生导师。兼任教育部实验室建设与实验教学指导委员会委员、国际比较法学会联席会员、中国国际私法学会常务理事、北京市国际法学副会长等职。入选教育部"长江学者奖励计划（青年学者）"和"新世纪优秀人才支持计划"等高端人才计划。现已出版中文专著 5 部、英文专著 2 部、译著 4 部、独著教材 2 部；在《美国比较法学刊》《国际法与比较法季刊》等国际法学刊物上发表英文论文 30 余篇；在《中国法学》《法学研究》等国内法学刊物上发表中文论文、译文及评论 70 余篇。获北京市高等学校青年教学名师、北京五四青年奖章等荣誉称号。

扫码进入霍政欣专栏